Raupach/Pohl/Ditz (Hrsg.) · Praxis des Internationalen
Steuerrechts 2010

www.nwb.de

Praxis des Internationalen Steuerrechts 2010

Herausgegeben von

Prof. Dr. Arndt Raupach

Rechtsanwalt
Fachanwalt für Steuerrecht
Of Counsel
McDermott Will & Emery
Rechtsanwälte Steuerberater LLP, München

Dr. Dirk Pohl

Rechtsanwalt/Steuerberater
Fachanwalt für Steuerrecht

Dipl.-Finanzwirt
McDermott Will & Emery
Rechtsanwälte Steuerberater LLP, München

Dr. Xaver Ditz

Steuerberater
Partner
FLICK GOCKE SCHAUMBURG
Rechtsanwälte Wirtschaftsprüfer Steuerberater, Bonn

Unter Mitarbeit namhafter Fachleute

▶ nwb

ISBN 978-3-482-**63291**-4

© NWB Verlag GmbH & Co. KG, Herne 2010
www.nwb.de

Druck: Bercker Graphischer Betrieb GmbH & Co. KG, Kevelaer

Vorwort

Nach der in 2009 erschienenen Veröffentlichung von *Raupach/Pohl/Töben/Sieker* legen wir auch in diesem Jahr wieder eine Schrift zur:

„Praxis des Internationalen Steuerrechts"

vor, in der die aktuellsten internationalen Steuerfragen anhand praktischer Fälle dargestellt werden. Wie im Vorjahresband stehen Gestaltungsfragen im Vordergrund, denen in Krisenzeiten und danach besondere Bedeutung zukommt:

► Verrechnungspreisermittlung und -dokumentation in der Krise,

► Standort Deutschland in der Krise (Debt-buy-back und Debt-to-Equity-Swap),

► Aufbruch zu neuen Märkten während und nach der Krise mit dem **Fokus auf die BRIC-Staaten (Brasilien, Russland, Indien, China)**,

► Deutsche Erbschaftsteuerreform, Auswirkungen auf das Auslandsvermögen,

► Aktuelle Entwicklungen nach dem Wachstumsbeschleunigungsgesetz: Änderung bei der Zinsschranke; Erleichterung beim Mantelkauf.

► Im Vordergrund steht dabei zum einen die neueste Rechtsentwicklung:

► das Thema Funktionsverlagerung

► Konsequenzen der Aufgabe der finalen Entnahmetheorie durch den BFH

► Betriebsstättenbesteuerung unter besonderer Berücksichtigung der Währungsverluste

► Konsequenzen der deutschen Gesetzgebung zur Steuerhinterziehungsbekämpfung

► Praxisbericht aus der Schweiz: Amtshilfe im schweizerischen Doppelbesteuerungsabkommen

Zum anderen ist es ein weiterer besonderer Schwerpunkt des diesjährigen Bandes, sich mit Geschäftsbeziehungen zum Ausland unter Berücksichtigung des jeweiligen ausländischen Steuerrechts zu beschäftigen. Ziel dieses Themenbereichs ist es, noch während einer Krise Wege aufzuzeigen, die aus einer Krise herausführen könnten. In diesem Zusammenhang geraten gerade für mittelständische Unternehmen auch die BRIC-Staaten in das Blickfeld. Dazu beschäftigt sich die Veröffentlichung mit Unternehmensstrukturen und Investitionen in Brasilien, Russland, Indien und China.

Xaver Ditz hat in diesem Jahr gemeinsam mit uns die Herausgabe der Schrift übernommen.

Wir hoffen, dass gerade die diesjährige Veröffentlichung mit dem optimistischen Thema *„Aufbruch zu neuen Märkten"* das Interesse eines weiten Leserkreises findet.

München, im Oktober 2010

Arndt Raupach   Dirk Pohl

Inhaltsübersicht

Autorenverzeichnis

Herausgeber

Prof. Dr. Arndt Raupach
Rechtsanwalt
Fachanwalt für Steuerrecht
Of Counsel
McDermott Will & Emery Rechtsanwälte Steuerberater LLP, München

Dr. Dirk Pohl
Rechtsanwalt/Steuerberater
Fachanwalt für Steuerrecht
Dipl.-Finanzwirt
McDermott Will & Emery Rechtsanwälte Steuerberater LLP, München

Dr. Xaver Ditz
Steuerberater
Partner
FLICK GOCKE SCHAUMBURG
Rechtsanwälte Wirtschaftsprüfer Steuerberater, Bonn

Unter Mitarbeit von

Dr. Nico H. Burki
Rechtsanwalt
Inhaber
BURKI RECHTSANWÄLTE, Zürich

Dr. Holger Dann
LL.M. (Tax)
Rechtsanwalt
FRESHFIELDS BRUCKHAUS DERINGER LLP, Köln

Prof. Dr. Stephan Eilers
LL.M. (Tax)
Rechtsanwalt
Fachanwalt für Steuerrecht
Partner
FRESHFIELDS BRUCKHAUS DERINGER LLP, Köln

Dr. Hans Georg Raber
Leiter Steuer- und Zollrecht, Volkswagen AG, Wolfsburg

Dr. Huili Wang
Dipl.-Kauffrau, Master of Business Research
Steuerberaterin
PricewaterhouseCoopers AG Wirtschaftsprüfungsgesellschaft, München

Dr. Hans R. Weggenmann
Steuerberater
Certified Tax Consultant
Partner
Rödl & Partner
Rödl Rechtsanwaltsgesellschaft Steuerberatungsgesellschaft mbH
Tax Consultants, Attorneys at Law, Nürnberg

I. Aktuelle Entwicklungen im Rahmen der internationalen Einkünfteabgrenzung

Von Dr. Xaver Ditz, Steuerberater, Bonn

1. Verrechnungspreisermittlung und -dokumentation in der Wirtschaftskrise

Fall 1: Anpassung von Liefer-Verrechnungspreisen aufgrund von Verlustsituationen

Die in den USA ansässige M-Corp. stellt im Bereich der Automobil-Zuliefererindustrie Lenksäulen her. Die Lenksäulen werden am Stammsitz der M-Corp. in den USA entwickelt, hergestellt und über die weltweit ansässigen Tochter-Gesellschaften der M-Corp. vertrieben.

In Deutschland vertreibt die M-Corp. die in den USA hergestellten Lenksäulen über die T-GmbH. Dazu hat die M-Corp. mit der T-GmbH einen seit 2006 gültigen Vertriebsvertrag abgeschlossen. Der Vertriebsvertrag hat eine Laufzeit bis 2011 und sieht vor, dass die T-GmbH als sog. Low-Risk-Distributor die von der M-Corp. hergestellten Lenksäulen an die deutschen Automobilhersteller vertreibt. Im Zusammenhang mit dem Vertrieb der Lenksäulen verfügt die T-GmbH über 25 Mitarbeiter, die den Vertrieb der Lenksäulen in Deutschland betreuen und dabei insbesondere vor Ort bei den Automobilherstellern Projekte entwickeln und abstimmen. Darüber hinaus verfügt die T-GmbH über den für eine Vertriebsgesellschaft typischen Verwaltungsapparat (Auftragskalkulation und -abwicklung, Fakturierung, Rechnungswesen, Personal).

Die Verrechnungspreise für die Lieferungen der Lenksäulen von der M-Corp. an die T-GmbH werden – wie im Vertriebsvertrag im Einzelnen geregelt – auf Basis der Transactional Net Margin Method („TNMM") ermittelt. In diesem Zusammenhang wurde in 2005 eine Datenbankanalyse durchgeführt, die im Hinblick auf die angemessene Vertriebsmarge (verstanden als Nettomarge) der T-GmbH zu folgendem Ergebnis kam (Umsatzrendite auf EBIT-Basis):

Obergrenze	12,8 %
2. Quartil	6,4 %
Median	5,3 %
1. Quartil	3,2 %
Untergrenze	1,6 %

Aufgrund der Wirtschaftskrise und des erheblichen Absatzeinbruches in der Automobil-
industrie erwartet die M-Corp. für 2009 einen Verlust i. H. v. mehr als 500 Mio. US-$.
Auch für das Wirtschaftsjahr 2010 wird mit keinem wesentlich besseren Ergebnis gerechnet. Vor diesem Hintergrund soll der T-GmbH im Rahmen der Anwendung der
TNMM im Wirtschaftsjahr 2009 – statt der im Vertrag vorgesehenen Nettorendite von
5,0 % – keine Nettorendite zugestanden werden. Durch eine – im Vertrag vorgesehene
– Ausgleichszahlung an die M-Corp. soll vielmehr bei der T-GmbH in 2009 eine Nettorendite von 0 % ausgewiesen werden.

Lösungshinweise zu Fall 1:

1. Funktions- und Risikoanalyse

Den Ausgangspunkt der Verrechnungspreisermittlung und -dokumentation bildet die
sog. Funktions- und Risikoanalyse:[1] Bei der T-GmbH handelt es sich um eine Vertriebsgesellschaft, die die von der M-Corp. als Strategieträger hergestellten Produkte im
eigenen Namen und auf eigene Rechnung in Deutschland vertreibt. Da sie in diesem
Zusammenhang als sog. Low-Risk-Distributor agiert, ist sie als sog. Routineunternehmen einzustufen.[2] Routineunternehmen sind dadurch gekennzeichnet, dass sie nur
geringe Markt- und Absatzrisiken tragen und über keine zur Leistungserbringung notwendigen wesentlichen immateriellen Wirtschaftsgüter verfügen. Die von ihnen wahr-
genommenen Funktionen und die von ihnen eingesetzten immateriellen Wirtschaftsgüter sind nicht erfolgskritisch und könnten auch von einem externen Dienstleister im
Wege des Outsourcing erbracht werden. Dies soll im vorliegenden Sachverhalt (annahmegemäß) erfüllt sein, denn der Kundenkontakt und die Kundenakquisition erfolgen im vorliegenden Sachverhalt zentral über die M-Corp. aus den USA und die T-
GmbH wickelt diese Projekte – in enger Abstimmung mit der M-Corp. – ab.[3]

2. Anwendung der Transactional Net Margin Method („TNMM")

Hinsichtlich der Ermittlung der Verrechnungspreise für die Lieferungen der Lenksäulen
von der M-Corp. an die T-GmbH ordnet § 1 Abs. 3 Satz 1 AStG an, dass „der Verrechnungspreis vorrangig nach der Preisvergleichsmethode, der Wiederverkaufspreismethode oder der Kostenaufschlagsmethode zu bestimmen" ist, sofern die entsprechenden Anwendungsvoraussetzungen erfüllt sind. Dieser in § 1 Abs. 3 Satz 1 AStG nieder-
gelegte Vorrang der Standardmethoden ist (international) allgemein anerkannt[4] und

---

[1] Vgl. § 4 Nr. 3 a GAufzV; BMF v. 23.2.1983, BStBl. I 1983, S. 218, Tz. 2.1.3, 2.2.3, 2.2.4; BMF v. 12.4.2005, BStBl. I
2005, S. 570, Tz. 3.4.11.4; Tz. 1.20 OECD-RL 1995/96.

[2] Vgl. BMF v. 12.4.2005, BStBl. I 2005, S. 570, Tz. 3.4.10.2 Buchst. a).

[3] Zu Einzelheiten der Qualifikation von Vertriebsgesellschaften als Routineunternehmen vgl. *Baum-
hoff/Ditz/Greinert*, DStR 2005, S. 1552 f. m.w.N.

[4] Vgl. Tz. 2.5 OECD-RL 1995/96; BMF v. 23.2.1983, BStBl. I 1983, S. 218, Tz. 2.2; *Baumhoff/Ditz/Greinert*, DStR
2005, S. 1551.

wurde auch durch die BFH-Rechtsprechung bestätigt.[5] Der Vorrang der Standardmethoden der Verrechnungspreisermittlung soll indessen nach § 1 Abs. 3 Satz 1 AStG nur dann gelten, wenn „Fremdvergleichswerte ermittelt werden können, die nach Vornahme sachgerechter Anpassungen […] für diese Methode uneingeschränkt vergleichbar sind". Was indessen unter „uneingeschränkt vergleichbaren" Fremdvergleichswerten zu verstehen ist, lässt der Gesetzgeber offen. Nach Verwaltungsauffassung soll eine uneingeschränkte Vergleichbarkeit nur dann vorliegen, „wenn die Geschäftsbedingungen identisch sind oder Unterschiede bei den Geschäftsbedingungen keine wesentliche Auswirkung auf die Preisgestaltung haben oder Unterschiede in den Geschäftsbeziehungen (z. B. unterschiedliche Zahlungsziele) durch hinreichend genaue Anpassungen beseitigt worden sind".[6] Vor dem Hintergrund, dass der Begriff der Geschäftsbedingungen wiederum selbst sehr umfassend definiert ist (Merkmale und Besonderheiten der betreffenden Wirtschaftsgüter, ausgeübte Funktionen, getragene Risiken, eingesetzte Wirtschaftsgüter, vertragliche Bedingungen, wirtschaftliche Umstände sowie die Geschäftsstrategie),[7] dürfte es nur im Ausnahmefall im Rahmen eines Fremdvergleichs möglich sein, eine uneingeschränkte Vergleichbarkeit zu finden. Zu denken ist allenfalls an Lieferungen und Leistungen homogener Güter, z. B. Rohstoffe einer bestimmten Kategorie und Güte.

Aufgrund der Tatsache, dass im vorliegenden Sachverhalt keine uneingeschränkt vergleichbaren Fremdvergleichswerte zur Ermittlung der Verrechnungspreise für die Lieferungen der Lenksäulen von der M-Corp. an die T-GmbH ermittelt werden können, ist nach § 1 Abs. 3 Satz 2 AStG auf nur „eingeschränkt vergleichbare Werte" im Rahmen der Anwendung einer geeigneten Verrechnungspreismethode zurückzugreifen. Dies läuft im Ergebnis auf die Anwendung der geschäftsvorfallbezogenen Nettomargenmethode („TNMM") hinaus. Die Finanzverwaltung lässt die Anwendung der TNMM explizit zu, soweit die Standardmethoden wegen des Fehlens oder der Mängel von Fremdvergleichsdaten nicht angewandt werden können.[8]

Bei der TNMM werden Nettomargen konzerninterner Lieferungs- und Leistungsbeziehungen – z. B. im Rahmen der Anwendung der Wiederverkaufspreismethode – aus den Nettomargen, die das verbundene Unternehmen bei vergleichbaren Geschäften mit fremden Dritten erzielt bzw. die von unabhängigen Unternehmen bei vergleichbaren Geschäften erwirtschaftet werden, abgeleitet. Die Nettomargen beziehen sich üblicherweise auf das Verhältnis einer Gewinngröße (i. d. R. Betriebsergebnis, Rohergebnis

---

[5] Vgl. insbesondere BFH v. 17.10.2001, BStBl. II 2004, S. 171; BFH v. 6.4.2005, DStR 2005, S. 1307.

[6] BMF v. 12.4.2005, BStBl. I 2005, S. 570, Tz. 3.4.12.7 Buchst. a).

[7] Vgl. BMF v. 12.4.2005, BStBl. I 2005, S. 570, Tz. 3.4.12.7.

[8] Vgl. BMF v. 12.4.2005, BStBl. I 2005, S. 570, Tz. 3.4.10.3 Buchst. b).

oder EBIT) zum Umsatz,[9] zu den Voll- oder Teilkosten[10] oder zum betriebsnotwendigen Kapital.[11] Dabei ist von besonderer Bedeutung, dass nicht auf einzelne Geschäftsvorfälle, sondern auf die Nettomarge von wirtschaftlich zusammenhängenden Geschäftsvorfällen abgestellt wird (sog. „Basket-Ansatz" bzw. „Palettenbetrachtung"[12]).

Nach Ansicht der Finanzverwaltung ist die Anwendung der TNMM auf Unternehmen mit Routinefunktionen beschränkt.[13] Dies ist insofern sachgerecht, als sich bei einem Entrepreneur der Gewinn bzw. Verlust als Residualgröße bestimmt. Ferner scheitert die Anwendung der TNMM bei einem Entrepreneur i. d. R. daran, dass sich aufgrund der Individualität der von ihm ausgeübten Funktionen, getragenen Risiken und eingesetzten (vor allem immateriellen) Wirtschaftsgüter keine Vergleichsunternehmen bestimmen lassen, deren Nettomargen als Vergleichsmaßstab herangezogen werden könnten.

Im Gegensatz zum Entrepreneur ist es für Routinefunktionen i. d. R. möglich, Nettorenditen vergleichbarer oder eingeschränkt vergleichbarer Unternehmen über eine Datenbankanalyse festzustellen. Voraussetzung für die Anerkennung der Vergleichsdaten ist indessen, dass eine (zumindest eingeschränkte)[14] Vergleichbarkeit der Vergleichsunternehmen nachgewiesen wird und ggf. bestehende Unterschiede der Vergleichsobjekte durch Anpassungsrechnungen eliminiert werden können.[15] Dabei reichen nach Auffassung der Finanzverwaltung Informationen aus den Datenbanken zum Nachweis der Vergleichbarkeit der Verhältnisse i. d. R. nicht aus. Vielmehr muss der Steuerpflichtige die Vergleichssachverhalte „anhand aller verfügbaren und/oder mit vertretbarem Aufwand zu beschaffenden Informationen aufklären", wobei „auch Informationen aus dem Internetauftritt der Vergleichsunternehmen" in Betracht zu ziehen sind.[16]

Da im vorliegenden Sachverhalt die T-GmbH nach der durchgeführten Funktions- und Risikoanalyse als Routineunternehmen zu qualifizieren ist und eingeschränkt vergleichbare Vergleichsunternehmen zur Ableitung einer Nettorendite im Rahmen einer Datenbankanalyse ermittelt werden können, ist die Anwendung der TNMM sachgerecht.

---

[9] Sog. Umsatzrendite bzw. Sales-Margin.

[10] Sog. Kosten- oder Gewinnaufschlag bzw. Profit-Margin.

[11] Sog. Return On Assets oder Return On Net Assets.

[12] Vgl. § 2 Abs. 3 GAufzV; BMF v. 12.4.2005, BStBl. I 2005, S. 570, Tz. 3.4.13; *Baumhoff*, IStR 1994, S. 593.

[13] Vgl. BMF v. 12.4.2005, BStBl. I 2005, S. 570, Tz. 3.4.10.3 Buchst. b) Abs. 2.

[14] Vgl. BMF v. 12.4.2005, BStBl. I 2005, S. 570, Tz. 3.4.12.7 Buchst. c).

[15] Vgl. BMF v. 12.4.2005, BStBl. I 2005, S. 570, Tz. 3.4.10.3 Buchst. b) Abs. 2; BFH v. 6.4.2005, DStR 2005, S. 1307; *Baumhoff/Ditz/Greinert*, IStR 2005, S. 592.

[16] Vgl. BMF v. 12.4.2005, BStBl. I 2005, S. 517, Tz. 3.4.12.4 Abs. 1.

3. Anpassung der Nettomarge in Krisenzeiten

Aufgrund der Qualifikation der T-GmbH als Routineunternehmen sind ihr im Rahmen der Anwendung der TNMM „regelmäßig geringe, aber relativ stabile Gewinne"[17] zuzuordnen. Nach Auffassung der deutschen Finanzverwaltung sollen dabei betriebs- oder branchenübliche Gewinnaufschläge bzw. Gewinnmargen verwendet werden.[18] Die Problematik in der derzeitigen Wirtschaftskrise ist indessen – wie das Beispiel der M-Corp. zeigt –, dass keine „betriebs- oder branchenüblichen Gewinne" dargestellt werden können. Vielmehr geht es hier um eine reine Verlustbegrenzung, so dass sich die Frage stellt, ob es nicht in Ausnahmefällen (wie z. B. wirtschaftliche Krisensituationen) auch bei einem Routineunternehmen (hier: Low-Risk-Distributor) denkbar ist, dass keine oder nur eine sehr geringe Nettomarge verrechnet wird.

Die Verlustsituation der M-Corp. kann nicht ohne Auswirkungen auf die der T-GmbH zuzuordnende Gewinn- bzw. Nettomarge sein. Denn auch fremde Dritte würden in Zeiten einer Absatz- und Wirtschaftskrise in Verhandlungen treten, um über die Preisgestaltung der entsprechenden Liefer- und Leistungsbeziehungen neu zu verhandeln.[19] Zwar wurde im vorliegenden Sachverhalt ein Vertriebsvertrag mit festen Nettomargen bis in das Jahr 2011 abgeschlossen. Allerdings sollte hier die (erhebliche) Verlustsituation bei der M-Corp. ein Grund sein, um die Gewinnmarge der T-GmbH für 2009 anzupassen. Dies ist auch durch die VWG-Verfahren[20] gedeckt: Denn in Tz. 3.4.10.2 Buchst. a) VWG-Verfahren wird davon gesprochen, dass Routineunternehmen „regelmäßig" und „relativ" stabile Gewinne zuzuordnen sind. Im Übrigen steht auch die schriftliche Fixierung einer Nettorendite von 5,0 % im Vertriebsvertrag einer Reduktion der Nettorendite auf 0 % nicht entgegen. Denn Art. 9 DBA-USA entfaltet eine Sperrwirkung gegenüber § 8 Abs. 3 KStG (verdeckte Gewinnausschüttung) in den Fällen, in denen die Einkünftekorrektur (hier: Nichtanerkennung der reduzierten Nettorendite von 0 % statt 5 %) nach nationalem Recht auf rein formale Beanstandungen gestützt wird.[21]

Im Ergebnis kann daher die Nettomarge der T-GmbH für 2009 auf 0 % reduziert werden. Im Rahmen einer schriftlichen Vereinbarung als Ergänzung zum bestehenden Vertriebsvertrag könnte dabei mit der M-Corp. vereinbart werden, dass in der Zeit nach der Rezession bei entsprechend höheren Gewinnen der M-Corp. entsprechend höhere

---

[17] BMF v. 12.4.2005, BStBl. I 2005, S. 570, Tz. 3.4.10.2 Buchst. a).
[18] Vgl. BMF v. 23.2.1983, BStBl. I 1983, S. 218, Tz. 2.2.4.
[19] Vgl. auch *Baumhoff*, in FS Krawitz, Wiesbaden 2010, S. 38.
[20] Vgl. BMF v. 12.4.2005, BStBl. I 2005, S. 570, Tz. 3.4.10.2 Buchst. a).
[21] Vgl. FG Köln v. 22.8.2007, EFG 2008, S. 161; dazu auch *Baumhoff/Greinert*, IStR 2008, S. 353.

Nettomargen gezahlt werden (z. B. ab 2011). Dies würde zu einem interperiodischen Vorteilsausgleich führen, wie er auch von der Finanzverwaltung anerkannt wird.[22] Die Anpassung der Nettomarge der T-GmbH kann auch dadurch gerechtfertigt werden, dass die in der Datenbankanalyse aus 2005 stammenden „Comparables" nicht mehr vergleichbar sind.[23] Denn die der Datenbankanalyse zugrunde gelegten Wirtschaftsjahre waren durch völlig andere Markt- und Wirtschaftsverhältnisse geprägt, als sie nunmehr ab Mitte 2008 eingetreten sind. Vor diesem Hintergrund enthält die Datenbankanalyse aus 2005 „Comparables" mit zu hohen Nettorenditen, die – aufgrund gänzlich anderer Markt- und Wirtschaftsverhältnisse – in 2009 zur Ableitung einer angemessenen Nettomarge der T-GmbH nicht geeignet sind. Vor diesem Hintergrund ist denkbar, eine neue Datenbankanalyse durchzuführen, die eine Bandbreite von Nettomargen ermittelt, die von unabhängigen Vertriebsunternehmen in vergleichbaren Rezessionsperioden – z. B. in den Jahren 2000 und 2001 – erwirtschaftet wurden.[24] Insoweit würde sichergestellt werden, dass für die Ermittlung (und spätere Überprüfung durch die Finanzverwaltung) der Margen für das Jahr 2009 nicht auf die Durchschnittswerte der Jahre 2003 bis 2005 zurückgegriffen wird; denn insoweit handelt es sich um Wachstumsjahre.

Alternativ ist denkbar, Anpassungsrechnungen auf Basis der bestehenden Datenbankanalyse durchzuführen. Z. B. sind Anpassungsrechnungen im Hinblick auf die Berücksichtigung von Umsatzrückgängen und deren Auswirkungen auf die Nettomargen möglich.[25] Darüber hinaus wäre denkbar, die Datenbankanalyse um Verlustunternehmen, die üblicherweise aus den „Comparables" herausgenommen werden, zu ergänzen. Dieses Verfahren sollte auch durch die deutsche Finanzverwaltung akzeptiert werden.[26] Schließlich sollte es auch möglich sein, die Datenbankanalyse von dem üblichen Zeitrahmen von drei Jahren auf eine längere Periode auszuweiten, so dass sowohl Wachstums- als auch Rezessionsphasen im Rahmen der Datenbankanalyse berücksichtigt werden. Im vorliegenden Sachverhalt würde sich dabei eine Datenbankanalyse z. B. von 1999 bis 2005 (unter Berücksichtigung der Rezessionsjahre 2000 und 2001) anbieten.

---

[22] Vgl. BMF v. 23.2.1983, BStBl. I 1983, S. 218, Tz. 2.3.

[23] Vgl. auch *Baumhoff*, in FS Krawitz, Wiesbaden 2010, S. 38.

[24] Vgl. auch *Engler*, IStR 2009, S. 687.

[25] Zur Zulässigkeit von solchen Anpassungsrechnungen vgl. BMF v. 12.4.2005, BStBl. I 2005, S. 570, Tz. 3.4.12.6 Buchst. a).

[26] Vgl. das Beispiel in BMF v. 12.4.2005, BStBl. I 2005, S. 570, Tz. 3.4.12.5 Buchst. d).

Fall 2: Vertragsanpassung bei einem Lizenzvertrag

Die in Deutschland ansässige M-AG ist im Bereich des Design, der Herstellung und des Vertriebs von Modeprodukten tätig. In diesem Zusammenhang ist die M-AG Inhaberin zahlreicher Modemarken, u.a. der Marke XYZ.

Die M-AG hat mit ihrer Tochtergesellschaft, der französischen T-S.A., einen bis 2015 laufenden Lizenzvertrag abgeschlossen. In dem Lizenzvertrag gewährt die M-AG der T-S.A. das exklusive Recht, Produkte unter der Marke XYZ herzustellen und in Frankreich (= Lizenzgebiet) zu vertreiben. Im entsprechenden Lizenzvertrag wurde eine Lizenz i. H. v. 4 % des durch die T-S.A. aus dem Verkauf der Produkte realisierten Umsatzes vereinbart.

Bereits zum Ende des Wirtschaftsjahres 2008 zeichnete sich ab, dass die T-S.A. aufgrund der Wirtschaftskrise aus der Verwertung der Marke XYZ keinen Gewinn mehr erwirtschaften kann. Die Verlustsituation der T-S.A. hat sich auch in 2009 fortgesetzt, so dass sich die M-AG und die T-S.A. Ende Mai 2009 darauf verständigten, ab 1.7.2009 nur noch eine Lizenzgebühr i. H. v. 2 % zu verrechnen. In diesem Zusammenhang wurde eine schriftliche Vertragsergänzung vereinbart, in welcher von einer Lizenzgebühr i. H. v. 2 % vorübergehend bis zum Ende des Jahres 2011 ausgegangen wird. Mit der Lizenzgebühr i. H. v. 2 % ist es der T-S.A. möglich, in 2009 aus der Verwertung der Marke XYZ eine geringe Umsatzrendite i. H. v. 0,5 % zu erwirtschaften. Die deutsche M-AG wird auch unter Berücksichtigung der geringeren Lizenzgebühr i. H. v. 2 % in 2009 einen Gewinn erwirtschaften.

Lösungshinweise zu Fall 2:

Grundsätzlich können Verluste des Lizenznehmers (hier: T-S.A.) ein Aussetzen der Lizenzzahlung begründen. Denn auch unter unabhängigen Dritten ist es denkbar, dass in Verlustsituationen des Lizenznehmers der Lizenzgeber bereit ist, die Lizenzgebühr „nach unten" anzupassen. Der Lizenzgeber wird grundsätzlich jedoch nur dann einer Reduktion der Lizenzgebühr zustimmen, wenn er – im Sinne eines Vorteilsausgleichs[27] – nach der Verlustphase des Lizenznehmers und damit nach Beendigung der Verrechnung eines reduzierten Lizenzsatzes eine höhere Lizenzgebühr als zunächst im Lizenzvertrag vorgesehen erhält.[28] Ab dem Zeitpunkt des Eintritts in die Gewinnphase werden dann entsprechend erhöhte Lizenzgebühren verrechnet, bis der Barwert der geminderten Lizenzzahlungen ausgeglichen ist. Im Ergebnis muss damit im Rahmen der Herabsetzung von Lizenzgebühren auf eine Totalperiode abgestellt werden, wobei der über die Totalperiode von dem Lizenzgeber aus der Lizenzierung der Marke erwirtschaftete

---

[27] Vgl. dazu BMF v. 23.2.1983, BStBl. I 1983, S. 218, Tz. 2.3.
[28] So auch *Engler*, IStR 2009, S. 690.

(Total-)Gewinn angemessen sein muss. Ein sofortiges Aussetzen der Lizenzgebühr bzw. eine Reduktion der Lizenzgebühr bei „ad-hoc-Verlusten" oder Anlaufverlusten sind m. E. kritisch zu sehen. Denn auch unabhängige Dritte werden bei diesen kurzfristigen Verlustsituationen des Lizenznehmers keine Anpassung der Lizenzgebühr vornehmen.

Neben der Herabsetzung der Lizenzgebühr kommt auch die Umstellung von einer umsatzabhängigen Lizenzgebühr auf eine gewinnabhängige Lizenzgebühr in Betracht. So lässt § 9 FVerlV explizit eine gewinnabhängige Lizenzgebührvereinbarung zu.[29] Dies sollte neben Funktionsverlagerungen auch für (normale) Lizenzverhältnisse im Bereich der Patent-, Marken- und Know-how-Lizenzierungen gelten. Im Rahmen der Umstellung auf eine gewinnabhängige Lizenzgebühr wird der Lizenzgeber allerdings darauf bedacht sein, sich im Rahmen der Verrechnung einer gewinnabhängigen Lizenzgebühr gegenüber der umsatzabhängigen Lizenzgebühr nicht schlechter zu stellen. Vor diesem Hintergrund ist davon auszugehen, dass nach der Verlustphase auch eine entsprechend höhere gewinnabhängige Lizenzgebühr vereinbart werden muss.

Der Beispielfall zeigt, dass es sinnvoll ist, Vertragsanpassungsklauseln in Lizenzverträgen aufzunehmen. Diese lassen eine flexiblere Gestaltung der Lizenzgebühr in Krisenzeiten zu. Alternativ ist denkbar, progressiv mit dem Umsatz steigende Lizenzgebührsätze zu vereinbaren. Diese haben den Vorteil, dass bei fallenden Umsätzen des Lizenznehmers dieser (zusätzlich) durch fallende Lizenzsätze entlastet wird.

---

[29] Vgl. dazu *Baumhoff/Ditz/Greinert*, DStR 2008, S. 1948; *Baumhoff/Greinert*, Ubg 2009, S. 544 ff.

2. Entwurf der VWG-Funktionsverlagerung

Fall 3: Funktionsverlagerung im Zusammenhang mit der Beendigung und dem Neuabschluss eines Lizenzvertrags

Die in Deutschland ansässige A-AG hat mit ihrer ebenfalls in Deutschland ansässigen Tochtergesellschaft T-GmbH einen Lizenzvertrag abgeschlossen, auf Basis dessen die Marke ABC von der A-AG an die T-GmbH lizenziert wird. Der Lizenzvertrag wurde in 2006 abgeschlossen und hat eine Laufzeit bis zum 31.12.2009.

Es ist beabsichtigt, dass die A-AG nach dem Auslaufen des Lizenzvertrags mit der T-GmbH die Marke ABC an ihre in Österreich ansässige Tochter-Gesellschaft, die Ö-GmbH, lizenziert. Die Ö-GmbH soll auf Basis eines (neuen) Lizenzvertrags mit der A-AG ab dem 1.1.2010 die Herstellung und den Vertrieb von Produkten unter der Marke ABC übernehmen, wobei die Herstellung der Produkte nicht durch die Ö-GmbH selbst, sondern – im Auftrag der Ö-GmbH – durch einen konzerninternen Lohnfertiger erfolgen wird. Die Arbeitsverträge der Mitarbeiter der T-GmbH sollen aufgehoben und mit der Ö-GmbH neue Arbeitsverträge abgeschlossen werden. Die in Deutschland (teilweise) verbleibenden Arbeitnehmer werden einen neuen Arbeitsvertrag bei der A-AG erhalten und dort im Bereich der konzernübergreifenden Markenverwaltung arbeiten. Die Ö-GmbH wird ab dem 1.1.2010 die Produkte über konzerninterne Lohnfertiger in Asien herstellen lassen und die Produkte in dem im Lizenzvertrag vorgegebenen Vertriebsgebiet unter der Marke ABC vertreiben.

Lösungshinweise zu Fall 3:

1. Tatbestandsvoraussetzungen einer Funktionsverlagerung gem. § 1 Abs. 2 FVerlV

Eine Funktionsverlagerung i.S.d. § 1 Abs. 3 Satz 9 AStG liegt gem. § 1 Abs. 2 FVerlV vor, wenn ein Unternehmen (verlagerndes Unternehmen) einem anderen nahestehenden Unternehmen (übernehmendes Unternehmen) Wirtschaftsgüter oder sonstige Vorteile sowie die damit verbundenen Chancen und Risiken überträgt oder zur Nutzung überlässt. Damit kann das übernehmende Unternehmen eine Funktion ausüben, die bisher von dem verlagernden Unternehmen ausgeübt worden ist. Ferner wird vorausgesetzt, dass durch die Funktionsverlagerung die Ausübung der betreffenden Funktionen im Inland durch das verlagernde Unternehmen eingeschränkt wird.[30] Dabei soll es nach Ansicht der Finanzverwaltung unerheblich sein, „ob das verlagernde Unternehmen aus tatsächlichen oder rechtlichen Gründen in der Lage ist, die betreffende Funktion weiterhin selbst auszuüben".[31]

---

[30] Vgl. § 1 Abs. 2 FVerlV.
[31] Tz. 2.1.2.1 Entwurf VWG-Funktionsverlagerung v. 17.7.2009.

Nachfolgend werden die o. g. Tatbestandsvoraussetzungen einer Funktionsverlagerung im Hinblick auf die Beendigung des Lizenzverhältnisses der A-AG mit der T-GmbH und den anschließenden Neuabschluss eines Lizenzvertrags der A-AG mit der Ö-GmbH geprüft:

a) Funktion i. S. d. § 1 Abs. 1 FVerlV

§ 1 Abs. 1 Satz 1 FVerlV definiert die Funktion als eine Geschäftstätigkeit, die aus einer Zusammenfassung gleichartiger betrieblicher Aufgaben besteht, die von bestimmten Stellen oder Abteilungen eines Unternehmens erledigt werden. Einzelne Funktionen sind folglich das Ergebnis der Aufgabenteilung innerhalb eines Unternehmens. Typische Funktionen sind z. B. die Beschaffung, der Einkauf, die Forschung und Entwicklung, die Produktion, der Vertrieb, das Marketing, die Werbung, die Logistik, die Finanzierung und die Geschäftsleitung.[32]

Im vorliegenden Sachverhalt hat die T-GmbH auf Grundlage des Lizenzvertrags mit der A-AG die Herstellung (über Lohnfertiger) und den Vertrieb von Produkten der Marke ABC übernommen. Damit liegt bei der T-GmbH eine Funktion i. S. d. § 1 Abs. 1 FVerlV vor.

b) Einschränkung der Funktion in Deutschland

Eine Funktionsverlagerung liegt nach § 1 Abs. 2 Satz 1 FVerlV nur vor, wenn das verlagernde Unternehmen (hier: T-GmbH) aufgrund des Vorgangs die betreffende Funktion einstellt oder die Funktion zumindest eingeschränkt wird. Im vorliegenden Sachverhalt kann die T-GmbH nach Beendigung des Lizenzvertrags mit der A-AG Produkte der Marke ABC nicht mehr herstellen und vertreiben. Damit wird die Ausübung der Funktionen „Herstellung und Vertrieb von ABC-Produkten" bei der T-GmbH eingestellt. Die Tatbestandsvoraussetzung der Einschränkung der Funktion ist damit bei der T-GmbH erfüllt.

c) Übertragung von Wirtschaftsgütern und sonstigen Vorteilen

Läuft der Lizenzvertrag der T-GmbH mit der A-AG aus und schließt die A-AG an dessen Stelle einen neuen Lizenzvertrag mit der Ö-GmbH ab, stellt sich die Frage, ob dadurch ein Kundenstamm oder Know-how der T-GmbH auf die Ö-GmbH übergehen.[33]

Im Zusammenhang mit der Übertragung von Absatzmärkten innerhalb eines Konzerns hat die BFH-Rechtsprechung bislang die Auffassung vertreten, dass der übertragene Absatzmarkt einem immateriellen Wirtschaftsgut „Kundenstamm" gleichgesetzt wird.[34] Im vorliegenden Sachverhalt sprechen allerdings gute Gründe gegen die An-

---

[32] Vgl. Tz. 2.1.1 Entwurf VWG-Funktionsverlagerung v. 17.7.2009; *Baumhoff/Ditz/Greinert*, DStR 2008, S. 1945; *Borstell/Schäperclaus*, IStR 2008, S. 275 ff.

[33] Vgl. *Brandenberg*, BB 2008, S. 865.

[34] Vgl. BFH v. 20.8.1986, BFH/NV 1987, S. 468; BFH v. 20.8.1986, BFH/NV 1987, S. 471.

nahme einer entgeltpflichtigen Übertragung eines Kundenstamms von der T-GmbH auf die Ö-GmbH. Denn die Übertragung eines Kundenstamms ist nicht entgeltfähig, wenn der übertragene Kundenstamm sich lediglich aufgrund der „Sogwirkung" der Marke gebildet hat. Eine „Sogwirkung" der Marke liegt vor, wenn die Kundenbindung an das Produkt maßgeblich aufgrund der Reputation der Marke bzw. der Qualität eines Markenprodukts entstanden ist.[35] Folglich ist davon auszugehen, dass ein fremder Dritter für den der Marke folgenden Kundenstamm kein gesondertes Entgelt entrichten würde.[36]

Durch die Änderung des Lizenzverhältnisses wird automatisch ein Übergang der Kundenbeziehung auf die Ö-GmbH bewirkt, da die Motivation der Kunden im Wesentlichen auf den Erwerb von Produkten der Marke ABC gerichtet ist. Die T-GmbH wäre daher – auch in einer arm's length-Situation – weder wirtschaftlich noch rechtlich in der Lage, von der Ö-GmbH eine Vergütung für den Übergang der Kundenbeziehung zu verlangen. Denn durch das Auslaufen des Lizenzvertrags mit der A-AG kann sie die Marke ABC nicht länger nutzen und verliert somit – unabhängig vom neuen Lizenzverhältnis zwischen der A-AG und der Ö-GmbH – den daraus resultierenden Kundenstamm. Im Ergebnis wird daher kein entgeltpflichtiges Wirtschaftsgut „Kundenstamm" von der T-GmbH auf die Ö-GmbH übertragen.

Im Übrigen kann auch Know-how die Voraussetzungen eines Wirtschaftsguts erfüllen, wenn sich das Know-how hinreichend konkretisieren lässt.[37] Dies liegt insbesondere dann vor, wenn sich das Know-how in körperlichen Gegenständen (z. B. Zeichnungen, Versuchsergebnisse, Angaben von Materialqualitäten etc.) konkretisiert. Im vorliegenden Sachverhalt handelt es sich allenfalls um das Know-how des Personals, welches auf die Ö-GmbH übergeht. In diesem Fall sollte sich das Know-how nicht in einem Wirtschaftsgut konkretisieren lassen.[38]

Der Begriff des „sonstigen Vorteils" ist weder in § 1 AStG und der FVerlV noch im Entwurf der VWG-Funktionsverlagerung v. 17.7.2009 definiert und bleibt damit weiterhin völlig unklar. Eindeutig ist insoweit nur, dass die Voraussetzungen des Wirtschaftsgutbegriffs bei „sonstigen Vorteilen" nicht erfüllt sein müssen. Als Beispiele für „sonstige Vorteile" werden in der Literatur Geschäftschancen,[39] einzelne Kundenaufträge, Überlassung von Fachpersonal, Übertragung von Rechten, Branchenkenntnisse oder Bezie-

---

[35] Vgl. BFH v. 20.8.1986, BFH/NV 1987, S. 471; *Schreiber*, in: Kroppen, Handbuch Internationale Verrechnungspreise, FVerlV, 2009, Rn. 220.

[36] Vgl. *Baumhoff*, in: Flick/Wassermeyer/Baumhoff, § 1 AStG, Rn. 618.1; *Ditz*, in: Wassermeyer/Andresen/Ditz, Betriebsstätten-Handbuch, 2006, Rn. 4.84.

[37] Vgl. BFH v. 23.11.1988, BStBl. II 1989, S. 83; BFH v. 15.7.1987, BStBl. II 1987, S. 809.

[38] Vgl. auch *Ditz*, in: Wassermeyer/Andresen/Ditz, Betriebsstätten-Handbuch, 2006, Rn. 4.76.

[39] Vgl. dazu auch *Ditz*, DStR 2006, S.1625 ff.

hungen zu Lieferanten genannt.[40] Vor diesem Hintergrund könnte das Know-how, welches mit dem Personal der T-GmbH auf die Ö-GmbH übergeht, als Übertragung eines sonstigen Vorteils angesehen werden. Darüber hinaus könnten auch die Branchenkenntnisse der Mitarbeiter sowie die Kunden- und Lieferantenbeziehungen der T-GmbH als „sonstige Vorteile", die zukünftig von der Ö-GmbH genutzt werden, angesehen werden.

Im Ergebnis ist daher nicht auszuschließen, dass im vorliegenden Sachverhalt „sonstige Vorteile" von der T-GmbH auf die Ö-GmbH übergehen.

d) Zwischenergebnis

Im vorliegenden Sachverhalt sind die Voraussetzungen einer Funktionsverlagerung i. S. d. § 1 Abs. 2 FVerlV formal erfüllt. Denn bei der T-GmbH werden mit Auslaufen des Lizenzvertrags Funktionen eingestellt und wohl auch „sonstige Vorteile" von der T-GmbH auf die Ö-GmbH übertragen. Die Änderungen des § 1 Abs. 3 Sätze 9 und 10 AStG durch das „Gesetz zur Umsetzung steuerlicher EU-Vorgaben sowie zur Änderung steuerlicher Vorschriften", das vom Bundesrat am 26.3.2010 verabschiedet wurde, ändert dieses Ergebnis nicht.

2.   Negativabgrenzung der Funktionsverlagerung gem. § 1 Abs. 7 Satz 2 FVerlV

Nach § 1 Abs. 7 Satz 2 FVerlV liegt eine Funktionsverlagerung nicht vor, „wenn der Vorgang zwischen voneinander unabhängigen Dritten nicht als Veräußerung oder Erwerb einer Funktion angesehen würde". Infolge dessen ist bei einer Funktionsverlagerung zu prüfen, ob diese zwischen unabhängigen Dritten – d. h. im Rahmen des hypothetischen Fremdvergleichs zwischen zwei ordentlichen und gewissenhaften Geschäftsleitern – vergütet worden wäre.[41] Dementsprechend werden Vorgänge, die formal den Tatbestand einer Funktionsverlagerung erfüllen, aber entsprechend dem Fremdvergleichsgrundsatz tatsächlich anders – also unentgeltlich – abgewickelt werden, nicht als Funktionsverlagerung i. S. d. § 1 Abs. 2 FVerlV behandelt.[42] Dies gilt nach § 8 FVerlV insbesondere für die fristgerechte Kündigung von Lizenzverträgen oder das Auslaufen von Vertragsbeziehungen. In diesen Fällen können nach § 8 Satz 1 FVerlV der Besteuerung einer Funktionsverlagerung gesetzliche oder vertragliche Umstände (z. B. gesetzliche oder vertragliche Schadensersatz-, Entschädigungs- oder Ausgleichsansprüche) zu Grunde gelegt werden, wenn der Steuerpflichtige glaubhaft macht, dass fremde Dritte unter ähnlichen Umständen in vergleichbarer Art und Weise verfahren würden.

---

[40] Vgl. *Brüninghaus/Bodenmüller*, DStR 2009, S. 1288; *Baumhoff/Ditz/Greinert*, DStR 2008, S. 1946; *Schreiber*, in: Kroppen, Handbuch Internationale Verrechnungspreise, FVerlV, 2009, Rn. 51.

[41] Vgl. *Baumhoff/Ditz/Greinert*, DStR 2008, S. 1945.

[42] Vgl. Begründung zur FVerlV, BR-Drucks. 352/08, S. 15.

Im vorliegenden Sachverhalt basiert die Funktionsausübung der T-GmbH auf dem mit der A-AG abgeschlossenen Lizenzvertrag. Auf Basis dieses Lizenzvertrags hat die T-GmbH das Recht lizenziert, Produkte unter der Marke ABC herzustellen und zu vertreiben. Die Funktionsausübung der T-GmbH ist damit unmittelbar an den abgeschlossenen Lizenzvertrag geknüpft. Mit Beendigung des Lizenzvertrags ist die T-GmbH damit rechtlich nicht mehr in der Lage, ihre Funktionen „Herstellung und Vertrieb von ABC-Produkten" auszuführen.

Vor dem Hintergrund des § 1 Abs. 7 Satz 2 FVerlV stellt sich damit die Frage, ob der Vorgang der Beendigung des Lizenzvertrags zwischen der A-AG und der T-GmbH einerseits sowie der daran anschließende Abschluss eines neuen Lizenzvertrags der A-AG mit der Ö-GmbH unter voneinander unabhängigen Dritten als Veräußerung oder Erwerb einer Funktion angesehen und entgolten werden würde. Dies ist m.E. zu verneinen: Denn zwischen fremden Dritten bestünden in diesem Zusammenhang keinerlei gesetzliche oder vertragliche Schadensersatz-, Entschädigungs- oder Ausgleichsansprüche der T-GmbH gegenüber der A-AG oder gegen die Ö-GmbH. Darüber hinaus sind keine weitergehenden Ausgleichsansprüche erkennbar, welche der ordentliche Geschäftsleiter der T-GmbH geltend machen könnte. Vielmehr ist davon auszugehen, dass die T-GmbH – vorbehaltlich der Regelungen im Lizenzvertrag – keine Anspruchsgrundlage hat, Ausgleichszahlungen oder sonstige Vergütungen für die Funktionsausübung der Ö-GmbH einzufordern. Diese Argumentation wird auch im Entwurf der VWG-Funktionsverlagerung v. 17.7.2009 geteilt. Dort heißt es in Tz. 2.1.7.3:

> „Auch Vorgänge, die formal den Tatbestand einer Funktionsverlagerung erfüllen, aber entsprechend dem Fremdvergleichsgrundsatz tatsächlich so abgewickelt werden, dass sie nach allgemeiner Verkehrsanschauung nicht wie Funktionsverlagerungen anzusehen sind (z. B. fristgerechte Kündigung von Verträgen, Auslaufen einer Vertragsbeziehung), werden aus dem Anwendungsbereich der Transferpaket-Betrachtung ausgenommen."

Die dargestellte Auffassung, dass die Kündigung bzw. das Auslaufen eines Vertragsverhältnisses nicht zu einer steuerlich relevanten Funktionsverlagerung i. S. d. § 1 Abs. 3 Satz 9 AStG führen kann, wird im Schrifttum – auch von Vertretern der Finanzverwaltung – geteilt.[43] Bedingung ist allerdings, dass in solchen Fällen in den entsprechenden Verträgen fremdübliche Kündigungsregelungen bzw. Laufzeiten vereinbart wurden. In Mustervertragshandbüchern werden in diesem Zusammenhang bei Lizenzverträgen Grundlaufzeiten von maximal vier bis sechs Jahren genannt.[44]

---

[43] Vgl. *Brandenberg*, BB 2008, S. 865; *Brüninghaus/Bodenmüller*, DStR 2009, S. 1288.

[44] Vgl. *Fammler*, Der Markenlizenzvertrag, 2007, S. 174; *Harte-Bavendamm*, in: Pfaff, Lizenzverträge, 1999, Abschn. B VIII, Tz. 972; teilw. wird in der Literatur jedoch auch die Auffassung vertreten, dass bei Lizenzverträ-

Im Ergebnis ist – auch nach den Änderungen des § 1 Abs. 3 Sätze 9 und 10 AStG durch das „Gesetz zur Umsetzung steuerlicher EU-Vorgaben sowie zur Änderung steuerlicher Vorschriften" – davon auszugehen, dass aufgrund des § 1 Abs. 7 Satz 2 FVerlV im vorliegenden Sachverhalt keine Funktionsverlagerung von der T-GmbH auf die Ö-GmbH vorliegt. Allerdings enthält der Entwurf der VWG-Funktionsverlagerung auch eine Regelung, die diesem Ergebnis entgegenstehen könnte. Denn nach Tz. 2.1.2.1 Entwurf VWG-Funktionsverlagerung v. 17.7.2009 ist es für eine Funktionsverlagerung unerheblich „ob das verlagernde Unternehmen aus tatsächlichen oder rechtlichen Gründen in der Lage ist, die betreffende Funktion weiterhin selbst auszuüben". In diesem Zusammenhang wird klargestellt, dass auch Fallgestaltungen denkbar sind, „in denen ein Unternehmen tatsächlich keine andere Möglichkeit hat, als die Ergebnisse des Handelns eines Geschäftspartners zu akzeptieren (z. B. eine ordnungsgemäße Vertragskündigung mit oder ohne Entschädigungsanspruch), die im Ergebnis zu einer Funktionsverlagerung führen können, ohne dass es auf eine Zustimmung ankäme. Werden im Zusammenhang mit einem solchen Vorgang zusätzlich für die Ausübung der Funktion notwendige Wirtschaftsgüter oder Rechte übertragen oder Vorteile gewährt, so würden fremde Dritte dafür insgesamt eine Vergütung vereinbaren".[45]

Sollte die Finanzverwaltung aufgrund der dargestellten Regelung – die im Widerspruch zur o. g. Tz. 2.1.7.3 Entwurf VWG-Funktionsverlagerung v. 17.7.2009 steht – zum Ergebnis kommen, dass im vorliegenden Sachverhalt eine Funktionsverlagerung vorliegt, kann dieser Auffassung nicht gefolgt werden.

3. Geschäftsbeziehung i.S.d. § 1 Abs. 5 AStG

Die Besteuerung einer Funktionsverlagerung setzt im Übrigen – nach den allgemeinen Tatbestandsvoraussetzungen des § 1 Abs. 1 AStG – voraus, dass eine Geschäftsbeziehung i. S. d. § 1 Abs. 5 AStG vorliegt. Folglich müsste im Rahmen einer möglichen Funktionsverlagerung zwischen der T-GmbH und der Ö-GmbH eine Geschäftsbeziehung im Sinne einer schuldrechtlichen Beziehung[46] begründet werden. Ob eine solche schuldrechtliche Beziehung im vorliegenden Sachverhalt zwischen der T-GmbH und der Ö-GmbH vorliegt, ist m. E. fraglich. Denn weder

► die Beendigung des Lizenzvertrags zwischen der A-AG und der T-GmbH sowie
► der Abschluss eines neuen Lizenzvertrags zwischen der A-AG und der Ö-GmbH noch
► der Übergang des Personal von der T-GmbH zur Ö-GmbH

begründen eine schuldrechtliche Beziehung i. S. d. § 1 Abs. 5 AStG.

---

gen die Vertragslaufzeit beliebig vereinbar ist, vgl. *Brandmüller/Brandmüller*, Vertrags- und Formularbuch, Bd. 2 Fach 7 B. II. 2., Tz. 11.

[45] Tz. 1.3.1 Entwurf VWG-Funktionsverlagerung v. 17.7.2009.

[46] Vgl. die Definition der Geschäftsbeziehung in § 1 Abs. 5 AStG und dazu im Einzelnen *Baumhoff/Ditz/Greinert*, DStR 2010, S. 478 f.

Fall 4: „Atomisierung" des Funktionsbegriffs

Die deutsche M-GmbH ist im Bereich der Entwicklung, der Herstellung und des Vertriebs von Kleinmaschinen tätig. Der Motorsägentyp A1 wurde bisher ausschließlich in Deutschland hergestellt und weltweit vertrieben. Das Produkt basiert auf einem Patent, das die M-GmbH 1980 entwickelt hat; der Patentschutz ist bereits abgelaufen. Da der Motorsägentyp A1 mittlerweile in Europa – insbesondere im Hinblick auf seine Abgaswerte – veraltet ist, soll seine Produktion am Stammsitz der M-GmbH eingestellt und zukünftig nur noch von der Tochter-Gesellschaft in China, der C-Ltd., ausgeübt werden. Die C-Ltd. verfügt bereits über eine entsprechende Produktionsanlage, wobei zur Herstellung der Kettensäge A1 das Know-how der M-GmbH notwendig ist. Darüber hinaus erhält die C-Ltd. in der Anfangsphase personelle Unterstützungsleistungen durch die M-GmbH bis die Produktion der Motorsäge in China vollends angelaufen ist. Darüber hinaus erbringt die M-GmbH auch Unterstützungsleistungen an die C-Ltd. im Bereich des Vertriebs.

Anstelle des Motorsägentyps A1 produziert und vertreibt die M-GmbH zukünftig nur das von ihr neu entwickelte Nachfolgeprodukt B1, das im Wesentlichen auf anderen Patenten als der Typ A1 beruht. Die M-GmbH erzielt mit der Kettensäge B1 bei unverändertem Personalbestand und Maschineneinsatz einen höheren Umsatz als mit dem Vorgängerprodukt A1.

Lösungshinweise zu Fall 4:

Nach Ansicht des BMF im Entwurf der VWG-Funktionsverlagerung v. 17.7.2009 ist das Tatbestandsmerkmal der „Funktionseinschränkung" i. S. d. § 1 Abs. 2 FVerlV im vorliegenden Sachverhalt erfüllt.[47] Denn das BMF definiert die Funktion i. S. d. § 1 Abs. 1 FVerlV – entgegen der h.M. der Literatur[48] – als „Produktion eines *bestimmten Produkts* oder einer *bestimmten Produktgruppe*". Da die Funktion „Produktion und Vertrieb der Motorsäge A1" in Deutschland bei der M-GmbH entfällt und damit i. S. d. § 1 Abs. 2 FVerlV eingeschränkt wird, geht die Finanzverwaltung von einer Funktionsverlagerung aus. Dies wird damit begründet, dass es sich bei der „Produktion und dem Vertrieb der Motorsäge A1" einerseits und der „Produktion und dem Vertrieb der Motorsäge B1" andererseits um verschiedene Funktionen handelt, da im Wesentlichen unterschiedliche immaterielle Wirtschaftsgüter eingesetzt werden.[49] Dabei soll es keine Rolle spie-

---

[47] Vgl. Tz. 2.1.2.2 Entwurf VWG-Funktionsverlagerung v. 17.7.2009.

[48] Vgl. insoweit *Kroppen*, in: Kroppen, Handbuch Internationale Verrechnungspreise, FVerlV, 2009, Rn. 162; *Baumhoff/Ditz/Greinert*, DStR 2007, S. 1649 f.; *Pohl*, JbFSt 2007/08, S. 433 ff.; *Frotscher*, FR 2008, S. 49 f.; *Borstell/Schäperclaus*, IStR 2008, S. 275.

[49] Vgl. auch Tz. 2.1.2.2 Entwurf VWG-Funktionsverlagerung v. 17.7.2009.

len, dass das verlagernde Unternehmen (hier: M-GmbH) keinen Personalabbau vornimmt und mit dem Motorsägentyp B1 sogar einen höheren Umsatz erzielt.

Die weite Interpretation des Begriffs der Funktion (im Sinne einer „Atomisierung" der Funktion) steht weder im Einklang mit § 1 Abs. 3 Satz 9 AStG noch der Definition der Funktion in § 1 Abs. 1 FVerlV.[50] Denn nach § 1 Abs. 1 Satz 2 FVerlV wird für eine Funktionsverlagerung vorausgesetzt, dass ein „organischer Teil eines Unternehmens" übergeht. Dieser organische Teil muss zwar nicht zwingend einen Teilbetrieb begründen, dem aber wohl sehr nahe kommen.[51] Das Kriterium eines organischen Teils ist indessen unzweifelhaft bei einer Atomisierung der Funktionsdefinition nicht erfüllt.

Ferner ist zu beachten, dass § 1 Abs. 1 Satz 1 FVerlV eine Funktion als „Geschäftstätigkeit" definiert. In diesem Zusammenhang sieht die Begründung zu § 1 Abs. 1 Satz 2 FVerlV ausdrücklich vor, dass mit der Funktion eine gewisse Eigenständigkeit einhergeht, die es erlaubt, der Funktion bestimmte Erträge und Aufwendungen zuzuordnen.[52] Diese Voraussetzungen sind allerdings bei einer produktbezogenen Definition der Funktion nur selten erfüllt. Denn die Tätigkeit ist hier die Funktion als solche (im Beispiel: die Produktion von Motorsägen), welche im vorliegenden Sachverhalt weder eingestellt noch eingeschränkt wird.

Schließlich wurde das Problem der „teilweisen" Funktionsverlagerung bereits im Gesetzgebungsverfahren der FVerlV gesehen und diskutiert. So enthielt der Entwurf der FVerlV v. 17.12.2007 in § 1 Abs. 2 Satz 2 FVerlV noch folgenden Wortlaut: „Eine Funktionsverlagerung kann auch vorliegen, wenn das übernehmende Unternehmen die Funktion nur zeitweise oder teilweise übernimmt; wird die Funktion nur teilweise übernommen, ist die Verordnung auf den übernommenen Teil anzuwenden." In der damaligen Verordnungsbegründung hieß es dazu, dass eine teilweise Funktionsverlagerung vorläge, wenn z. B. im Rahmen des Vertriebs eines Unternehmens, der Vertrieb einer bestimmten Produktgruppe verlagert wird. Nach heftiger Kritik der Wirtschaft wurde § 1 Abs. 2 Satz 2 FVerlV in der Entwurfsfassung v. 17.12.2007 geändert, so dass eine teilweise Verlagerung einer Funktion ausdrücklich nicht mehr von der Rechtsverordnung erfasst werden sollte. Das BMF scheint nunmehr über das BMF-Schreiben zu versuchen, die eigene Auffassung „durch die Hintertür" wieder einzuführen.[53]

---

[50] Kritisch auch *Kroppen/Rasch*, IWB 2009, Gruppe 1 Fach 3, S. 2444 ff.

[51] So auch *Schreiber*, in: Kroppen, Handbuch Internationale Verrechnungspreise, FVerlV, 2009, Rn. 43.

[52] Vgl. Begründung zu § 1 Abs. 1 Satz 2 FVerlV, BR-Drucks. 352/08, S. 10.

[53] Ebenso *Kroppen/Rasch*, IWB 2009, Gruppe 1 Fach 3, S. 2445.

3. Konsequenzen der Aufgabe der finalen Entnahmetheorie durch den BFH

Fall 5: Anwendung der Entstrickungsregelungen bei der Überführung eines Wirtschaftsguts in eine DBA-Betriebsstätte

Die in Deutschland ansässige D-GmbH ist im Bereich der Entwicklung, Herstellung und des Vertriebs von Elektromotoren für Windkrafträder tätig. Bereits im Jahr 2002 hatte die D-GmbH in den Niederlanden eine Produktionsstätte (=Betriebsstätte) errichtet, in welcher Elektromotoren hergestellt werden. Da die Produktion der Elektromotoren in den Niederlanden kostengünstiger ist als in Deutschland, entschließt sich die D-GmbH im Juli 2009, die Herstellung der Elektromotoren in Deutschland einzustellen und stattdessen den Standort in den Niederlanden auszubauen. In diesem Zusammenhang wurde zunächst ein zusätzliches Grundstück in den Niederlanden erworben, auf welchem eine neue Fabrikationshalle erbaut wurde. Anfang Oktober 2009 wurden die Produktionsanlagen in Deutschland abgebaut, in die neue niederländische Fabrikationshalle überführt und dort aufgebaut. Der Buchwert der Produktionsanlagen betrug im Überführungszeitpunkt € 20.000, der Marktwert € 120.000. Zur Herstellung der Teilkomponenten ist ein von der D-GmbH entwickeltes Patent notwendig, das nach der Produktionsverlagerung nur noch in der niederländischen Fabrikationsstätte genutzt wird. Der Marktwert des Patents beträgt € 500.000.

Lösungshinweise zu Fall 5:

1. Aufgabe der finalen Entnahmetheorie durch das BFH-Urteil v. 17.7.2008

In seinem Urteil v. 17.7.2008 hat der BFH – entgegen der Vorinstanz des FG Düsseldorf v. 12.5.2006[54] – entschieden, dass die Überführung eines Wirtschaftsguts aus einem inländischen Stammhaus in eine ausländische Betriebsstätte im VZ 1995 (d. h. vor Inkrafttreten des § 6 Abs. 5 EStG 1997 und des § 4 Abs. 1 Satz 3 EStG 2007 und § 12 Abs. 1 KStG 2007) auch dann nicht zu einer sofortigen Gewinnrealisierung führt, wenn die ausländischen Betriebsstättengewinne aufgrund eines DBA von der Besteuerung im Inland freigestellt sind.[55] Insoweit ist der I. Senat des BFH der Forderung im Schrifttum[56] nachgekommen, seine Rechtsprechung zur sog. finalen Entnahmetheorie aufzugeben. Nach der finalen Entnahmetheorie war die Überführung von Wirtschaftsgütern des Anlagevermögens aus einem inländischen Stammhaus in eine ausländische Betriebsstätte als Entnahme i.S.d. § 4 Abs. 1 Satz 2 EStG zu behandeln, wenn der Gewinn der

---

[54] Vgl. FG Düsseldorf v. 12.5.2006, DStRE 2006, S. 1521.

[55] Vgl. BFH v. 17.7.2008, DStR 2008, S. 2001.

[56] Vgl. nur *Wassermeyer*, in: Wassermeyer/Andresen/Ditz, Betriebsstätten-Handbuch, 2006, Rn. 3.11; *Schaumburg*, Internationales Steuerrecht, 1998, Rn. 18.44.

ausländischen Betriebsstätte nach einem DBA von der deutschen Besteuerung freigestellt war. Dies wurde durch den BFH damit begründet, dass die stillen Reserven des entsprechenden Wirtschaftsguts mit Überführung des Wirtschaftsguts in die ausländische Betriebsstätte aufgrund der DBA-Freistellung einer inländischen Besteuerung entzogen werden.[57]

Dem Urteil des BFH v. 17.7.2008 lag indessen kein „typischer Fall" einer Überführung eines Wirtschaftsguts von einem deutschen Stammhaus in eine ausländische, rechtlich unselbstständige DBA-Betriebsstätte, sondern ein Personengesellschaftsfall zugrunde. Konkret ging es um die Überführung der Anteile an einer US-amerikanischen Inc. von einer deutschen GmbH & Co. KG in eine österreichische KG gegen Gewährung von Gesellschaftsrechten. Nach dem BFH-Urteil v. 17.7.2008 führt die Übertragung der Beteiligung an der US-Inc. auf die österreichische KG – entgegen der Auffassung der Finanzverwaltung[58] – nicht zu einer sofortigen Gewinnrealisierung im Überführungszeitpunkt. Dies wird durch den BFH in seinem Urteil v. 17.7.2008 dadurch begründet, dass nach heutiger Erkenntnis die spätere Besteuerung im Inland entstandener stiller Reserven durch die abkommensrechtliche Freistellung ausländischer Betriebsstättengewinne (im entschiedenen Sachverhalt nach dem DBA-Österreich) nicht beeinträchtigt wird. Vielmehr geht Deutschland das Besteuerungsrecht in Bezug auf aus dem Wirtschaftsgut resultierende Einkünfte nur in einem solchen Umfang verloren, in welchem die realisierten Einkünfte auch tatsächlich durch die Betriebsstätte erwirtschaftet werden. Im Ergebnis erkennt der BFH die Aufteilung des zukünftigen Veräußerungsgewinns zwischen dem inländischen Stammhaus und der ausländischen Betriebsstätte unter Beachtung des Fremdvergleichsgrundsatzes an. Das Besteuerungsrecht Deutschlands wird daher in Bezug auf die aus dem in die ausländische Betriebsstätte überführten Wirtschaftsgut resultierenden Einkünfte nicht eingeschränkt.[59]

Wie der BFH in seinem Urteil v. 17.7.2008 ausführt, folgt auch aus dem Abkommensrecht und der aktuellen Interpretation der Selbstständigkeitsfiktion der Betriebsstätte durch die OECD im Rahmen des sog. „functionally separate entity approach"[60] nichts anderes. Denn Art. 7 OECD-MA (präziser: im entschiedenen Sachverhalt die Art. 7 Abs. 2 OECD-MA nachgebildete Norm des Art. 4 Abs. 2 DBA-Österreich 1954) kommt in Bezug auf die Gewinnermittlung keine Self executing-Wirkung zu.[61]

---

[57] Vgl. BFH v. 16.7.1969, BStBl. II 1970, S. 175; BFH v. 28.4.1971, BStBl. II 1971, S. 630; BFH v. 30.5.1972, BStBl. II 1972, S. 760; BFH v. 24.11.1982, BStBl. II 1983, S. 113.

[58] Vgl. BMF v. 24.12.1999, BStBl. I 1999, S. 1076.

[59] Vgl. dazu *Ditz*, IStR 2009, S. 117; *Prinz*, DB 2009, S. 808 ff.; *Schneider/Oepen*, FR 2009, S. 23 ff.; kritisch *Mitschke*, FR 2008, S. 1144 ff.; ders., FR 2009, S. 326 ff.

[60] Vgl. dazu *Förster*, IWB 2007, Fach 10, Gruppe 2, S. 1929; *Bendlinger*, SWI 2007, S. 1.

[61] Zu Einzelheiten vgl. *Ditz*, IStR 2005, S. 39 ff. ; *Ditz/Schneider*, DStR 2010, S. 83.

Schließlich hat der BFH im Urteil v. 17.7.2008 die finale Entnahmetheorie auch aus europarechtlichen Gründen abgelehnt. Denn Innentransaktionen zwischen einem inländischen Stammhaus und einer inländischen Betriebsstätte bzw. zwischen einem inländischen Gesellschafter und seiner inländischen Personengesellschaft führen zu keiner Gewinnrealisierung, während die Überführung eines Wirtschaftsguts in eine EU-Betriebsstätte auf Basis der finalen Entnahmetheorie zu einer Steuerentstrickung führte.

2. Implikationen für die Anwendung des § 12 Abs. 1 KStG

Der vorliegende Sachverhalt unterscheidet sich in Bezug auf den im Urteil des BFH v. 17.7.2008 entschiedenen Sachverhalt dadurch, als in 2009 die neuen Entstrickungsregelungen des § 4 Abs. 1 Satz 3 EStG und des § 12 Abs. 1 KStG zu beachten sind. Diese wurden mit dem SEStEG v. 7.12.2006[62] eingeführt. Voraussetzung für die Anwendung der Entstrickungsregelungen ist „der Ausschluss oder die Beschränkung des Besteuerungsrechts der Bundesrepublik Deutschland hinsichtlich des Gewinns aus der Veräußerung oder der Nutzung des Wirtschaftsguts".

Der BFH hat in seinem Urteil v. 17.7.2008 die Frage, inwieweit von seiner Feststellung, dass das Besteuerungsrecht Deutschlands bei der Überführung von Wirtschaftsgütern in eine ausländische Betriebsstätte mit DBA-Freistellung nicht verloren geht, Konsequenzen auf die Anwendung des § 4 Abs. 1 Satz 3 EStG und des § 12 Abs. 1 KStG zu ziehen sind, ausdrücklich offen gelassen.[63]

Aus dem Urteil ist allerdings einerseits die Schlussfolgerung zu ziehen, dass es sich bei § 4 Abs. 1 Satz 3 EStG und § 12 Abs. 1 KStG nicht um eine Klarstellung des seinerzeit geltenden Rechts, sondern um eine deutliche Verschärfung handelt.[64] Andererseits werden die bereits im Schrifttum zu Recht angebrachten Zweifel bestätigt, dass die neuen Entstrickungsregeln „ins Leere laufen".[65] Denn der BFH hat in seinem Urteil v. 17.7.2008 deutlich herausgearbeitet, dass „das Besteuerungsrecht des Stammhausstaats auf die dem Stammhaus zuzurechnenden Gewinnanteile unberührt" bleibt. Vor diesem Hintergrund ist nach dem Wortlaut des § 4 Abs. 1 Satz 3 EStG und des § 12 Abs. 1 Satz 1 KStG nicht sichergestellt, dass der diesen Vorschriften zugedachte Zweck einer Sicherstellung der Besteuerung in Deutschland entstandener stiller Reserven

---

[62] Vgl. Gesetz über steuerliche Begleitmaßnahmen zur Einführung der Europäischen Gesellschaft und zur Änderung weiterer steuerrechtlicher Vorschriften v. 7.12.2006, BGBl. I 2006, S. 2782.

[63] Vgl. BFH v. 17.7.2008, DStR 2008, S. 2001 unter III. 3. b) bb) am Ende der Entscheidungsgründe.

[64] So auch *Rödder/Schumacher*, DStR 2006, S. 1483.

[65] Vgl. *Wassermeyer*, DB 2006, S. 1176; ders., IStR 2008, S. 176; *Gosch*, BFH-PR 2008, S. 500.

tatsächlich erfüllt wird. Das Schrifttum lehnt daher die Anwendbarkeit der neuen Entstrickungsregeln nach dem BFH-Urteil v. 17.7.2008 ab.[66]

Für den vorliegenden Sachverhalt folgt aus der Entscheidung des BFH v. 17.7.2008, dass sowohl im Hinblick auf die überführten Produktionsanlagen als auch im Hinblick auf das überführte Patent[67] keine stillen Reserven (als Differenz zwischen dem Marktwert und dem Buchwert) im Überführungszeitraum Oktober 2009 zu realisieren sind. Vielmehr ist insoweit von einer Buchwertfortführung auszugehen. Zu einer Gewinnrealisierung und -besteuerung kann es in Deutschland erst kommen, wenn in der Betriebsstätte aus der Nutzung der Produktionsanlagen und des Patents Gewinne erwirtschaftet werden. Diese sind dann anteilig dem Stammhaus der D-GmbH zuzuordnen und in Deutschland zu versteuern. In der Praxis stellt sich hier allerdings die Frage, wie der in Deutschland zu versteuernde Gewinn tatsächlich zu ermitteln ist. Dies hat der BFH in seinem Urteil v. 17.7.2008 offengelassen.

Das vorstehend dargestellte Ergebnis wird von der Finanzverwaltung nicht anerkannt. Denn die Finanzverwaltung geht in ihrem Nichtanwendungserlass v. 20.5.2009[68] davon aus, dass § 4 Abs. 1 Satz 3 EStG und § 12 Abs. 1 KStG auch nach dem BFH-Urteil v. 17.7.2008 anwendbar sind. Dies wird damit begründet, dass der Gesetzgeber „von einer anderen Auslegung des Abkommensrechts aus[geht]". Nach Ansicht der Finanzverwaltung wären daher im Zeitpunkt der Überführung der Produktionsanlagen sowie des Patents in die niederländische Betriebsstätte (Oktober 2009) die in beiden Wirtschaftsgütern ruhenden stillen Reserven aufzudecken.[69] Hierbei ist allerdings zu beachten, dass eine „aufgeschobene Besteuerung" des Entstrickungsgewinns gem. § 4g EStG möglich ist. Denn bei beiden Wirtschaftsgütern handelt es sich um Wirtschaftsgüter des Anlagevermögens, die in eine in der EU belegene Betriebsstätte überführt werden. Ob durch § 4g EStG den europarechtlichen Vorgaben entsprochen wird, ist indessen nach dem BFH-Urteil v. 17.7.2008 fraglich.[70]

Schließlich bleibt abzuwarten, ob und falls ja, in welcher Form, der Gesetzgeber auf das BFH-Urteil v. 17.7.2008[71] reagiert und ggf. § 4 Abs. 1 Satz 3 EStG und § 12 Abs. 1 KStG anpasst. Dem Vernehmen nach werden insoweit zwei Alternativen im BMF diskutiert: Einerseits die Klarstellung beider Vorschriften im Hinblick auf ihren Anwendungsbe-

---

[66] Vgl. auch Gosch, BFH-PR 2008, S. 500; Schneider/Oepen, FR 2009, S. 28.

[67] Das Patent ist aufgrund einer ausschließlichen Nutzung und Verwertung in der niederländischen Betriebsstätte funktional der Betriebsstätte zuzuordnen, vgl. BMF v. 25.8.2009, DStR 2009, S. 1850, Tz. 2.4.

[68] Vgl. BMF v. 20.5.2009, BStBl. I 2009, S. 671; BMF v. 25.8.2009, BStBl. I 2009, S. 888; dazu kritisch Ditz/Schneider, DStR 2010, S. 84 f.

[69] Vgl. dazu auch BMF v. 25.8.2009, BStBl. I 2009, S. 888, Tz. 2.6.1.; a. A. Ditz/Schneider, DStR 2010, S. 84 f.

[70] Zu Einzelheiten vgl. Schneider/Oepen, FR 2009, S. 28; Ditz, IStR 2009, S. 120.

[71] Vgl. BFH v. 17.7.2008, DStR 2008, S. 2001.

reich (z. B. durch Einfügung eines entsprechenden Beispiels) oder andererseits durch eine Ergänzung des § 1 AStG im Hinblick auf Betriebsstätten- und Personengesellschaftsfälle.

3. Anwendung des § 1 AStG

Im vorliegenden Sachverhalt stellt sich auch die Frage, ob gegebenenfalls eine Funktionsverlagerung i.S.d. § 1 Abs. 3 Satz 9 AStG von der D-GmbH in die niederländische Betriebsstätte erfolgt. Hierbei ist allerdings zu berücksichtigen, dass § 1 AStG bei Betriebsstätten nicht einschlägig ist. Denn einerseits kann zwischen Stammhaus und Betriebsstätte keine Geschäftsbeziehung i. S. einer schuldrechtlichen Beziehung gem. § 1 Abs. 5 AStG begründet werden. Andererseits ist die niederländische Betriebsstätte keine „nahestehende Person" i.S.d. § 1 Abs. 2 AStG, da dies nur eigenständige Rechtssubjekte sein können.[72] Eine Funktionsverlagerungsbesteuerung nach dem Transferpaketgedanken scheidet damit mangels Rechtsgrundlage aus. Auch in diesem Punkt scheint die Finanzverwaltung allerdings anderer Auffassung zu sein.[73] Denn Tz. 3.9 des Entwurfs der VWG-Funktionsverlagerung vom 17.7.2009 sieht eine Anwendung der Funktionsverlagerungsbesteuerung grundsätzlich auch bei Betriebsstätten vor.

Abwandlung zu Fall 5:

Bei der niederländischen Produktionsstätte handelt es sich nicht um eine rechtlich unselbstständige niederländische Fabrikationsstätte, sondern um eine niederländische Personengesellschaft in der Rechtsform einer C.V. Sowohl die Produktionsanlagen als auch das Patent werden von der D-GmbH gegen Gewährung von Gesellschaftsrechten an der NL-C.V. in die NL-C.V. eingebracht.

Lösungshinweise zur Abwandlung Fall 5:

1. Implikationen des BFH-Urteils vom 17.7.2008

Das BFH-Urteil v. 17.7.2008[74] betraf einen vergleichbaren Sachverhalt, bei dem ein Wirtschaftsgut (in Form der Anteile an einer US-Inc.) in eine österreichische KG gegen Gewährung von Gesellschaftsrechten eingebracht wurde. In diesem Zusammenhang hat der BFH entschieden, dass keine Entnahme i. S. d. § 4 Abs. 1 Satz 2 EStG – mangels Verwendung für „betriebsfremde Zwecke" – vorlag. Es kann jedoch hinterfragt werden, ob die beschriebenen Grundsätze in Bezug auf den entschiedenen Sachverhalt tatsächlich anwendbar sind. Denn eine Personengesellschaft unterhält grundsätzlich einen eigenständigen Gewerbebetrieb (gem. § 15 Abs. 3 Nr. 1 EStG) und ist folglich mit ihrem

---

[72] Vgl. auch BFH v. 28.4.2004, BFH/NV 2004, S. 1442, mit Nichtanwendungserlass v. 22.7.2005, BStBl. I 2005, S. 818.

[73] Vgl. *Bennecke*, NWB 2007, Fach 3, S. 14734.

[74] Vgl. BFH v. 17.7.2008, DStR 2008, S. 2001.

eigenen Betrieb ein eigenständiges Gewinnermittlungssubjekt. Mit der Übertragung eines Wirtschaftsguts in die Personengesellschaft könnte daher argumentiert werden, dass ein „Betriebswechsel" und folglich eine Verwendung für „betriebsfremde Zwecke" i. S. d. § 4 Abs. 1 Satz 2 EStG vorliegt. Die Idee der Beteiligung des Stammhauses an den Erträgen der Betriebsstätte im Zeitpunkt der tatsächlichen Realisierung des Ertrags (z. B. aus dem Verkauf des Wirtschaftsguts durch die Betriebsstätte) wäre folglich bei Personengesellschaften nicht unmittelbar umsetzbar.

2. Anwendung des § 6 Abs. 5 EStG

Folgt man indessen der Auffassung des BFH-Urteils v. 17.7.2008,[75] liegt auch im Rahmen der Überführung eines Wirtschaftsguts gegen Gewährung von Gesellschaftsrechten in eine ausländische Personengesellschaft keine Entnahme i. S. d. § 4 Abs. 1 Satz 2 EStG vor. In diesem Fall stellt sich dann die Frage, ob nicht gem. § 6 Abs. 5 Satz 3 Nr. 1 und Satz 1 EStG zwingend der Buchwert des Wirtschaftsguts fortzuführen ist. Denn aus dem BFH-Urteil v. 17.7.2008 folgt, dass bei einer Überführung eines Wirtschaftsguts in eine DBA-Betriebsstätte mit Freistellungsmethode, auch wenn diese durch eine Personengesellschaft vermittelt wird, die Besteuerung der stillen Reserven an dem entsprechenden Wirtschaftsgut sichergestellt ist. Hierzu führt der BFH aus, dass die Überführung eines Wirtschaftsguts in eine ausländische Personengesellschaft „das Besteuerungsrecht des Stammhausstaats auf die dem Stammhaus zuzurechnenden Gewinnanteile unberührt" lässt.[76] Folglich greift auch in Auslandsfällen die Buchwertfortführungsklausel des § 6 Abs. 5 Satz 3 Nr. 1 i. V. m. Satz 1 EStG, wenn Wirtschaftsgüter unentgeltlich oder gegen Gewährung von Gesellschaftsrechten aus dem Betriebsvermögen des inländischen Mitunternehmers in das Gesamthandsvermögen der ausländischen Personengesellschaft überführt werden.[77]

Im Ergebnis sind daher die Buchwerte der in die NL-C.V. überführten Produktionsanlagen und des Patents gem. § 6 Abs. 5 Satz 3 Nr. 1 EStG (zwingend) fortzuführen. Es stellt sich in diesem Fall jedoch die Frage des Verhältnisses des § 6 Abs. 5 EStG (Anordnung einer zwingenden Buchwertfortführung) zu den Entstrickungsregelungen des § 4 Abs. 1 Satz 3 EStG und des § 12 Abs. 1 KStG (Besteuerung der stillen Reserven als Differenz zwischen gemeinem Wert und Buchwert des Wirtschaftsguts). M. E. geht in diesem Fall § 6 Abs. 5 EStG als lex-specialis § 4 Abs. 1 Satz 3 EStG und § 12 Abs. 1 KStG vor.[78]

---

[75] Vgl. BFH v. 17.7.2008, DStR 2008, S. 2001.

[76] BFH v. 17.7.2008, DStR 2008, S. 2001, unter III. 3. d) cd) der Entscheidungsgründe.

[77] Gl.A. *Schneider/Oepen*, FR 2009, S. 27; *Prinz*, DB 2009, S. 811; *Ditz/Schneider*, DStR 2010, S. 85.

[78] So auch *Hruschka*, StuB 2006, S. 587; *Prinz*, DB 2009, S. 811.

Aufgrund des Nichtanwendungserlasses der Finanzverwaltung zum BFH-Urteil v. 17.7.2008 ist jedoch davon auszugehen, dass die Finanzverwaltung diese Auffassung nicht teilt.[79]

---

[79] Vgl. BMF v. 20.5.2009, BStBl. I 2009, S. 671; *Ditz/Schneider*, DStR 2010, S. 84 f.

4. Verrechnung von ausländischen Betriebsstätten- verlusten unter besonderer Berücksichtigung von Währungsverlusten

Fall 6: Endgültige Verluste bei Einbringung einer ausländischen Betriebsstätte in eine Tochter-Kapitalgesellschaft

Die in Deutschland ansässige M-GmbH ist im Bereich des Maschinenbaus tätig. Zum Vertrieb ihrer Produkte hat die M-GmbH in 2005 eine Betriebsstätte in Frankreich gegründet. In der Betriebsstätte sind im Rahmen der Entwicklung des französischen Marktes Anlaufverluste entstanden. Die Verluste konnten im Rahmen der beschränkten Steuerpflicht der M-GmbH in Frankreich vorgetragen werden. Zum 31.12.2008 betrugen die Verlustvorträge € 1,4 Mio.

In 2009 beschließt die M-GmbH im Zusammenhang mit der Änderung der Geschäftsstrategie in Frankreich, die französische Betriebsstätte gegen Gewährung von Gesellschaftsrechten in eine französische F-S.A. einzubringen. Die Einbringung der französischen Betriebsstätte in die F-S.A. hat zur Folge, dass nach französischem Recht der Verlustvortrag i. H. v. € 1,4 Mio. vollständig untergeht und auf Ebene der F-S.A. nicht weiter genutzt werden kann.

Lösungshinweise zu Fall 6:

1. Definition des endgültigen Verlusts

Sowohl in der Rs. *Marks & Spencer*[80] als auch in der Rs. *Lidl Belgium*[81] stellt der EuGH bei der Berücksichtigung von Verlusten im Ansässigkeitsstaat auf die Ausschöpfung der Inanspruchnahme von Verlustverwertungsmöglichkeiten im Quellenstaat (hier: Frankreich) und damit auf das Vorliegen von „endgültigen Verlusten" ab. Ein solcher liegt nach der Rechtsprechung des EuGH zum einen dann vor, wenn die Betriebsstätte alle Möglichkeiten einer Berücksichtigung der Verluste sowohl im laufenden als auch in früheren VZ ausgeschöpft hat. Zum anderen ist von endgültigen Verlusten dann auszugehen, wenn die Verluste in zukünftigen VZ weder von der Betriebsstätte selbst noch von einem Dritten berücksichtigt werden können.[82] Konkretere Aussagen, wann ein Verlust endgültig ist, sind beiden Entscheidungen jedoch nicht zu entnehmen. Auch im fortgesetzten Revisionsverfahren in der Rs. *Lidl Belgium* hat der BFH die Kriterien eines

---

[80] Vgl. EuGH v. 13.12.2005, Rs. C-446/03, *Marks & Spencer*, EuGHE 2005, S. I-10837.

[81] Vgl. EuGH v. 15.5.2008, Rs. C-414/06, *Lidl Belgium*, EuGHE 2008, S. I-3601; zuvor FG Baden-Württemberg v. 30.6.2004, EFG 2004, S. 1694; BFH-Beschluss v. 28.6.2006, DB 2006, S. 2377; zum fortgesetzten Revisionsverfahren vgl. BFH-Urteil v. 17.7.2008, BFH/NV 2008, S. 1940.

[82] Vgl. EuGH v. 15.5.2008, Rs. C-414/06, *Lidl Belgium*, EuGHE 2008, S. I-3601, Rn. 47.

„endgültigen Verlusts" bedauerlicherweise nicht weiter konkretisiert, sondern sich im Wesentlichen auf die Wiedergabe der Vorgaben des EuGH beschränkt.[83] Im Schrifttum wurden daraufhin mögliche praktische Ansatzpunkte herausgearbeitet, wann Verluste als „endgültig" i. S. d. *Marks & Spencer-* und *Lidl Belgium*-Doktrin gelten.

Nach zutreffender Auffassung des Schrifttums ist ein Verlust dann endgültig, wenn die verlusttragende ausländische Betriebsstätte veräußert, eingestellt oder umgewandelt wird.[84] Dies soll allerdings nur insoweit gelten, als kein „Missbrauch" vorliegt.[85] Folglich sind endgültige Verluste immer dann anzuerkennen, wenn die Veräußerung, Einstellung oder Umstrukturierung der ausländischen Betriebsstätte nicht in erster Linie steuerliche Beweggründe hat, sondern durch wirtschaftliche Gründe gerechtfertigt werden kann.

Diese Grundsätze werden auch durch die Entscheidung des EuGH in der Rs. *Krankenheim Ruhesitz am Wannsee-Seniorenheimstatt GmbH* (nachfolgend kurz „KR Wannsee")[86] eingeschränkt.[87] In dieser Entscheidung ging es um folgenden Sachverhalt: Die *KR Wannsee* war in Deutschland unbeschränkt steuerpflichtig und unterhielt eine Betriebsstätte in Österreich. In den Jahren 1982 bis 1990 erzielte die Betriebsstätte Verluste, von 1991 bis 1994 Gewinne; 1994 wurde sie verkauft. 1982 bis 1990 berücksichtigte die *KR Wannsee* die ausländischen Betriebsstättenverluste gem. § 2 AIG und später gem. § 2a Abs. 3 EStG a. F. In den Jahren, in denen die Betriebsstätte wieder profitabel wurde, kam es zu entsprechenden Nachversteuerungen gem. § 2a Abs. 3 Satz 3 EStG a. F. Die Klage wandte sich gegen die Hinzurechnung im Jahre 1994, d. h. in dem Jahr, in dem die Betriebsstätte verkauft wurde. In Österreich konnten die Verluste der Betriebsstätte in den Gewinnjahren nicht berücksichtigt werden, da § 102 Abs. 2 Z. 2 öEStG eine subsidiäre Verlustverwertung vorsieht, sofern der Verlust die nicht der beschränkten Steuerpflicht unterliegenden Einkünfte übersteigt. Somit war in Österreich eine Verlustverwertung zwar grundsätzlich möglich; im konkreten Sachverhalt scheiterte sie jedoch an den stetigen Gewinnen des Stammhauses.

Der EuGH hat entschieden, dass die Hinzurechnung im Jahr 1994 eine Beschränkung der Niederlassungsfreiheit darstellt, die allerdings durch die Kohärenz des deutschen Steuersystems gerechtfertigt werden kann. Im Ergebnis befand der EuGH die Nachversteuerung in Deutschland damit für zulässig. Mit der Entscheidung in der Rs. *KR*

---

[83] Vgl. BFH v. 17.7.2008, BFH/NV 2008, S. 1940.

[84] Vgl. etwa *Sedemund*, DB 2008, S. 1122; *Sedemund/Wegner*, DB 2008, S. 2567; differenzierend *Mayr*, BB 2008, S. 1816 f.; *von Brocke*, DStR 2008, S. 2202.

[85] Vgl. *Thömmes*, IWB 2008 Fach 11a, S. 1190; *Mayr*, BB 2008, S. 1818.

[86] Vgl. EuGH v. 23.10.2008, Rs. C-157/07, *Krankenheim Ruhesitz am Wannsee-Seniorenheimstatt GmbH*, IStR 2008, S. 769; zuvor FG Berlin v. 11.4.2005, IStR 2005, S. 571; BFH-Beschluss v. 29.11.2006, BStBl. II 2007, S. 398.

[87] Zu Einzelheiten vgl. auch *Breuninger/Ernst*, DStR 2009, S. 1981 ff.

Wannsee akzeptiert der EuGH somit im Ergebnis die Nichtberücksichtigung von Verlusten, selbst wenn sie durch die Veräußerung der Betriebsstätte endgültig werden. Daraus muss wohl geschlossen werden, dass eine doppelte Nichtberücksichtigung von (endgültigen) Verlusten nicht per se gegen Europarecht verstößt.[88] Dabei ist allerdings zu berücksichtigen, dass der in der Rs. *KR Wannsee* entschiedene Sachverhalt ein besonderer war; denn es ging hier nicht um die Verlustberücksichtigung beim inländischen Stammhaus, sondern um die Nachversteuerung von Betriebsstättengewinnen nach § 2a Abs. 3 EStG a. F. Zwar stellt der EuGH in der Rs. *KR Wannsee* klar, dass nicht per se davon ausgegangen werden kann, dass der Stammhausstaat verpflichtet ist, endgültige Verluste immer zu tragen. Diese Aussage der Entscheidung ist allerdings vor dem Hintergrund der Besonderheiten des entschiedenen Sachverhalts zu sehen. Denn in der *KR Wannsee*-Entscheidung konnten die ausländischen (österreichischen) Betriebsstättenverluste im Inland genutzt werden. Die Entscheidung betrifft folglich nicht die Verlustberücksichtigung im eigentlichen Sinne, sondern die Nachversteuerung gem. § 2a Abs. 3 EStG. Daher sollten aus der Entscheidung keine allgemein gültigen Schlussfolgerungen gezogen werden.[89]

Vor dem Hintergrund der dargestellten Entscheidungen in der Rs. *Lidl Belgium* und der Rs. *KR Wannsee* liegen im vorliegenden Sachverhalt mit dem Untergang der Verlustvorträge im Zusammenhang mit der Einbringung der französischen Betriebsstätte der M-GmbH in die T-S.A. endgültige Verluste vor. Diese sind bei der M-GmbH zu berücksichtigen und mindern hier die steuerlichen Einkünfte. Da die Umstrukturierung in Frankreich wirtschaftlich begründbar ist, liegt auch kein „Missbrauchsfall" vor. Das BMF vertritt indessen in seinem Schreiben v. 13.7.2009 die Auffassung, dass ein Abzug ausländischer Betriebsstättenverluste „jedenfalls dann nicht in Betracht [kommt], wenn [...] im Betriebsstättenstaat rechtlich oder tatsächlich allgemein die Möglichkeit zur Berücksichtigung solcher Verluste im selben oder in einem anderen Besteuerungszeitraum (Verlustrücktrag bzw. Verlustvortrag) besteht."[90] Eine Verlustnutzung soll daher nach Auffassung der Finanzverwaltung wohl nur dann in Betracht kommen, wenn die Auslandsverluste sowohl rechtlich als auch tatsächlich im Betriebsstättenstaat nicht abgezogen werden können. M. E. ist dies im vorliegenden Sachverhalt der Fall, so dass wohl auch nach Auffassung des BMF ein „endgültiger Verlust" vorliegen sollte.

---

[88] So auch *Haslehner*, SWI 2008, S. 570; dagegen kritisch *Breuninger/Ernst*, DStR 2009, S. 1981 ff.

[89] Gl.A. *Breuninger/Ernst*, DStR 2009, S. 1986; wohl a.A. *Altvater*, DB 2009, S.1205.

[90] Vgl. BMF v. 13.7.2009, IStR 2009, S. 661 m. Anm. *Ditz/Plansky*. Zu einer kritischen Analyse des BMF-Schreibens vgl. *Richter*, IStR 2010, S. 1 ff.

2. Zeitliche Berücksichtigung der Verluste

Liegen – wie im vorliegenden Sachverhalt – endgültige ausländische Betriebsstättenverluste vor, stellt sich die Frage, in welchem VZ diese Verluste beim inländischen Stammhaus (hier: M-GmbH) zu berücksichtigen sind. Der EuGH hat zu dieser Frage keine Aussage getroffen. Im fortgesetzten Revisionsverfahren zur Rs. *Lidl Belgium* stellte der BFH allerdings fest, dass ein „phasengleicher Abzug" vorzunehmen sei.[91] Damit ist der Eintritt der Gewissheit über das Vorliegen von endgültigen Verlusten als rückwirkendes Ereignis i. S. d. § 175 Abs. 1 Satz 1 Nr. 2 AO anzusehen.[92] Auch das Schrifttum spricht sich nahezu einhellig für die Verlustberücksichtigung im Zeitpunkt des Entstehens des Verlusts aus.[93] Die Finanzverwaltung lehnt allerdings in ihrem Nichtanwendungserlass zum BFH-Urteil v. 17.7.2008 einen phasengleichen Verlustabzug im Verlustentstehungsjahr ab.[94]

---

[91] Vgl. BFH v. 17.7.2008, BFH/NV 2008, S. 1940.
[92] Vgl. KB, IStR 2008, S. 705; *Cordewener*, IWB 2009, Fach 11 Gruppe 2, S. 991 m.w.N.
[93] Vgl. *Schnitger*, IWB 2008, Fach 11 Gruppe 2, S. 836; *Sedemund*, DB 2008, S. 1222; *Rehm/Nagler*, GmbHR 2008, S. 1176; *Mayr*, BB 2008, S. 1818.
[94] Vgl. BMF v. 13.7.2009, IStR 2009, S. 661 m. Anm. *Ditz/Plansky*.

Fall 7: Verrechnung von Währungsverlusten

Die in Deutschland ansässige T-GmbH unterhielt eine Betriebsstätte in Großbritannien, die in 2001 gegründet und mit einem angemessenen Dotationskapital ausgestattet wurde. Die Betriebsstättenbuchführung wurde in £ geführt. Im Jahr 2008 wurde die englische Betriebsstätte dadurch liquidiert, dass ihre Wirtschaftsgüter unter Aufdeckung der stillen Reserven in eine englische Tochtergesellschaft eingebracht wurden. Aus der Gegenüberstellung der Höhe des rückgeführten Dotationskapitals und des damals zugeführten Dotationskapitals ergab sich ein Währungsverlust.

Lösungshinweise zu Fall 7:

1. Auffassung des BFH und der Finanzverwaltung

Sowohl nach der Rechtsprechung des BFH[95] als auch nach Auffassung der Finanzverwaltung[96] sind umrechnungsbedingte Währungsverluste nicht dem inländischen Stammhaus (hier: T-GmbH), sondern der ausländischen Betriebsstätte zuzurechnen. Begründet wird dies damit, dass der Währungsverlust durch die Existenz der ausländischen Betriebsstätte verursacht sei und folglich das Schicksal der ausländischen Betriebsstätteneinkünfte teilen solle. Die Währungumrechnung sei Bestandteil der nach deutschen Gewinnermittlungsvorschriften ermittelten Betriebsstätteneinkünfte, die nicht nur die aus der eigentlichen Geschäftätigkeit der ausländischen Betriebsstätte erwirtschafteten Einkünfte, sondern auch Währungsverluste zu erfassen habe.[97]

2. Entscheidung des EuGH in der Rs. *Deutsche Shell*

Die Auffassung der BFH-Rechtsprechung und der Finanzverwaltung führt im Ergebnis dazu, dass eine Verwertung von Währungsverlusten beim inländischen Stammhaus im Anwendungsbereich der Freistellungsmethode nicht möglich ist. Obwohl die Auffassung des BFH und der Finanzverwaltung insofern stringent ist, als auch Währungsgewinne im Inland steuerlich nicht erfasst werden, stellt sich der EuGH in der Rs. *Deutsche Shell* gegen diese Auffassung und macht deutlich, dass Währungsverluste dem Stammhausstaat zuzuordnen sind.[98]

Diese Auffassung ist sowohl aus gemeinschaftsrechtlichen als auch aus abkommensrechtlichen Gründen zutreffend.[99] Der EuGH konstatiert, dass ein Mitgliedstaat aus

---

[95] Vgl. BFH v. 16.2.1996, BStBl. II 1997, S. 128; BFH v. 18.9.1996, BFH/NV 1997, S. 408; FG München v. 8.8.1994, IStR 1995, S. 287; FG Münster v. 10.3.1995, EFG 1996, S. 239; FG Hamburg v. 26.4.1995, EFG 1995, S. 870.

[96] Vgl. BMF v. 24.12.1999, BStBl. I 1999, S. 1076, Rn. 2.8.1.

[97] So auch *Wassermeyer*, in: Wassermeyer/Andresen/Ditz, Betriebsstätten-Handbuch, 2006, Rn. 6.9; *Malinski*, IStR 2000, S. 502, *Kumpf/Roth*, DB 2000, S. 790.

[98] Vgl. EuGH v. 28.2.2008, Rs. C-293/06, *Deutsch Shell*, EuGHE 2008, S. I-1129; zuvor FG Hamburg v. 8.6.2006, IStR 2007, S. 34.

[99] Zu Einzelheiten vgl. *Ditz/Schönfeld*, DB 2008, S. 1458 ff.; *Ziehr*, IStR 2009, S. 261 ff.; siehe ferner *Hruschka*, IStR 2008, S. 499 ff.

gemeinschaftsrechtlicher Sicht zwar nicht allein deshalb zur Verrechnung ausländischer Betriebsstättenverluste verpflichtet werden kann, weil der Betriebsstättenstaat einen Verlust nicht berücksichtigt. Allerdings stellt er auch fest, dass im Anwendungsbereich eines DBA mit Freistellungsmethode einem Staat Verluste nicht dem anderen Staat zuordnen darf, bei dem diese Verluste nie entstehen können.[100] Ferner spricht vieles dafür, dass Währungsverluste auch abkommensrechtlich dem Stammhausstaat zuzurechnen sind. Denn nach Art. 7 Abs. 2 OECD-MA ist die Betriebsstätte für Zwecke der Gewinnabgrenzung – und damit auch für Zwecke der Zurechnung von Währungsverlusten – wie ein selbständiges und unabhängiges Unternehmen zu behandeln. Bei einem selbständigen und unabhängigen Unternehmen können Währungsverluste allerdings niemals entstehen. Somit sind Währungsverluste nach Art. 7 Abs. 1 und 2 OECD-MA beim Stammhaus zu berücksichtigen.[101]

Vor dem Hintergrund der Entscheidung des EuGH in der Rs. *Deutsche Shell* sind die aus der Umrechnung des Dotationskapitals entstehenden Währungsverluste bei der Einkünfteermittlung des Jahres 2008 bei der T-GmbH abzugsfähig. Auch § 3c EStG ist – so der EuGH in der Rs. *Deutsche Shell* – nicht einschlägig.

Nach Auffassung der Finanzverwaltung obliegt der Nachweis, dass in einem konkreten Einzelfall ein Währungsverlust entstanden ist, nach § 90 Abs. 2 AO dem Steuerpflichtigen.[102] Wird ein solcher Nachweis durch den Steuerpflichtigen erbracht, ist der betreffende Währungsverlust für die Feststellung der Besteuerungsgrundlage des inländischen Unternehmens im Zeitpunkt der tatsächlichen Beendigung der Betriebsstätte zu berücksichtigen.

---

[100] Vgl. EuGH v. 28.2.2008, Rs. C-293/06, *Deutsche Shell*, EuGHE 2008, S. I-1129, Rn. 44.
[101] Vgl. dazu ausführlich *Ditz/Schönfeld*, DB 2008, S. 1460 f.
[102] Vgl. BMF v. 23.11.2009, BStBl. I 2009, S. 1332.

5. Praxisbericht zu Schweizer Principalstrukturen

Von Dr. Nico H. Burki, Rechtsanwalt, Zürich

Fall 8:

Die Y Inc., US, hält Tochtergesellschaften in verschiedenen Ländern, welche elektronische Geräte als Eigenhändler vertreiben. Die Herstellung der Geräte wird in Produktionsstätten der Unternehmensgruppe in Italien, Chile und Deutschland vorgenommen, welche zurzeit als Eigenproduzenten tätig sind.

Aus wirtschaftlichen und steuerlichen Gründen überlegt sich die Geschäftsleitung der Y Inc, zentrale Funktionen, Verantwortlichkeiten und Risiken der Vertriebsgesellschaften und allenfalls auch der Produktionsgesellschaften auf eine schweizerische sogenannte Principalgesellschaft zu übertragen.

Die bisherigen Vertriebsgesellschaften sollen die Produkte künftig nicht mehr als Eigenhändler, sondern als Kommissionäre und damit indirekte Stellvertreter der Principalgesellschaft im eigenen Namen und für Rechnung der Principalgesellschaft oder als diesen ähnliche „Limited Risk Distributors" (LRD) vertreiben. Entsprechend sollen die bestehenden Vertriebsverträge zwischen Y Inc. und den Eigenhändlern gekündigt und wesentliche Vertriebsfunktionen zusammen mit den entsprechenden Risiken auf die Principalgesellschaft übertragen werden. Damit sollen auch steuerbare Gewinne, welche bis dahin bei den Eigenhändlern in Hochsteuerländern anfielen, zumindest teilweise künftig bei der niedrig besteuerten Principalgesellschaft in der Schweiz entstehen.

Im Weiteren wird auch ins Auge gefasst, die Produktion künftig vom Sitz der Principalgesellschaft in der Schweiz aus zentral zu leiten, um einen einheitlichen Standard der Qualität der Produkte zu gewährleisten. Die bestehende Eigenproduktion in Italien, Chile und Deutschland soll entsprechend in den bestehenden Produktionsstätten in eine Lohnfertigung umgewandelt werden. Zu diesem Zweck sollen die bestehenden Produktionsverträge gekündigt und die Verantwortung für den Einkauf von Rohmaterial und die Produktentwicklung zusammen mit den entsprechenden Risiken von den Produktionsgesellschaften auf die Principalgesellschaft übertragen werden.

Lösungshinweise:

Festlegung der Praxis durch die Eidgenössische Steuerverwaltung:

Kreisschreiben Nr. 8 der Eidgenössischen Steuerverwaltung vom 18. Dezember 2001 zur internationalen Steuerausscheidung von Principalgesellschaften.

I. Steuerliche Behandlung einer schweizerischen Principalgesellschaft

1. Einführung

Grundsätzlich steht es einem Konzern frei, seinen organisatorischen Aufbau und die funktionale Untergliederung nach freiem Ermessen zu gestalten. Die Steuerbehörden können die tatsächliche Funktionsverteilung im Konzern nicht durch eine fiktive Funktionsverteilung ersetzen, sofern keine Steuerumgehung vorliegt. Allerdings können die Steuerbehörden den Verlagerungsvorgang von Funktionen und Risiken beim Wechsel vom Eigenhändler zum Kommissionär bzw. vom Eigenproduzenten zum Lohnfertiger sowie auch die nachfolgende Verrechnung des Liefer- und Leistungsverkehrs steuerlich überprüfen. Solche Überprüfungen erfolgen regelmäßig aufgrund einer Funktionsanalyse. Dabei ist festzustellen, welche Unternehmensfunktionen in welcher Konzerngesellschaft mit welcher Intensität und welchem Risiko auf welche Weise ausgeführt werden und welche Gewinne den einzelnen Gesellschaften zuzurechnen sind.

Vorerst ist der Verlagerungsvorgang steuerlich zu prüfen. Insbesondere stellt sich die Frage, ob in den einzelnen Ländern durch die Funktions- und Risikoverlagerung auf die schweizerische Principalgesellschaft eine verdeckte Gewinnausschüttung anzunehmen ist, oder aber ein Gleichgewicht zwischen den verlagerten Chancen und Risiken besteht. Sollten die verlagerten Funktionen oder auch Geschäftschancen größer als die übernommenen Risiken sein und demgemäß eine verdeckte Gewinnausschüttung an die Principalgesellschaft vorliegen, kann in manchen Fällen eine Verrechnung mit laufenden Verlusten oder, oft mit gesetzlichen Beschränkungen, mit Verlustvorträgen aus der Vergangenheit vorgenommen werden. Relativ unkritisch erscheint die Implementierung einer Principalstruktur in den Fällen, da nicht eine Verlagerung einer bestehenden Struktur, sondern die Erstellung einer neuen Struktur erfolgt.

Auch der laufende Leistungsverkehr nach der Verlagerung wird auf Einhaltung des Arm's-Length-Prinzips überprüft. Sofern die Transferpreise dem Drittvergleich nicht standhalten, kann ebenfalls eine verdeckte Gewinnausschüttung vorliegen.

Nachdem im vorliegenden Fall eine Verlagerung von Funktionen auf eine schweizerische Principalgesellschaft erfolgt, dürften sich kaum Transferpreisprobleme aus schweizerischer Sicht ergeben. Vielmehr sind die Transferpreisprobleme in den Ländern zu prüfen, in welchen Eigenhändler zu Kommissionären und Eigenproduzenten zu Lohnfertigern werden.

Sofern die internationalen Steuerprobleme gelöst werden können, führt die schweizerische Principalgesellschaft zu einer steuereffizienten Struktur, welche in der Vergangenheit auch zum Zuzug verschiedener Headquarters in die Schweiz führte.

2. Direkte Bundessteuer

a) Rechtsgrundlagen für die Besteuerung

Im Bundesgesetz über die direkte Bundessteuer (DBG) besteht keine spezifische Regelung für die Besteuerung von schweizerischen Principalgesellschaften. Im Zusammenhang mit der Ansiedlung verschiedener Principalstrukturen in der Schweiz (beispielsweise Procter & Gamble in Genf) ergaben sich deshalb erhebliche Unsicherheiten über die Art der Besteuerung von Principalgesellschaften. Aus diesem Grund erließ die Eidgenössische Steuerverwaltung am 18. Dezember 2001 für die direkte Bundessteuer ein Kreisschreiben bezüglich der internationalen Steuerausscheidung von Principalgesellschaften mit Sitz in der Schweiz.

In diesem Kreisschreiben wurde festgehalten, dass international tätige Konzerne ihre bisher regionalen Strukturen oft in größeren Einheiten zusammenfassten und die Funktionen, Verantwortlichkeiten und Risiken innerhalb des Konzerns nach Produktgruppen oder -märkten zentralisierten. Die Obergesellschaft einer solchen neuen Struktur, welche als Principalgesellschaft bezeichnet werde, übernehme für ihre globalisierten Märkte insbesondere den Einkauf, die Planung der Forschung und Entwicklung, die Produktionsplanung und -steuerung, die Lagerverwaltung und Logistikplanung, die Entwicklung der Marketingstrategie, die Absatzplanung und -steuerung, Treasury and Finance sowie die Administration. Für die Besteuerung als Principalgesellschaft wird in der Schweiz Substanz und insbesondere eine den Funktionen angemessene Anzahl von Mitarbeitern (i. d. R. mindestens 20) verlangt. Die Eidgenössische Steuerverwaltung prüft die Vertriebsverträge und Risikozuweisung an die Principalgesellschaft genau und verlangt, dass tatsächlich entsprechend der vertraglichen Struktur gelebt wird.

Die Produktion erfolge oft im Auftrag und für Rechnung der Principalgesellschaft durch Konzerngesellschaften oder durch Dritte im Rahmen einer Lohnfabrikation. Die Entschädigung solcher Gesellschaften werde aufgrund der Fertigungskosten und eines prozentualen Gewinnaufschlages („cost plus") festgelegt. Verkauft würden die Waren durch Vertriebsgesellschaften im eigenen Namen, aber für Rechnung der Principalgesellschaft. Die Principalgesellschaft sei somit als Eigentümerin der Ware, Produzentin und/oder Eigenhändlerin.

b) Internationale Steuerausscheidung

Die Grundidee der internationalen Ausscheidung bei Principalstrukturen liegt gemäß Kreisschreiben darin, dass ausländische Gruppengesellschaften einer schweizerischen Principalgesellschaft aus schweizerischer Sicht abhängige Vertreter mit Abschlussvollmacht und damit ausländische Betriebsstätten darstellen, sofern sie unter den entsprechenden Verträgen mit der Principalgesellschaft als Kommissionäre oder LRD qualifizieren und ausschließlich für die Principalgesellschaft tätig sind. Das Kreisschreiben gilt demgegenüber nicht für Agenten ohne Abschlussvollmacht. Die Theorie, wonach im Ausland Betriebstätten vorlägen, wird auf Art. 5 Abs. 5 des OECD-Musterabkommens (OECD-MA) gestützt, dessen Inhalt in die meisten schweizerischen Doppelsteuerabkommen überführt worden ist. Gemäß Art. 5 Abs. 5 OECD-MA begründet ein abhängiger Vertreter mit Abschlussvollmacht, welche er gewöhnlich ausübt, eine Betriebsstätte, auch wenn die vertretene Gesellschaft im Staat des Vertreters über keine feste Geschäftseinrichtung verfügt.

Auf Basis des Kreisschreibens soll die internationale Steuerausscheidung für schweizerische Principalgesellschaften logischerweise gestützt auf die anwendbaren Doppelbesteuerungsabkommen erfolgen. Eine schweizerische Principalgesellschaft kann entsprechend nicht in der Form einer schweizerischen Betriebsstätte einer ausländischen Gesellschaft errichtet werden, da Betriebsstätten in aller Regel nicht berechtigt sind, Doppelbesteuerungsabkommen in Anspruch zu nehmen.

c) Steuerausscheidung für reine Vertriebsbetriebsstätten

Eine Principalgesellschaft wird als reine Vertriebsgesellschaft qualifiziert, sofern die von ihr verkauften Fertigfabrikate von Eigenproduzenten erworben werden. In diesem Fall erzielt die Principalgesellschaft ausschließlich Gewinne aus Handels- und nicht aus Produktionstätigkeiten. Die Gewinnaufteilung zwischen der Principalgesellschaft und den Kommissionären erfolgt dabei aufgrund einer Funktionsanalyse. Wegen der Komplexität einer individuellen Funktionsanalyse und der daraus entstehenden Rechtsunsicherheit sieht das Kreisschreiben eine Pauschalierung vor.

Gemäß der Regel des Kreisschreibens werden 50 % des Gewinnes aus den Vertriebsaktivitäten der Principalgesellschaft und 50 % dem ausländischen Kommissionär zugerechnet. Der Gewinnanteil von 50 % unterliegt bei der Principalgesellschaft der direkten Bundessteuer. Damit wird gemäß Kreisschreiben der Übernahme sämtlicher Risiken durch die Principalgesellschaft sowie der Abgeltung der Immaterialgüterrechte Rechnung getragen. Der ausländische Kommissionär soll mit einer Kommission für seine Tätigkeiten entschädigt werden. Die früher regelmäßig angewandte Cost-Plus-Methode gilt heute in diesen Strukturen als eher heikel.

Entsprechend dem Kreisschreiben wird der Steuersatz für die direkte Bundessteuer, welcher ansonsten auf die Handelstätigkeit anwendbar wäre, faktisch um 50 % reduziert. Nachdem der proportionale Steuersatz bei der direkten Bundessteuer 8,5 % beträgt, entrichtet die Principalgesellschaft ihre Steuern zu einem Satz von 4,25 %. Der effektive Steuersatz liegt damit in Anbetracht der Abzugsfähigkeit der schweizerischen Steuern unter 4 %.

Probleme können sich aus der im Kreisschreiben verwendeten Methode ergeben, weil die Voraussetzungen gemäß Art. 5 Abs. 5 OECD-MA oft nicht erfüllt sein dürften. Unter dem Principalsystem ist eine Selbstständigkeit des Kommissionärs als indirekter Stellvertreter des Principals nämlich gerade nicht erwünscht und auch nicht gegeben, darf er doch nach schweizerischem Recht als indirekter Stellvertreter den Principal nicht ohne dessen Genehmigung verpflichten. Stände dem Kommissionär eine tatsächliche Abschlussberechtigung zu und wäre der Principal damit faktisch gebunden, bestände ein erhebliches Risiko, dass der Sitzstaat des Kommissionärs diesen als Betriebsstätte des Principals besteuern würde. Im Weiteren ist festzuhalten, dass das Kreisschreiben, welches die Besteuerung von Principalgesellschaften auf Doppelbesteuerungsabkommen stützt, die Frage aufwirft, ob diese Praxis auch auf Kommissionäre in Staaten ohne Doppelbesteuerungsabkommen mit der Schweiz anwendbar wäre. Umstritten ist im Weiteren, ob die formelhafte Aufteilung zwischen Principalgesellschaft und Kommissionär internationalen Steuerprinzipien genügt.

d) Principalgesellschaft mit Produktions- und Vertriebstätigkeiten

Bei Produktions- und Vertriebstätigkeiten einer Principalgesellschaft werden gemäß Kreisschreiben vorerst 30 % der Gewinne der Produktionstätigkeit und 70 % der Gewinne der Vertriebstätigkeit zugerechnet. Dabei sind die der Produktionstätigkeit zurechenbaren Gewinne der Principalgesellschaft vollständig in der Schweiz steuerbar. Die der Vertriebstätigkeit zurechenbaren 70 % der Gewinne werden wiederum zu 50 % auf die Principalgesellschaft und zu 50 % auf die ausländischen Kommissionäre verlegt. Es ergibt sich, dass bei einer Principalgesellschaft mit kombinierter Produktions- und Vertriebstätigkeit 65 % der Gewinne der direkten Bundessteuer unterliegen. Dies führt zu einer direkten Bundessteuer von rund 5,5 % bzw. zu einem effektiven Steuersatz von rund 5 %.

Alle anderen Erträge der Principalgesellschaft als Produktions- oder Vertriebsgewinne, wie beispielsweise Finanzerträge, unterliegen der ordentlichen Besteuerung in der Schweiz.

3. Kantonale Besteuerung von Principalgesellschaften

Die Kantone wenden das oben beschriebene Kreisschreiben der Eidgenössischen Steuerverwaltung zwar für die Veranlagung der direkten Bundessteuer, meist aber nicht für die Veranlagung der kantonalen Steuern an. Nachdem die Tätigkeiten einer Principalgesellschaft weitgehend auslandsbezogen sind, wird einer Principalgesellschaft für die kantonalen Steuern in aller Regel der Steuerstatus der „gemischten Gesellschaft" gewährt. Dies ist möglich, sofern mindestens 80 % der Erträge und in den meisten Kantonen auch mindestens 80 % der Aufwendungen der Principalgesellschaft auslandsbezogen sind.

Bei der gemischten Gesellschaft, welche kantonal unterschiedlichen Regeln unterliegt, wird ein Anteil von 10 % bis 25 % der ausländischen Gewinne besteuert. Die schweizerischen Gewinne unterliegen demgegenüber der ordentlichen schweizerischen Besteuerung. Eine Unterscheidung zwischen Produktions- und Vertriebsgewinnen ist auf kantonaler Ebene nicht notwendig.

Berechnungen haben ergeben, dass die Gesamtsteuerbelastung in der Schweiz für Principalgesellschaften je nach Ausgestaltung und Kanton zwischen 6 % und 10 % (inkl. direkte Bundessteuer) liegt. Dabei ist selbstverständlich Vorsorge dafür zu treffen, dass die niedrige Steuerbelastung in der Schweiz nicht durch die Annahme von ausländischen Betriebsstätten bei Kommissionären oder Lohnfertigern verbunden mit einer Besteuerung von Teilen der Gewinne der schweizerischen Gesellschaft im Ausland oder aber durch Ablehnung des Transferpreisgefüges in anderen Ländern kompensiert wird.

Darauf hinzuweisen ist, dass Gesellschaften mit Spezialsteuerregeln in den schweizerischen Kantonen zurzeit von der EU angegriffen werden mit der Begründung, die Schweiz verstoße mit der Gewährung einer speziellen Steuerbehandlung für auslandsbezogene Gesellschaften gegen das Freihandelsabkommen aus dem Jahre 1972. Aus rechtlicher Sicht wurde die Argumentation der EU von der Schweiz widerlegt. Aufgrund der Machtkonstellation wird die Schweiz jedoch unabhängig von der rechtlichen Situation mittelfristig gewisse Anpassungen im Steuersystem der Kantone vornehmen.

Es bleibt darauf hinzuweisen, dass Gesellschaften in den Kantonen im Rahmen der Wirtschaftsförderung für bis zu 10 Jahre von den Steuern befreit werden können. Im Falle der Ansiedlung einer substanziellen Principalgesellschaft in der Schweiz erscheint es durchaus sinnvoll, mit den für die Principalgesellschaft in Frage kommenden Sitzkantonen entsprechende Verhandlungen zu führen.

II. Schöne neue Steuerwelt

Von Prof. Dr. Stephan Eilers, LL.M. und Dr. Holger Dann, LL.M., Köln

1. Konsequenzen der deutschen Gesetzgebung zur Bekämpfung der Steuerhinterziehung

Fall 9:

Der deutsche Bauunternehmer U kauft von dem in einem „nicht-kooperierenden" Staat S ansässigen Bohrmaschinenhersteller H Bohrmaschinen. Den Kaufpreis i. H. v. insgesamt € 15.000 will er als Betriebsausgabe geltend machen und gibt zu diesem Zweck entsprechend § 160 AO den H als Zahlungsempfänger an.

Fall 10:

Eine börsennotierte französische Kapitalgesellschaft hält eine 100 % Beteiligung an einer deutschen GmbH. Sie erhält von ihrer deutschen Tochter Gewinnausschüttungen, auf die Kapitalertragsteuer einbehalten wird und möchte diese erstattet bekommen.

Fall 11:

Die A-GmbH hält 25 % der Anteile an der im „nicht kooperierenden" Staat S ansässigen Kapitalgesellschaft X Corp. A-GmbH veräußert ihre Anteile an der X Corp. für € 1 Mio. 8 Monate nach Ende des Wirtschaftsjahres erstellt die A-GmbH eine Aufzeichnung entsprechend der Gewinnabgrenzungsaufzeichnungsverordnung (GAufzV).

Lösungshinweise:

Schrifttum: *Eilers,* in: Debatin/Wassermeyer, Doppelbesteuerungsabkommen, Art. 26 OECD-MA; *Eilers,* Das Steuergeheimnis als Grenze des internationalen Auskunftsverkehrs, Köln 1987; *Eilers/Dann,* Gesetzgebung gegen Steuerhinterziehung – Von Steueroasen, Informationswüsten und einer fragwürdigen Verordnung, BB 2009, 2399; *Hendricks,* Internationale Informationshilfe in Steuerverfahren, Köln 2004; *Worgulla/Söffing,* Steuerhinterziehungsbekämpfungsgesetz – Kritische Betrachtung von Geschäftsbeziehungen zum europäischen Ausland, FR 2009, 545; *Geurts,* So much trouble ... ? Anmerkungen zum Steuerhinterziehungsbekämpfungsgesetz, DStR 2009, 1883; *Kleinert/Göres,* Das neue Gesetz zur Bekämpfung der Steuerhinterziehung, NJW 2009, 2713; *Trossen,* Der Regierungsentwurf zum Steuerhinterziehungsbekämpfungsgesetz, AO-StB 2009, 174; *Kessler/Eicke,* Gedanken zur Verfassungs- und Europarechtskonformität des Steuerhinterziehungsbekämpfungsgesetzes, DB 2009, 1314; *Sinz/Kubaile,* Der Entwurf des Steuerhinterziehungsbekämpfungsgesetzes: Steinbrücks 7. Kavallerie, IStR 2009, 401; *Engelschalk,* in: Vogel/Lehner, Doppelbesteuerungsabkommen, Art.26; *Schnitger,* Die erweiterte Mitwirkungspflicht und ihre gemeinschaftsrechtlichen Grenzen, BB 2002, 7332; *Sorgenfrei*, Reichweite und Schranken des § 160 AO, IStR 2006, 469; *Korts/Korts*, Ermittlungsmöglichkeiten deutscher Finanzbehörden bei Auslandssachverhalten, IStR 2006, 869; *von Brocke/Tippelhofer*, Mitwirkungspflichten und Amtsermittlungsgrundsatz bei grenzüberschreitenden Sachverhalten, IWB 2009, 283/Fach 11, 949; *Jacobs*, Internationale Unternehmensbesteuerung, Kap. 6.4; *Söhn*, in: Hübschmann/Hepp/Spitaler, § 90 AO Rn. 135 ff; *Seer*, in: Tipke/Kruse, § 90 AO Rn. 18 ff; *Trzaskalik*, in: Hübschmann/Hepp/Spitaler, § 160 AO.

A. Ausgangslage, Grundlagen des Auskunftsverkehrs und der Mitwirkungspflichten

aa) Auskunftsverkehr

Den deutschen Finanzbehörden ist es gem. § 117 Abs. 1 AO gestattet, zwischenstaatliche Rechts- und Amtshilfe in Anspruch zu nehmen. Die Inanspruchnahme von Finanzbehörden anderer Staaten soll aber gem. § 93 Abs. 1 S. 3 AO erst erfolgen, wenn die Sachverhaltsaufklärung durch die Beteiligten nicht zum Ziel führt oder keinen Erfolg verspricht.

Als Rechtsgrundlage der Rechts- und Amtshilfe in Steuerangelegenheiten kommen verschiedene völkerrechtliche Vereinbarungen in Betracht.

► An erster Stelle sind die Auskunftsklauseln in den Doppelbesteuerungsabkommen (DBA) zu nennen.

  – Im Musterabkommen der OECD- (OECD-MA) enthält Art. 26 die sog. große Auskunftsklausel, wie sie auch in den meisten deutschen DBA enthalten ist. Danach tauschen die zuständigen Behörden der Vertragsstaaten die Informationen aus, die zur Durchführung des DBA oder zur Anwendung des innerstaatlichen Steuerrechts eines Vertragsstaats erforderlich sind. Die zweite Anwendungsalternative umfasst entgegen der früheren Fassung nicht nur Informationen, die sich auf die unter das Abkommen fallenden Steuern beziehen, sondern auf Steuern jeder Art und Bezeichnung, die für die Rechnung der Vertragsstaaten oder ihrer Gebietskörperschaften erhoben werden.

  – Die sog. kleine Auskunftsklausel – die sich ebenfalls in einigen DBA findet – sieht einen Informationsaustausch hingegen nur insoweit vor, wie er zur Durchführung des Abkommens nötig ist, d.h. zur Vermeidung der Doppelbesteuerung.

Der OECD-Musterkommentar (OECD-MK) beschreibt in Art. 26 Nr. 9 die drei in der Praxis gängigen Methoden der Auskunftserteilung. Danach können Auskünfte auf Ersuchen erteilt werden; der Auskunftsverkehr kann automatisch erfolgen, d. h. die Vertragsstaaten tauschen routinemäßig bestimmte steuerlich relevante Informationen aus; ferner können Informationen unaufgefordert erteilt werden, wenn ein Staat bspw. Kenntnis von Umständen erlangt hat, die nach seiner Auffassung auch für den anderen Staat von Interesse sind. Es sind darüber hinaus aber auch andere

Arten des Informationsaustausches möglich, bspw. im Rahmen gleichzeitiger Betriebsprüfungen (vgl. *Eilers*, in: Debatin/Wassermeyer, Art. 26 OECD-MA Rn. 5 ff.).

► Zwischen den Mitgliedstaaten der EG richtet sich der Informationsaustausch zudem nach der EG-Amtshilferichtlinie (Richtlinie 77/799/EWG des Rates v. 19.12.1977). Diese wurde in Deutschland durch das EG-Amtshilfegesetz (EGAHiG) in nationales Recht umgesetzt (Gesetz v. 19.12.1985, BGBl. I 1985, 2436, 2441). Die Richtlinie überlagert die Informationsklauseln der DBA (vgl. *Engelschalk*, in: Vogel/Lehner, Art. 26 Rn. 15). Das EGAHiG gestattet drei Formen der Auskunftserteilung durch deutsche Finanzbehörden: die Auskunftserteilung aufgrund von Einzelersuchen (§ 2 Abs. 1 EGAHiG), die Auskunftserteilung ohne Ersuchen (§ 2 Abs. 1 EGAHiG, sog. spontaner Auskunftsverkehr) und den regelmäßigen (automatischen) Auskunftsverkehr (§ 2 Abs. 3 EGAHiG). Das EGAHiG lässt die Inanspruchnahme und die Gewährung zwischenstaatlicher Amts- und Rechtshilfe aber auch nach anderen Vorschriften zu (zum EGAHiG vgl. *Eilers*, in: Debatin/Wassermeyer, Art. 26 OECD-MA Rn. 51 ff.)

► Auf Grundlage der EU-Zinsrichtlinie (Richtlinie 2003/48/EG 3.6.2003) sind sog. Zahlstellen (insbes. Kreditinstitute) verpflichtet, Informationen über Kapitalerträge von gebietsfremden natürlichen Personen an die zuständigen Behörden des Mitgliedsstaats ihrer Niederlassung zu übermitteln. Diese geben die Daten an die Behörden des Wohnsitzstaats des Zahlungsempfängers weiter (vgl. *Korts/Korts*, IStR 2006, 869, 874 f.).

► Ferner hat Deutschland mit einigen Ländern Verträge über Amts- oder Rechtshilfe in Steuersachen abgeschlossen (s. dazu *Engelschalk*, in: Vogel/Lehner, Art. 26 Rn. 72 ff.)

► Zu beobachten bleibt die weitere Entwicklung im Hinblick auf den Vorschlag der EU Kommission vom 2.2.2009 für eine Richtlinie des Rates über die Zusammenarbeit der Verwaltungsbehörden im Bereich der Besteuerung (KOM 2009, 29), wonach eine Verbesserung der Möglichkeiten von Amtshilfeersuchen erreicht werden soll (vgl. dazu *Brocke/Tippelhofer*, IWB 2009, Fach 11 S. 949).

bb) Mitwirkungspflichten

Das nationale deutsche Steuerrecht sieht besondere Mitwirkungspflichten des Steuerpflichtigen vor, sofern grenzüberschreitende Sachverhalte gegeben sind.

Nach § 90 Abs. 2 AO treffen den Steuerpflichtigen gegenüber den allgemeinen Mitwirkungspflichten nach § 90 Abs. 1 AO erhöhte Mitwirkungspflichten, wenn ein Sachverhalt zu ermitteln und steuerrechtlich zu beurteilen ist, der sich auf Vorgänge außerhalb Deutschlands bezieht. Müssen nach § 90 Abs.1 AO die für die Besteuerung erheblichen Tatsachen offen gelegt und Beweismittel angegeben werden, so verlangt § 90 Abs. 2 AO die Aufklärung des Sachverhalts und die Beschaffung der erforderlichen Beweismittel, wobei alle „bestehenden rechtlichen und tatsächlichen Möglichkeiten auszuschöpfen" sind. Den Steuerpflichtigen trifft in diesem Zusammenhang eine sog. Beweisvorsorgepflicht, d. h. er muss bereits „bei der Gestaltung seiner Verhältnisse" für die Beschaffbarkeit von Beweismitteln Vorsorge treffen (§ 90 Abs. 2 S. 4 AO; vgl. dazu *Söhn*, in: Hübschmann/Hepp/Spitaler, § 90 AO Rn. 178 ff.). Bei Verletzung dieser besonderen Mitwirkungspflichten sind gem. § 160 Abs. 2 S. 1 AO die Besteuerungsgrundlagen durch die Finanzbehörde zu schätzen.

§ 90 Abs. 3 AO erlegt dem Steuerpflichtigen Aufzeichnungspflichten auf, die die Prüfung der Angemessenheit von Verrechnungspreisen ermöglichen sollen. Sie werden durch die Gewinnabgrenzungsaufzeichnungsverordnung (GAufzV) näher konkretisiert. Kommt der Steuerpflichtige seinen Mitwirkungspflichten nach § 90 Abs. 3 AO nicht nach, so wird widerlegbar vermutet, dass seine Einkünfte höher sind als er sie erklärt hat; ggf. ist zudem ein Zuschlag zu erheben (§ 162 Abs. 3,4 AO).

Bei grenzüberschreitenden Sachverhalten kommt weiterhin § 160 AO eine besondere Bedeutung zu. Nach dieser Vorschrift sind u.a. Betriebsausgaben nicht zu berücksichtigen, wenn der Steuerpflichtige dem Verlangen des Finanzamtes nicht nachkommt, die Zahlungsempfänger zu benennen (*Trzaskalik*, in: Hübschmann/Hepp/Spitaler, § 160 AO Rn. 1 ff; *Sorgenfrei*, IStR 2002, 469).

§ 16 AStG verschärft die Benennungspflicht des § 160 AO für Geschäftsbeziehungen mit „nicht oder nur unwesentlich" besteuerten Personen und ermöglicht es der Finanzverwaltung, vom Steuerpflichtigen eine Versicherung an Eides Statt über die Richtigkeit und Vollständigkeit seiner Angaben zu verlangen. § 17 AStG statuiert besondere Auskunftspflichten für die Anwendung der Hinzurechnungsbesteuerung.

B. Mitwirkungspflichten nach dem Steuerhinterziehungsbekämpfungsgesetz (SteuerHBekG) und der Steuerhinterziehungsbekämpfungsverordnung (SteuerHBekV)

Über die soeben genannten Mitwirkungspflichten hinaus sehen das SteuerHBekG und die auf dessen Grundlage ergangene SteuerhBekV verschärfte Mitwirkungspflichten vor, wenn Geschäftsbeziehungen zu Personen in sog. nicht kooperierenden Staaten oder Gebieten bestehen. Dabei bestehen erhebliche Bedenken, ob die SteuerHBekV den verfassungsrechtlichen Anforderungen des Art. 80 GG entspricht, wonach insbesondere Inhalt, Zweck und Ausmaß der erteilten Ermächtigung im (Parlaments-)Gesetz bestimmt werden müssen. Ein Verstoß hiergegen liegt vor, wenn die Ermächtigungsnorm so unbestimmt ist, dass nicht vorausgesehen werden kann, in welchen Fällen und mit welcher Tendenz von ihr Gebrauch gemacht wird; der Gesetzgeber muss selbst etwas bedacht, etwas gewollt haben und nicht das Wesentliche dem Verordnungsgeber überlassen wollen (vgl. *Maunz*, in Maunz/Dürig, Art. 80 GG, Rn. 27 f.). Hier werden aber wesentliche Fragen nicht im Gesetz, sondern erst durch die Verordnung (und zum Teil nicht einmal durch diese) geregelt, insbesondere ob, wann, wie und auf wen die Regelungen überhaupt anwendbar sein sollen (vgl. näher *Kleinert/Göres*, NJW 2009, 2713).

aa) Nicht-kooperierende Staaten oder Gebiete

Gemäß dem neuen § 51 Abs. 1 Nr. 1 Buchst. f S. 2 EStG sowie § 33 Abs. 1 Nr. 2 Buchst. e S. 3 KStG (s. auch § 90 Abs. 2 S. 3 AO n. F.) ist ein Staat oder ein Gebiet „kooperierend", wenn alternativ

▶ ein Abkommen besteht, das die Erteilung von Auskünften entsprechend Art. 26 OECD-MA vorsieht;

▶ der Staat, unabhängig vom Bestehen eines Doppelbesteuerungsabkommens, Auskünfte in einem mit Artikel 26 OECD-MA vergleichbaren Umfang erteilt;

▶ die Bereitschaft zu einer entsprechenden Auskunftserteilung besteht.

Der Informationsaustausch darf sich also nicht nur auf Informationen, die zur Durchführung des Abkommens notwendig sind, beschränken (sog. kleine Auskunftsklausel), sondern muss sich auch auf Informationen, die allgemein für die Besteuerung in Deutschland von Bedeutung sind, erstrecken (sog. große Auskunftsklausel). Auf die Einordnung eines Landes auf die sogenannte schwarze oder graue Liste der OECD kommt es ebenso wenig an wie auf das Steuerniveau in dem entsprechenden Land. In der Begründung zur SteuerHBekV kündigte die Bundesregierung an, das BMF werde mit Zustimmung der obersten Finanzbehörden der Länder sowie im Einvernehmen mit dem Auswärtigen Amt und dem Bundeswirtschaftministerium die nicht kooperierenden Jurisdiktionen in einem im Bundessteuerblatt bekannt zu gebenden Schreiben veröffentlichen. Dabei sollen Staaten nur dann in dieses BMF-Schreiben aufgenommen werden, wenn sie nach Aufforderung auf diplomatischem Wege nicht bereit sind, in Gespräche zum Abschluss einer bilateralen Vereinbarung zur Umsetzung des OECD-Standards einzutreten und diese Standards auch nicht auf andere Weise implementiert haben. Die erste veröffentlichte Liste des BMF zu nicht kooperierenden Staaten blieb allerdings leer; zum 1. Januar 2010 erfüllte laut BMF kein Staat oder Gebiet die Voraussetzungen für Maßnahmen nach der SteuerHBekV (vgl. BMF-Schreiben vom 5.1.2010, IV B 2 – S 1315/08/10001-09, BStBl. I 2010, S. 19). Im Hinblick auf die Vielzahl von Jurisdiktionen, die in den vergangenen Monaten neue Regelungen des Auskunftsverkehrs mit Deutschland ausgehandelt haben (vgl. nur das Protokoll zur Änderung des DBA zwischen Deutschland und Luxemburg vom 11.12.2009, mit dem die große Auskunftsklausel vereinbart wurde) bzw. wenigstens ihre Bereitschaft zum Abschluss eines entsprechenden Abkommens signalisiert haben, ist zurzeit aber wohl zu erwarten, dass die Liste vorerst leer bleiben wird. Gleichwohl bleibt die weitere Entwicklung abzuwarten.

Insoweit weist auch das BMF-Schreiben ausdrücklich darauf hin, dass künftig Staaten und Gebiete zum jeweils gegebenen Zeitpunkt in einem BMF-Schreiben bekannt gemacht werden, wenn die Voraussetzungen der SteuerHBekV erfüllt sind. Fraglich bleibt hierbei, ob die Veröffentlichung der Staaten und Gebiete in einem einfachen BMF-Schreiben den verfassungsrechtlichen Anforderungen genügt (vgl. dazu bereits oben). U. E. sollte die Einordnung eines Staates als nicht kooperierend auf eine parlamentarische Grundlage gestellt werden, da diese Einordnung doch gerade wesentliche Voraussetzung für die Anwendung der Vorschriften der SteuerHBekV ist. Im Übrigen geht auch der Bundesrat davon aus, dass eine Veröffentlichung in einem einfachen BMF-Schreiben „weder verfassungsfest noch der außen- und wirtschaftspolitischen Tragweite der Entscheidung angemessen" sei (vgl. BT-Drucks. 681/09).

bb) Mitwirkungspflichten

Bestehen Geschäftsbeziehungen mit Personen in einem nicht kooperierenden Staat oder Gebiet, so differenziert § 1 der SteuerHBekV für die verschiedenen Mitwirkungs- und Dokumentationspflichten danach, ob diese Geschäftsbeziehungen zu einer nahestehenden Person, zu einer nicht-nahestehenden Person oder zu einem Kreditinstitut bestehen.

► Grenzüberschreitende Geschäftsbeziehungen zu nahestehenden Personen

§ 1 Abs. 2 SteuerHBekV verweist für Geschäftsbeziehungen mit nahestehenden Personen auf § 90 Abs. 3 AO, also die Aufzeichnungspflichten für Verrechnungspreisfälle. Da die Verrechnungspreisvorschriften vom Steuerpflichtigen ohnehin entsprechende Aufzeichnungen verlangen, führt die Steuerhinterziehungsbekämpfungsverordnung inhaltlich zunächst zu keinen weiteren Pflichten. Jedoch sind die entsprechenden Aufzeichnungen gem. § 1 Abs. 2 SteuerHBekV stets „zeitnah" i. S. v. § 90 Abs. 3 S. 3 AO zu erstellen und auf Anforderung innerhalb einer Frist von 30 Tagen vorzulegen; beides Verpflichtungen, die sonst nur für außergewöhnliche Geschäftsvorfälle bestehen. Nach § 3 Abs. 1 der in Bezug genommenen GAufzV gelten die Aufzeichnungen noch als zeitnah erstellt, wenn sie innerhalb von sechs Monaten nach Ablauf des Wirtschaftsjahres erstellt werden, in dem sich der Geschäftsvorfall ereignet hat (vgl. *Söhn*, in Hübschmann/Hepp/Spitaler, § 90 AO Rn. 195 ff.). Diese Aufzeichnungspflichten nach § 1 Abs. 2 SteuerHBekV gelten gem. § 1 Abs. 3 SteuerHBekV entsprechend für Steuerpflichtige, die Gewinne zwischen ihrem inländischen Unternehmen und dessen im nicht kooperativen Ausland befindlichen Betriebsstätten aufzuteilen haben oder den Gewinn der inländischen Betriebsstätte ihres ausländischen Unternehmens zu ermitteln haben.

► Grenzüberschreitende Geschäftsbeziehungen mit nicht-nahestehenden Personen

Unterhält ein im Inland Steuerpflichtiger Geschäftsbeziehungen mit einer nicht-nahestehenden Person, die in einem nicht-kooperierenden Staat ansässig ist, hat er die in § 1 Absatz 4 Satz 1 Nr. 1 bis 8 SteuerHBekV aufgeführten Aufzeichnungspflichten zu erfüllen. Dazu gehören Aufzeichnungen über Art und Umfang der Geschäftsbeziehungen, Vertragsbedingungen, ausgeübte Funktionen und übernommene Risiken der Beteiligten, eingesetzte Wirtschaftgüter, Markt und Wettbewerbsverhältnisse und die natürlichen Personen, die Gesellschafter der Person sind. Sie entsprechen damit im Wesentlichen den Pflichten nach der GAufzV. Auch diese Aufzeichnungen sind ebenfalls zeitnah gem. § 90 Abs. 3 S. 3 AO zu erstellen. Allerdings sieht § 1 Abs. 4 Satz 3 SteuerHBekV eine Bagatellgrenze vor, nach der die Aufzeichnungspflichten nur gelten, wenn die Summe der Entgelte für Lieferungen und Leistungen aus der betreffenden Geschäftsbeziehung zu einer Person im Wirtschaftsjahr den Betrag von € 10.000 übersteigt.

In **Fall 9** liegt eine Geschäftsbeziehung zu einer nicht nahestehenden Person in einem nicht kooperativen Land vor. Da die Bagatellgrenze von € 10.000 überschritten ist, müsste Unternehmer U daher die umfassenden Aufzeichnungspflichten nach § 1 Abs. 4 SteuerHBekV zeitnah erfüllen.

▶ Geschäftsbeziehungen zu Kredit-/Finanzinstituten im Ausland

Bestehen objektiv erkennbare Anhaltspunkte für die Annahme, dass der Steuerpflichtige über Geschäftsbeziehungen zu Kreditinstituten in einem nicht kooperierenden Staat verfügt hat der Steuerpflichtige die Finanzbehörden nach entsprechender Aufforderung zu bevollmächtigen, in seinem Namen mögliche Auskunftsansprüche gegenüber den von der Finanzbehörde benannten Kreditinstituten geltend zu machen. (§ 1 Abs. 5 SteuerHBekV; vgl. dazu *Sinz/Kubaile*, IStR 2009, 401, *403f.*). Nach § 90 Abs. 2 S. 3 AO n.F. hat der Steuerpflichtige bei objektiven Anhaltspunkten für die Annahme von Geschäftsbeziehungen zu einem Finanzinstitut in einem nicht kooperierenden Staat außerdem nach Aufforderung der Finanzbehörde die Richtigkeit und Vollständigkeit seiner Angaben an Eides statt zu versichern und die Finanzbehörde ebenfalls zu bevollmächtigen, Auskunftsansprüche gegenüber den von der Finanzbehörde benannten Kreditinstituten geltenden zu machen.

Darüber hinaus muss eine ausländische Gesellschaft – unabhängig davon ob sie in einem kooperierenden Staat ansässig ist oder nicht –, die Anspruch auf Entlastung vom Kapitalertragsteuerabzug hat (nach § 50d Abs. 1 u. 2 oder § 44a Abs. 9 EStG) und an der mittelbar oder unmittelbar natürliche Personen zu mehr als 10 % beteiligt sind, nach § 2 S. 1 Nr. 1 SteuerHBekV den Namen und die Ansässigkeit der natürlichen Personen offen legen.. Dies gilt ausdrücklich ungeachtet des § 50d Abs. 3 EStG, der damit weiterhin anwendbar bleibt. Neben diese Missbrauchsvermeidungsvorschrift tritt damit eine weitere Vorschrift, die nochmals strengere Anforderungen stellt. Es reicht in diesen Fällen also nicht mehr aus, nur die Voraussetzungen des (ohnehin umstrittenen) § 50d Abs. 3 EStG zu erfüllen, darüber hinaus werden nun weitere Erfordernisse an die Entlastung vom Kapitalertragsteuerabzug gestellt. Damit sieht sich die Vorschrift des § 2

SteuerHBekV aber erst recht den Vorwürfen ausgesetzt, die auch gegen § 50d Abs. 3 EStG erhoben werden – des treaty overriding und des Verstoßes gegen EG-Recht, insbesondere gegen die Mutter-Tochter-Richtlinie (für § 50d Abs. 3 EStG vgl. *Gosch*, IStR 2008, 413). In **Fall 10** muss die französische Kapitalgesellschaft dementsprechend nachweisen, dass an ihr keine natürlichen Personen mittelbar oder unmittelbar zu mehr als 10 % beteiligt sind. Da die Gesellschaft an der Börse notiert ist, wird sie einen solchen Nachweis nicht führen können – dasselbe gilt für die dann nötige Offenlegung von Namen und die Ansässigkeit der Personen. Es fehlt an einer Börsenklausel entsprechend § 50d Abs. 3 S. 4 EStG.

Nach § 4 SteuerHBekV schließlich muss eine Körperschaft bei grenzüberschreitenden Sachverhalten die Mitwirkungspflichten aus § 1 Abs. 2 (zeitnahe Erstellung einer Verrechnungspreisdokumentation) oder Abs. 5 SteuerHBekV (Bevollmächtigung von Kreditinstituten zur Geltendmachung von Auskunftsansprüchen) einhalten, wenn Beteiligte oder andere Personen in einem nicht kooperierenden Staat ansässig sind.

C. Folgen der Nichtbeachtung von Mitwirkungspflichten

Die Nichteinhaltung der gesteigerten Mitwirkungspflichten aus SteuerHBekG und SteuerHBekV kann verschiedene Rechtsfolgen nach sich ziehen:

► Bei Nichterfüllung der in § 1 Abs. 2 – 5 SteuerHBekV genannten Pflichten (zeitnahe Erstellung einer Verrechnungspreisdokumentation bzw. ähnlicher Aufzeichnungen gem. § 1 Abs. 2 – 4 SteuerHBekV, Bevollmächtigung von Kreditinstituten zur Geltendmachung von Auskunftsansprüchen gem. § 1 Abs. 5 SteuerHBekV) erfolgt gem. § 1 Abs. 1 SteuerHBekV eine vollständige Versagung des Abzugs der Werbungskosten/Betriebsausgaben, die im Zusammenhang mit den grenzüberschreitenden Geschäftsbeziehungen stehen.

► In **Fall 9** könnte der Bauunternehmer U den Kaufpreis für die Bohrmaschinen nicht als Betriebsausgabe abziehen, weil er die nach § 1 Abs. 4 SteuerHBekV erforderlichen Aufzeichnungen nicht erstellt hat. Erfolgt keine Bevollmächtigung der Finanzbehörden zur Geltendmachung von Auskunftsansprüchen gegenüber Banken gem. § 1 Abs. 5 SteuerHBekV werden der Abgeltungssteuertarif und das Teileinkünfteverfahren nicht angewendet, § 3 SteuerHBekV (vgl. *Worgulla/Söffing*, FR 2009, 545, *549*).

► Werden die Mitwirkungspflichten aus § 90 Abs. 2 S. 3 AO n. F. nicht erfüllt (eidesstattliche Versicherung der Richtigkeit und Vollständigkeit der Angaben und Bevollmächtigung der Finanzbehörden zur Geltendmachung von Auskunftsansprüchen bei Anhaltspunkten für Geschäftsbeziehungen mit Finanzinstituten im nicht kooperierenden Ausland), so wird gem. § 162 Abs. 2 S. 3 AO n. F. widerlegbar vermutet, dass steuerpflichtige Einkünfte in den entsprechenden Staaten vorhanden oder höher als die erklärten Einkünfte sind.

► Bei Nichterfüllung der Offenlegungspflichten aus § 2 S. 1 Nr. 1 SteuerHBekV (Offenlegung der Namen und Ansässigkeit von zu über 10 % beteiligten natürlichen Personen, bzw. Nachweis, dass es keine derart beteiligten natürlichen Personen gibt) scheidet die Entlastung einer ausländischen Gesellschaft vom Kapitalertragsteuerabzug nach § 50d Abs. 1, 2 oder § 44 a Abs. 9 EStG aus. Existieren zu über 10 % beteiligte natürliche Personen und werden deren Namen und Ansässigkeit offengelegt, so erfolgt eine Entlastung vom Kapitalertragsteuerabzug nicht, soweit diese in einem nicht kooperierenden Staat ansässig sind, § 2 S. 1 Nr. 2 SteuerHBekG.

In **Fall 10** wird die französische Kapitalgesellschaft keine solche Erstattung bekommen, weil sie die in § 2 S. 1 Nr. 2 SteuerHBekV geforderte Offenlegung wohl nicht erbringen kann.

Die Steuerbefreiungen nach § 8b Abs. 1 S. 1 und Abs. 2 S. 1 KStG und vergleichbare Vorschriften in DBA sind gem. § 4 SteuerHBekV nicht anwendbar, wenn die Mitwirkungspflichten aus § 1 Abs. 2 oder Abs. 5 SteuerHBekV nicht erfüllt werden. In **Fall 11** könnte die A-GmbH sich nicht auf § 8b Abs. 2 KStG berufen, sondern müsste den Veräußerungsgewinn voll versteuern, weil sie die nach § 1 Abs. 2 SteuerHBekV erforderlichen Aufzeichnungen nicht zeitnah erstellt hat.

2. Abzug von EU-Kartellrechtsbußen als Betriebsausgaben

Fall 12:

Die in Deutschland ansässige A-AG stellt Medizinprodukte her und vertreibt diese. Die EU-Kommission hat gegen die A-AG im Jahr 2009 in einem Verfahren nach Art. 81 des EG-Vertrags eine Geldbuße in Höhe von € 100 Mio. wegen angeblicher Beteiligung an geheimen Marktaufteilungs- und Preisfestsetzungsabreden festgesetzt. Die A-AG soll sich über 10 Jahre gemeinsam mit vier weiteren europäischen Unternehmen an einem Kartell beteiligt haben, das auf Ausschaltung des Wettbewerbs in Bezug auf verschiedene Verbandmittel gerichtet gewesen sei.

Bei der Bemessung der Geldbuße ging die EU-Kommission nach ihren Bußgeldleitlinien aus dem Jahre 2006 vor. Der Grundbetrag wurde wie folgt festgesetzt:

▶ Umsatz der A-AG im letzten Geschäftsjahr vor Beendigung des Kartells auf dem relevanten Markt in Höhe von € 25 Mio. als Ausgangspunkt, hiervon 20 % = € 5 Mio.;

▶ Multipliziert mit der Zahl der Jahre der Dauer des Kartells, d. h. 10 x € 5 Mio. = € 50 Mio.;

▶ Plus Betrag zur weiteren Abschreckung von 20 % („*Eintrittsgebühr*"), d. h. plus € 10 Mio. = € 60 Mio.

Den Grundbetrag von € 60 Mio. erhöhte die Kommission um € 40 Mio. zur Gewährleistung der abschreckenden Wirkung und kam somit auf den Gesamtbetrag von € 100 Mio.

Kann die A-AG die von der EU-Kommission verhängte Geldbuße bei der Gewinnermittlung für das Jahr 2009 dem Grunde nach als Betriebsausgaben abziehen? Wenn ja, wie hoch ist der abzugsfähige Betrag?

Lösungshinweise:

Schrifttum: *Eilers/Schneider*, Steuerliche Abzugsfähigkeit von Kartellbußen der EU-Kommission, DStR 2007, 1507 ff.; *Eilers/Esser-Wellié/Ortmann/Schubert*, Die steuerliche Abzugsfähigkeit von Kartellbußen der EU-Kommission im Lichte neuer Entwicklungen des EU-Wettbewerbsrechts, Ubg 2008, 661 ff.; *Frenz*, Handbuch Europarecht, Band 2: Europäisches Kartellrecht, § 2 Rn. 1567 ff.; *Hahn*, Abzugsfähige Kartellbußen − zum Beschluss des BFH vom 24.3.2004, I B 203/03, IStR 2004, 786 ff.; *Heinicke*, in: Schmidt, § 4 EStG Rn. 520 „Strafen/Geldbußen"; *Hildesheim*, in: Herrmann/Heuer/Raupach, § 4 EStG Rn. 1714 ff.; *Grützner*, Zum Abzugsverbot von Geldbußen nach § 4 Abs. 5 Nr. 8 EStG, StuB 2005, 22 ff.; *Kiegler*, Steuerliche Abzugsfähigkeit von EG-Kartellgeldbußen als Betriebsausgaben, DStR 2004, 1974 ff.; *Klein/Kuhn*, Überlegungen zur Abzugsfähigkeit von EG-Geldbußen als Betriebsausgaben, FR 2004, 206 ff.; *Lorenz*, Steuerliche Abzugsfähigkeit von Kartell-Geldbußen der EU-Kommission als Betriebsausgaben, IStR

2004, 191 ff.; *Lüdeke/Skala*, Bildung von Rückstellungen für EU-Geldbußen, BB 2004, 1436 ff.; *Schall*, Steuerliche Behandlung von EU-Bußgeldern wegen Kartellrechtsverstößen, DStR 2008, 1517 ff.; *Scholz/Haus*, Geldbußen im EG-Kartellrecht und Einkommensteuerrecht, EuZW 2002, 682 ff.; *Söhn*, in: Kirchhof/Söhn/Mellinghoff, § 4 EStG Rn. N 72 ff.; *Sünner*, Das Verfahren zur Festsetzung von Geldbußen nach Art. 23 II lit. a) der Kartellverfahrensordnung (VerfVO), EuZW 2007, 8 ff.; *Wiesbrock*, Reichweite des Abzugsverbots für Geldbußen nach § 4 Abs. 5 Nr. 8 EStG – Beginn einer Kehrtwende in der Rechtsprechung?, BB 2004, 2119 ff.; *Wils*, Optimal Antitrust Fines: Theory and Practice, World Competition 2006, 183 ff.; *Wils*, The European Commission's 2006 Guidelines on Antitrust Fines: A Legal and Economic Analysis, World Competition 2007, 197 ff.

Verwaltungsanweisungen: *OFD Koblenz* vom 26.6.2008, Abziehbarkeit der von Organen der Europäischen Gemeinschaft festgesetzten Geldbußen als Betriebsausgaben i. S. v. § 4 Abs. 5 Nr. 8 S. 1 und 4 EStG, S 2144 A – St 31 4, juris; *OFD Münster* vom 31.05.2007, Verfügung betr. Behandlung von Geldbußen der EU-Kommission nach Maßgabe des § 4 Abs. 5 Satz 1 Nr. 8 EStG, S 2144 – 10 – St 12 – 33, DB 2008, 1332; *Bußgeldleitlinien* der EU-Kommission vom 01.09.2006, Leitlinien für das Verfahren zur Festsetzung von Geldbußen gem. Art. 23 Abs. 2 Buchst. a) der Verordnung (EG) Nr. 1/2003, ABl. EG 2006, C 210/2 ff.; *Einkommensteuer-Richtlinien* 2008 vom 16.12.2005 in der Fassung vom 18.12.2008, BStBl. I 2008, 1017 ff.

I. Steuerrechtliche Einordnung

Bei der steuerlichen Gewinnermittlung sind alle Aufwendungen als Betriebsausgaben abziehbar, soweit diese durch den Betrieb veranlasst sind (§ 4 Abs. 4 EStG). Eine *betriebliche Veranlassung* liegt dann vor, wenn Aufwendungen in tatsächlichem oder wirtschaftlichem Zusammenhang mit der konkreten Gewinnerzielung stehen. Ausgehend von diesem Maßstab wäre der gesamte Betrag der gegen die A-AG verhängten EU-Kartellbuße als Betriebsausgabe steuerlich abzugsfähig, da die Geldbuße von der EU-Kommission für ein Verhalten der A-AG verhängt worden ist, das ausschließlich einer auf Gewinnerzielung gerichteten Tätigkeit der A-AG (konkret: der Produktion einschließlich des Vertriebs von Verbandmitteln) diente.

Eine Ausnahme vom Grundsatz des Abzugs aller betrieblich veranlassten Kosten als Betriebsausgaben gilt nur dann, wenn eine explizite gesetzliche *Abzugsbeschränkung* eingreift. Insofern kommt § 4 Abs. 5 Satz 1 Nr. 8 EStG in Betracht, wonach Geldbußen, Ordnungsgelder und Verwarnungsgelder, die von einem deutschen Gericht oder einer deutschen Behörde oder von Organen der Europäischen Gemeinschaft festgesetzt wurden, nicht abzugsfähig sind, es sei denn, es liegen die Voraussetzungen des Satzes 4 vor (siehe dazu II.).

Eine EU-Kartellrechtsbuße stellt eine Geldbuße dar, die von einem Organ der Europäischen Gemeinschaft (nämlich von der EU-Kommission) festgesetzt worden ist; sie unterfällt damit grundsätzlich der Vorschrift des § 4 Abs. 5 Satz 1 Nr. 8 EStG (vgl. *Hildesheim*, in: Herrmann/Heuer/Raupach, § 4 EStG Rn. 1714).

II.   Abzugsfähigkeit einer EU-Kartellrechtsbuße nach § 4 Abs. 5 Satz 1 Nr. 8 EStG

Gemäß § 4 Abs. 5 Satz 1 Nr. 8 Satz 4 EStG ist der Betriebsausgabenabzug einer von der EU-Kommission festgesetzten Geldbuße dann zulässig,

► soweit der wirtschaftliche Vorteil, der durch den Gesetzverstoß erlangt wurde, *abgeschöpft* worden ist

   und

► dabei die auf diesem wirtschaftlichen Vorteil lastenden *Ertragsteuern nicht abgezogen* worden sind.

Dieser Satz wurde durch das Steueränderungsgesetz 1992 (BGBl. I 1992, 297) eingefügt, nachdem das BVerfG entschieden hatte, dass die Norm verfassungsgemäß sei, wenn entweder bei der Geldbußenbemessung die auf dem unrechtmäßig erlangten wirtschaftlichen Vorteil lastende Steuerbelastung abgezogen oder – anderenfalls – die „Brutto"geldbuße in Höhe des Abschöpfungsbetrages als Betriebsausgabe abzugsfähig sei (vgl. BVerfG vom 23.1.1990, 1 BvL 4-7/87, BStBl. II 1990, 483).

1.   Kein Abzug der Ertragsteuerbelastung

Die Steuern vom Einkommen und Ertrag, die auf den wirtschaftlichen Vorteil entfallen, dürfen bei der Bemessung der Geldbuße nicht abgezogen worden sein, d. h. die Steuern dürfen die Geldbuße nicht gemindert haben. Diese Voraussetzung ist unproblematisch gegeben. Denn nach ständiger Verwaltungspraxis der EU-Kommission und der europäischen Gerichte werden die EU-Kartellrechtsbußen „*brutto*" festgesetzt, also ohne Berücksichtigung der steuerrechtlichen Auswirkungen in den Mitgliedstaaten (vgl. *Eilers/Schneider*, DStR 2007, 1507, 1511).

2.   Abschöpfung des wirtschaftlichen Vorteils

Kernfrage der Diskussion um die steuerliche Abzugsfähigkeit von EU-Kartellrechtsbußen ist deren *Abschöpfungscharakter*.

a)   Entwicklung der Diskussion

Von einer potentiellen Abschöpfungsfunktion der EU-Kartellrechtsbußen schien bereits der deutsche Gesetzgeber bei der Einfügung des Satzes 4 in § 4 Abs. 5 Satz 1 Nr. 8 EStG auszugehen. In der Begründung des Gesetzesentwurfs zum Steueränderungsgesetz 1992 heißt es:

„Die vorgeschlagene Ergänzung stellt sicher, dass [eine] Doppelbelastung nicht eintritt, wenn Organe der Europäischen Gemeinschaft mit den von ihnen verhängten Geldbußen den gesamten wirtschaftlichen Vorteil abschöpfen." (BT-Drs. 12/1108, 52).

Die hergebrachte Auffassung lehnte allerdings eine Vorteilsabschöpfung bei EU-Kartellbußen ab (vgl. *Heinicke,* in: Schmidt, § 4 EStG Rn. 520 „Strafen/Geldbußen"). Dem hatten sich in jüngerer Vergangenheit das FG Rheinland-Pfalz (Urteil v. 15.07.2003, 2 K 2377/01, DStRE 2003, 1313) und das FG München (Urteil v. 15.07.2003, 2 K 2377/01, DStRE 2003, 1313) angeschlossen.

Spätestens seit der jüngsten Entscheidung des BFH vom 24.3.2004 (Az. I B 203/03, DStRE 2004, 1449 ff.) zu dieser Problematik kann diese Ansicht jedoch nicht mehr aufrecht erhalten werden. Mit dieser Entscheidung hat der BFH anerkannt, dass EU-Kartellrechtsbußen grundsätzlich Abschöpfungscharakter haben können. Nach Auffassung des BFH reicht es aus, dass *irgendeine betragsmäßige Korrespondenz* zwischen der Höhe der EU-Kartellrechtsbuße einerseits und dem wirtschaftlichen Vorteil andererseits bestanden hat. Der Ahndungscharakter einer europäischen Kartellbuße schließe es nicht aus, dass diese zugleich eine Abschöpfung des wirtschaftlichen Vorteils bewirke. Der zumindest mittelbarer bestehende Zusammenhang zwischen dem durch den Wettbewerbsverstoß erwirtschafteten Mehrerlös und der Höhe der Geldbuße rechtfertige es, bei EU-Kartellrechtsbußen eine Abschöpfung des wirtschaftlichen Vorteils ebenso wenig für ausgeschlossen zu halten wie bei Sanktionen aufgrund des nationalen Wettbewerbsrechts.

Nachdem die OFD Münster in ihrer Verfügung vom 31.5.2007 (S 2144 – 10 – St 12 – 33, DB 2007, 1332) unter vollständiger Ausblendung der BFH-Entscheidung vom 24.3.2004 das Vorliegen eines Abschöpfungsteils bei EG-Kartellrechtsbußen ausgeschlossen hatte, gab es im September 2007 ein Treffen der Einkommensteuerreferenten des Bundes und der Länder. Dort wurde laut Kurzinformation der OFD Koblenz vom 26.6.2008 (S 2144 A – St 31 4, juris) beschlossen, dass EG-Kartellrechtsbußen neben einem Ahndungsteil auch einen für den Betriebsausgabenabzug erforderlichen *Abschöpfungsteil* haben können. Die Finanzverwaltung bestätigt also die grundsätzliche Beurteilung des BFH und erkennt einen Abschöpfungsteil und damit einen korrespondierenden Betriebsausgabenabzug von EU-Kartellrechtsbußen an (vgl. dazu auch R 4.13 Abs. 3 Sätze 1 bis 3 EStR).

Die Abschöpfungsfunktion von EU-Kartellrechtsbußen ergibt sich auch aus den Bußgeldleitlinien der EU-Kommission (ABl. EG 2006, C 210/2 ff., neugefasst seit 1.9.2006) und der bisherigen europäischen Entscheidungspraxis. Die neuen Bußgeldleitlinien der EU-Kommission aus dem Jahre 2006 bringen noch deutlicher als die früheren Bußgeldleitlinien von 1998 zum Ausdruck, dass die kartellbedingten Gewinne den Mindestbetrag der Geldbuße bilden, ohne den die dem Bußgeld immanente abschreckende Wirkung nicht erreicht werden kann (vgl. Bußgeldleitlinien 2006, Nr. 31 sowie *Eilers/Esser-Wellié/Ortmann/Schubert*, Ubg 2008, 661, 665). Die europäischen Gerichte haben mehrfach betont, dass der unrechtmäßig erzielte Gewinn ein Kriterium bei der Bemessung der Geldbuße darstellt und damit den Abschöpfungscharakter von EU-Kartellrechtsbußen anerkannt (siehe z. B. EuGH v. 28.6.2006, Rs. C-189/02 – *P u. a.* - *Dansk Rorindustri*, Slg. 2005 I-5425, Rn. 293 f.).

b) Möglichkeiten zur Ermittlung des Abschöpfungsteils

Welcher Teil bzw. welcher Betrag auf den Abschöpfungsteil einerseits und den Sanktionsteil der Buße andererseits entfällt, wird in der Regel weder in den zugrundeliegenden Rechtsvorschriften noch in der Bußgeldentscheidung der EU-Kommission ausdrücklich erwähnt. Die kartellrechtliche Ungenauigkeit der handelnden Behörde (hier: EU-Kommission als zuständiges Organ) darf jedoch nicht die steuerrechtliche Entscheidung über die Absetzbarkeit prägen. Wie die Finanzrechtsprechung bereits ausdrücklich festgestellt hat, kommt es für die Anwendung des § 4 Abs. 5 Satz 1 Nr. 8 EStG nicht darauf an, ob sich die Aufteilung einer formal einheitlichen Geldbuße in einen Sanktionsteil und einen daneben bestehenden Abschöpfungsteil eindeutig aus dem Bußgeldbescheid und seiner Begründung ergibt. Die kartellrechtlich einheitliche Geldbuße muss für das Steuerrecht gedanklich in zwei Teile zerlegt werden, gegebenenfalls müssen die Finanzbehörden bei Fehlen einer eindeutigen Aufteilung eine *schätzweise Aufteilung* vornehmen (BFH v. 9.6.1999, I R 100/97, BStBl. II 1999, 658, 661; *Eilers/Schneider*, DStR 2007, 1507, 1510; *Hahn*, IStR 2004, 786 ff.). Diese Haltung hat der BFH im Beschluss vom 24.3.2004 ausdrücklich bestätigt. Jede andere Auslegung würde den verfassungsrechtlichen Anforderungen an die Norm des § 4 Abs. 5 Satz 1 Nr. 8 EStG, eine eventuelle Doppelbelastung durch gleichzeitige Geldbuße und Nichtabzug von Betriebsausgaben zu verhindern, unterlaufen.

Außerdem stellt § 4 Abs. 5 Satz 1 Nr. 8 EStG eine Ausnahmevorschrift dar, die als solche eng auszulegen ist, da sie einen Verstoß gegen das sogenannte Nettoprinzip als Ausdruck des allgemeinen Leistungsfähigkeitsprinzips beinhaltet, welches besagt, dass jeder nur nach Maßgabe seiner individuellen ökonomischen Leistungsfähigkeit zur Finanzierung staatlicher Leistungen beitragen soll (FG Niedersachsen v. 27.04.2006, 10 K 65/01, EFG 2006, 1736, 1738). Dem Steuerpflichtigen darf nicht das Risiko überbürdet werden, dass mangels näherer Angaben der Bußgeldbehörde ein Feststellungsdefizit besteht, zu welchem Teil die Geldbuße der Abschöpfung des wirtschaftlichen Vorteils diente (FG Baden-Württemberg v. 20.9.2001, 3 K 168/01, EFG 2002, 72, 74).

Um den als Betriebsausgabe abzugsfähigen Abschöpfungsteil und den nichtabzugsfähigen Sanktionsteil der Geldbuße zu ermitteln, gibt es zwei Möglichkeiten:

(1) Aufteilung durch Darlegung der Mehrerlöse

Der in der EU-Kartellrechtsbuße enthaltene Abschöpfungsteil kann durch *Darlegung* der durch das Kartell erzielten *Mehrerlöse* ermittelt werden. So hatte der BFH in seinem Beschluss vom 24.03.2004 ausgeführt:

> *„Die Höhe der hiernach möglicherweise zu berücksichtigenden Be-*
> *triebsausgaben wird ggf. im weiteren Verlauf des Besteuerungsverfahrens*
> *zu ermitteln und unter Umständen zu schätzen sein.[...] Zwar werden im*
> *Hauptverfahren die abziehbaren Ausgaben nicht anhand abstrakter Über-*
> *legungen berechnet werden können, sondern aus von der Antragstellerin*
> *darzulegenden wirtschaftlichen Daten abgeleitet werden müssen."*

Die Finanzverwaltung verlangt insoweit das Glaubhaftmachen bzw. Darlegen/Nachweisen der Abschöpfung des wirtschaftlichen Vorteils (vgl. R 4.13 Abs. 3 Satz 3 EStR). Dies kann z. B. durch Untersuchung der Veränderungen des Umsatzes und der Deckungsbeiträge während der Dauer des Kartells oder durch Gegenüberstellung der Preisnachlässe oder der Marktanteile während des Bestehens des Kartells und nach dessen Beendigung geschehen (vgl. *Hildesheim*, in: Herrmann/Heuer/Raupach, § 4 EStG Rn. 1732).

(2) Aufteilung durch Untersuchung der konkreten Entscheidung

Der konkrete *Bußgeldbescheid* der EU-Kommission kann dahingehend *untersucht* und *ausgelegt* werden, ob sich aus der Art der Ermittlung, der Zusammensetzung aus Teilkomponenten sowie deren jeweiliger Begründung Kriterien für die Aufteilung in den Abschöpfungs- und den Sanktionsteil ergeben (vgl. BFH v. 9.1.1997, IV R 5/96, DStRE 1997, 430). Dabei sind auch die Rechtsgrundlagen heranzuziehen, auf denen die Kommissionsentscheidung beruht, insbesondere die Bußgeldleitlinien der EU-Kommission. Hinweise auf die Abschöpfung können z. B. Ausführungen zu Umsätzen und Gewinnen im betreffenden Markt geben.

Im vorliegenden Fall hat der Grundbetrag überwiegend Abschöpfungsfunktion, denn Ausgangspunkt für seine Festsetzung ist der Umsatz der A-AG auf dem relevanten Markt. Daraus ergibt sich die vom BFH geforderte betragsmäßige Korrespondenz zwischen den kartellrechtswidrigen Gewinnen und der Bußgeldhöhe. Die Eintrittsgebühr und der Aufschlag zur Gewährleistung der abschreckenden Wirkung sind dagegen eher dem nicht abzugsfähigen Sanktionsteil zuzurechnen. Die Geldbuße ist nur dann hinreichend abschreckend, wenn dem Unternehmen zusätzlich zur Abschöpfung der erzielten Vorteile eine Sanktionskomponente auferlegt wird. Denn wenn sich die Geldbuße auf die Abschöpfung der wirtschaftlichen Vorteile beschränken würde, müssten die kartellrechtswidrig handelnden Unternehmen nur befürchten, dass ihnen bei Entdeckung das entzogen wird, was sie ordnungswidrig handelnd erzielt haben.

Nach dieser Aufteilungsmethode wären € 50 Mio. der gegen die A-AG verhängten Geldbuße (nämlich Eintrittgebühr von € 10 Mio. und Abschreckungszuschlag von € 40 Mio.) eine steuerlich nicht abzugsfähige Sanktion. Die anderen € 50 Mio. wären gewinnabschöpfend, d.h. die A-AG könnte 50 % der Geldbuße bei der Gewinnermittlung für das Jahr 2009 steuerlich als Betriebsausgaben abziehen.

3. Blick in die Praxis

Die Ermittlung und die erforderliche *Dokumentation* des Abschöpfungsteils ist der zentrale Punkt in der praktischen Behandlung der steuerlichen Abzugsfähigkeit von EU-Kartellrechtsbußen. Dabei lassen sich folgende Grundsätze aus der Betriebsprüfungspraxis festhalten:

▶ Ein möglicher Abschöpfungscharakter von EU-Kartellrechtsbußen wird grundsätzlich anerkannt.

▶ Bei der Ermittlung des Abschöpfungsanteiles akzeptiert die Betriebsprüfung zum Teil die genannte Methode der Auslegung der Kommissionsentscheidung; zum Teil wird auf einer − innerbetrieblichen − Dokumentation zur Ermittlung möglicher Mehrerlöse bestanden. Die tatbestandlichen Anforderungen an diese Dokumentation variieren stark; teilweise reichen auch mündliche Erläuterungen und Verweise auf allgemein zugängliches Branchenmaterial aus.

Es ist darauf hinzuweisen, dass die Darlegung von Mehrerlösen im Steuerrecht möglicherweise zu *Risiken im Kartellrecht* führen kann. Denn für die erfolgreiche Verteidigung gegen evtl. anhängige zivilrechtliche Schadensersatzklagen könnte der Nachweis von Mehrerlösen kontraproduktiv sein (vgl. *Eilers/Esser-Wellié/Ortmann/Schubert*, Ubg 2008, 661, 667). Solange allerdings in der Kommissionsentscheidung keine expliziten Ausführungen zu Mehrerlösen zu finden sind, kann die im Rahmen der Betriebsprüfung vorgelegte Dokumentation der Mehrerlösabschöpfung keinen rechtmäßigen Eingang in die Schadensersatzprozesse finden. Außerdem ist der Ansatzpunkt bei den Schadensersatzklagen von dritter Seite ein anderer als im Steuerrecht: es geht um den Nachweis, dass ein Kunde als Anspruchsinhaber während des Kartells einen zu hohen Preis für das Produkt gezahlt hat, nicht aber darum, dass der Anspruchsgegner (nämlich das kartellrechtswidrig handelnde Unternehmen) unrechtmäßige Gewinne erzielt hat. Jedenfalls sollte in diesem Punkt eine Abstimmung zwischen Kartell- und Steuerrecht erfolgen.

3. Amtshilfe in schweizerischen Doppelbesteuerungsabkommen

Von Dr. Nico H. Burki, Rechtsanwalt, Zürich

a) Einführung

In letzter Zeit wurde seitens der OECD erheblicher Druck auf die Schweiz ausgeübt, die Amtshilfe, d.h. die Zusammenarbeit zwischen den Steuerbehörden der Vertragsstaaten, unter den bestehenden Doppelbesteuerungsabkommen zu erweitern. Aufgrund der Drohung der OECD vor dem G-20 Gipfel im April 2009 in London, diejenigen Staaten auf eine schwarze Liste zu setzen, welche einen zurückhaltenden bzw. unkooperativen Informationsaustausch mit anderen Staaten pflegten, und des Falles UBS mit den USA entschied der Bundesrat am 13. März 2009, die Doppelbesteuerungsabkommen der Schweiz künftig dem OECD-Standard zum internationalen Informationsaustausch gemäß Art. 26 des OECD-Musterabkommens (OECD-MA) anzupassen. Diese Anpassung sollte insbesondere dazu führen, dass künftig nicht nur in Steuerbetrugsfällen, sondern auch bei einfacher Steuerhinterziehung Amtshilfe geleistet würde.

Der Entscheid des Bundesrates wurde damit begründet, dass die internationale Zusammenarbeit im Steuerbereich wegen der Globalisierung der Märkte und der Finanzkrise an Bedeutung gewonnen habe und auch die Schweiz einen Beitrag zur Bekämpfung von Steuerdelikten leisten müsse. Gleichzeitig wurde betont, dass die neue Praxis bezüglich Doppelbesteuerungsabkommen keine Änderung für Steuerpflichtige mit Wohnsitz in der Schweiz mit sich bringe. Das Bankgeheimnis wird damit für Personen mit Wohnsitz in der Schweiz gewahrt, sofern kein Steuervergehen (z. B. Steuerbetrug) vorliegt.

b) Entwicklung der Amtshilfe in der Schweiz

Die Schweiz brachte über Jahre einen Vorbehalt zu Art. 26 OECD-MA an, welcher vorsieht, es seien Informationen zur Durchführung des Abkommens und zur Durchführung des innerstaatlichen Rechts zu gewähren. Die bis vor kurzer Zeit geltenden Doppelbesteuerungsabkommen mit der Schweiz sahen demgegenüber lediglich die sogenannte kleine Amtshilfeklausel vor, wonach der Austausch von Informationen ausschließlich zur Durchführung und Durchsetzung des Doppelbesteuerungsabkommens gewährt wurde. Geprüft wurde dabei, ob der Steuerpflichtige durch das Abkommen einen steuerlichen Vorteil erzielte und der ersuchende Staat entsprechend einen Steuerverzicht leistete.

In den letzten Jahren erklärte sich die Schweiz auf Druck der OECD grundsätzlich bereit, in Fällen von Steuerbetrug die Erteilung von Auskünften auch für die Durchführung des innerstaatlichen Rechts zuzulassen. Die auf Steuerbetrug beschränkte sogenannte große Amtshilfeklausel wurde in der Folge in verschiedenen Doppelbesteuerungsabkommen mit OECD-Staaten aufgenommen.

Das im Jahre 2004 zwischen der Schweiz und der EU abgeschlossene Zinsbesteuerungsabkommen sieht sodann einen Informationsaustausch zwischen der Schweiz und den EU-Mitgliedstaaten hinsichtlich der unter das Zinsbesteuerungsabkommen fallenden Zinserträge in Fällen vor, welche nach dem Recht des ersuchenden Staates als Steuerbetrug gelten oder ein ähnliches Delikt („tax fraud and the like") darstellen.

Im Weiteren verpflichtete sich die Schweiz auch zur Aufnahme eines erweiterten Informationsaustausches bei Holdinggesellschaften in Doppelbesteuerungsabkommen. Auf Verlangen eines Staates werden demnach Informationen bezüglich Holdinggesellschaften ausgetauscht, welche sich im Besitze der Steuerbehörden befinden und zur Durchsetzung von innerstaatlichem Recht bezüglich der unter das Abkommen fallenden Steuern notwendig sind. Das Bankgeheimnis bleibt in solchen Fällen jedoch gewahrt.

Anfang April 2009 wurde die Schweiz zusammen mit Belgien, Luxemburg, Österreich, Singapur und weiteren Staaten auf eine graue Liste der OECD gesetzt. Diese Liste umfasst sämtliche Staaten, welche nicht mindestens zwölf Doppelbesteuerungsabkommen mit einer Bestimmung bezüglich Informationsaustausch entsprechend Art. 26 OECD-MA abgeschlossen haben. Die Aufnahme in die schwarze Liste konnte durch die Erklärung des Bundesrates vermieden werden, wonach die Schweiz in ihren Doppelbesteuerungsabkommen die große Amtshilfeklausel einführen werde.

Seit dem 24. September 2009 ist die Schweiz nicht mehr auf der grauen Liste der OECD, da bis zu diesem Datum zwölf Abkommen mit erweiterter Amtshilfe gemäß Art. 26 OECD-MA unterzeichnet wurden. Der Text der unterzeichneten Abkommen wird zurzeit noch vertraulich behandelt und ist damit nicht öffentlich zugänglich. Der Bundesrat wird nun eine Botschaft für das Parlament bezüglich der unterzeichneten Doppelbesteuerungsabkommen ausarbeiten und diese sodann dem Parlament zur Genehmigung unterbreiten. Das Parlament wird in der Folge entscheiden, welche neu ausgehandelten Doppelbesteuerungsabkommen dem fakultativen Referendum unterstellt werden. Im Falle der Unterstellung unter das fakultative Referendum müsste der Entscheid des Parlamentes auf Verlangen von 50'000 Stimmberechtigten oder acht Kantonen dem Volk zur Abstimmung unterbreitet werden.

Bis zum 24. September 2009 waren Doppelbesteuerungsabkommen mit den USA, Dänemark, Luxemburg, Frankreich, Norwegen, Österreich, Großbritannien, Mexiko, Finnland, Katar, den Färöer-Inseln und Spanien (via Meistbegünstigungsklausel) unterzeichnet. Das Doppelbesteuerungsabkommen mit Deutschland wurde am 26. März 2010 paraphiert.

c) Neue Amtshilfebestimmungen in den schweizerischen Doppelbesteuerungs-
abkommen

Auch wenn die detaillierten Texte der neu verhandelten Amtshilfebestimmung in den schweizerischen Doppelbesteuerungsabkommen nur in Teilen bekannt sind, können aufgrund der Publikationen des Eidgenössischen Finanzdepartementes bereits heute gewisse Eckpunkte genannt werden:

▶ Die Schweiz wird weiterhin nur aufgrund von Ersuchen des anderen Staates Amtshilfe leisten. Eine automatische oder spontane Auskunftserteilung ist damit ausgeschlossen.

▶ Die Amtshilfe ist begrenzt auf Einzelfälle. Sogenannte „fishing expeditions" werden demnach auch künftig in der Schweiz nicht möglich sein.

▶ Die neuen Abkommensbestimmungen gelten frühestens ab dem Zeitpunkt der Unterzeichnung. Eine Rückwirkung ist demnach ausgeschlossen. Dies ist insbesondere für Fälle wesentlich, welche sich vor Unterzeichnung des Abkommens ereigneten und als Steuerhinterziehung, nicht aber als Steuerbetrug zu qualifizieren sind.

▶ Die Abkommensbestimmungen werden sich auf diejenigen Steuern beschränken, welche unter das entsprechende Doppelbesteuerungsabkommen fallen.

▶ Das Subsidiaritätsprinzip gemäß OECD-MA ist anwendbar. Dies bedeutet, dass sämtliche Informationsquellen im innerstaatlichen Verfahren auszuschöpfen sind bevor ein Auskunftsersuchen gestellt werden kann.

Die neue Praxis der Schweiz bezüglich der Amtshilfe kommt Staaten wie den USA, Deutschland und Frankreich insofern entgegen, als diese nicht mehr nur in Fällen des Steuerbetruges, sondern auch in Fällen der Steuerhinterziehung Informationen von der Schweiz erhalten können und insbesondere das Bankgeheimnis den betroffenen Steuerpflichtigen keinen Schutz bietet. Allerdings ist darauf hinzuweisen, dass bereits in der Vergangenheit im Rahmen der schweizerischen Amtshilfe Steuerbetrug unter Doppelbesteuerungsabkommen nicht nur im Falle der Verwendung falscher Urkunden, sondern auch im Falle von arglistiger Steuerhinterziehung angenommen wurde. Auskünfte wurden dabei erteilt, wenn entweder eine fortgesetzte Steuerhinterziehung hoher Steuerbeträge oder eine Steuerhinterziehung mit Verwendung von Strukturen (beispielsweise „Offshore-Gesellschaften") vorlag.

Insofern wurde die „unkooperative" Praxis zur Amtshilfe der Schweiz in der Vergangenheit von ausländischen Staaten oft zu streng beurteilt, da Ersuchen um Amtshilfe ausländischer Staaten bereits in den letzten Jahren relativ großzügig gehandhabt wurden. Entsprechend ergibt sich, dass der Schritt der Schweiz, nun auch bei Steuerhinterziehung und nicht nur bei Steuerbetrug Amtshilfe zu leisten, in der Praxis nicht eine so gravierende Veränderung mit sich bringt, wie dies weithin dargestellt wird, obschon dieser Schritt der Schweiz aus rechtlicher Sicht eine wesentliche Veränderung darstellt.

III. Standort Deutschland in der Krise

Von Dr. Dirk Pohl, Rechtsanwalt/Steuerberater, München

1. Debt-buy-back durch internationale Investoren

Fall 13:

Ein ausländischer Private Equity Fonds hatte in 2005 die Maschinenbau GmbH zu 100 % übernommen. Als Akquisitionsvehikel für diesen Leverage Buy Out (LBO) wurde die Holding SPV GmbH gegründet. Die Finanzierung erfolgte in Höhe von € 100 Mio. durch ein Kreditkonsortium auf der Grundlage des Mustervertrages[103] der Loan Market Association mit Wahl des deutschen Rechts. Kreditnehmer war die Holding SPV GmbH im Wege eines nonrecourse loans. Einige Mitglieder des Kreditkonsortiums bieten in 2009 auf dem Sekundärmarkt den von ihnen gegebenen Kreditanteil in Höhe von insgesamt € 60 Mio. mit einem Abschlag von 50 % zum Kauf an (Original Issue Discount). Der PE-Fonds ist zur Sanierung und Stärkung der Eigenkapitalbasis seines Portfoliounternehmens bereit, die erforderlichen Mittel zum Ankauf der angebotenen Darlehen zur Verfügung zu stellen. Der Steuerabteilungsleiter der Maschinenbau GmbH soll dafür ein steueroptimiertes Konzept entwickeln.

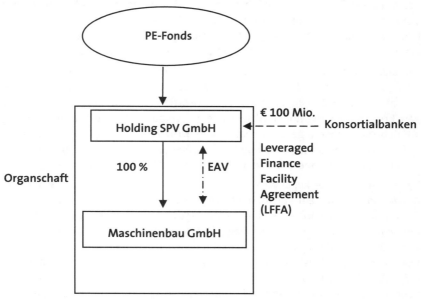

---

[103] Abgedruckt bei *Diem*, Akquisitionsfinanzierungen, 1. Auflage 2005, S. 329 ff.

Lösungshinweise:

Schrifttum: *Bauschatz,* Steuerpflicht des Sanierungsgewinns im Spannungsfeld zwischen Mindestbesteuerung und Billigkeitsmaßnahmen, GmbHR 2008, S. 1204; *Diem,* Akquisitionsfinanzierungen, 1. Auflage 2005 und 2. Auflage 2009; *Eilers/Bühring,* Das Ende des Schönwetter-Steuerrechts – Die Finanzkrise gebietet Änderungen im deutschen Sanierungssteuerrecht, DStR 2009, S. 137; *Geist,* Die Besteuerung von Sanierungsgewinnen – zur Anwendbarkeit, Systematik und Auslegung des BMF-Schreibens vom 27. März 2003, BB 2008, S. 2658; *Gondert/Büttner,* Steuerbefreiung von Sanierungsgewinnen – Anmerkung zum Urteil des Finanzgerichts München vom 12.12.2007, DStR 2008, S. 1676; *Lettau/Telyatnykov,* Immobiliendarlehen in der Krise, NJW 2009, Heft 16, S. XVI; *K. Schmidt,* Überschuldung und Insolvenzantragspflicht nach dem Finanzmarktstabilisierungsgesetz, DB 2008, S. 2467.

1. Vorbemerkung

In den letzten Jahren waren Banken von vornherein bestrebt, nur noch als Arrangeure von Krediten zu fungieren und die Risikoposition weiterzugeben. Denn Kredite müssen durch die Banken mit (nur begrenzt vorhandenem) Eigenkapital unterlegt werden (Basel II). Deshalb hat sich für Akquisitionsfinanzierungen in der Praxis die Verwendung des Mustervertrages der englischen Loan Market Association (LMA) durchgesetzt. Die Vereinheitlichung der Verträge erleichtert die Syndizierung der Kredite in einem Kreditkonsortium und auch die Bonitätsbeurteilung durch Rating Agenturen im Rahmen einer Verbriefung (siehe auch *Lettau/Telyatnykov,* NJW 2009, Heft 16., S. XVI).

Um Eigenkapital für das Neugeschäft frei zu machen und ihre Bilanzen zu bereinigen oder auch nur um kurzfristig Liquidität zu beschaffen, sehen sich Banken derzeit auch im Rahmen ihrer Beteiligung an Kreditkonsortien (GbR-Innengesellschaften) gezwungen, Kreditpakete mit hohen Abschlägen zu verkaufen. Das ruft nicht nur Hedgefonds auf den Plan, sondern gerade Private Equity Firmen nutzen die Gelegenheit im Hinblick auf die von ihnen im Rahmen von LBO's aufgenommenen Kredite zu einem debt-buy-back (siehe auch Handelsblatt vom 11. Februar 2009, An Schulden verdienen).

Zwar besteht in der Regel kein kurzfristiger Druck, bereits aufgrund einer Überschuldung Insolvenz für ein Portfoliounternehmen des Private Equity Fonds anzumelden. Denn durch das Finanzmarktstabilisierungsgesetz wurde, bis 1. Januar 2011 befristet, der „zweistufige Überschuldungsbegriff" in § 19 InsO wieder eingeführt, wonach auch eine nach Fortführungswerten überschuldete Gesellschaft dann nicht im Sinne der InsO überschuldet ist, wenn eine positive Fortführungsprognose besteht (siehe *K. Schmidt,* DB 2008, S. 2467). Jedoch lässt sich wohl kaum einmal derart einfach ein Sonderertrag „erwirtschaften" wie durch den Rückkauf eigener Schulden (debt-buy-back) mit einem erheblichen Abschlag vom Nennwert.

2. Zivilrechtliche Zulässigkeit eines debt-buy-back

Der Erwerb des Konsortialanteils eines Kreditgebers durch den Kreditnehmer (und dadurch das Erlöschen der Forderung durch Konfusion) oder auch eine mit dem Kreditnehmer verbundene Gesellschaft ist nach dem Mustervertrag der LMA nicht ausgeschlossen. Allerdings hat die LMA im September 2008 eine überarbeite Vertragsdokumentation veröffentlicht, die auch die Möglichkeit vorsieht, Darlehensnehmern einen debt-buy-back zu untersagen (siehe *Diem*, 2. Auflage 2009, § 34, Rn. 6). Soweit eine solche spezielle Klausel nicht im Darlehensvertrag vorhanden ist, stellen sich bei einem debt-buy-back insbesondere folgende Rechtsfragen:

Der Schuldenrückkauf steht wirtschaftlich einer vorzeitigen Darlehensrückführung zugunsten eines Konsortialmitglieds gleich. In der Regel ist aber in den Darlehensverträgen vorgesehen, dass freiwillige Sondertilgungen gleichmäßig auf alle Darlehensgeber zu verteilen sind. Jedoch kann man das Erlöschen der Darlehensverbindlichkeit durch Konfusion nicht mit einer vorzeitigen Erfüllung der Darlehensverbindlichkeit gleich stellen. Auch allgemeine Treuepflichten sollten dem debt-buy-back nicht entgegenstehen, wenn die Mittel nicht aus dem Cash-Flow oder einer neuen Fremdfinanzierung stammen. Die Rechtsfrage stellt sich ohnehin nicht, wenn ein mit dem Kreditnehmer verbundenes Unternehmen die Darlehen aufkauft und dann ggf. in die Kredit nehmende Gesellschaft einlegt.

Teilweise ist in den Darlehensverträgen – insbesondere auf Betreiben des Darlehensschuldners – auch eine Beschränkung des Personenkreises vorgesehen, an den abgetreten werden kann (nur an Banken oder andere Finanzinstitute). Hier ist aber, wenn die Verträge dem deutschen Recht unterliegen, auch § 354a HGB zu beachten. Soweit das Rechtsgeschäft für Gläubiger und Schuldner ein Handelsgeschäft ist, ist eine Abtretung der Forderung auch dann wirksam, wenn sie an sich nach § 399 BGB durch Vereinbarung mit dem Schuldner ausgeschlossen wurde. Nach § 354a Abs. 2 HGB gilt diese Reglung zwar nicht für eine Forderung aus einem Darlehensvertrag, dessen Gläubiger ein Kreditinstitut im Sinne des Kreditwesengesetzes ist. Die Regelung wurde aber erst durch das Risikobegrenzungsgesetz vom 12. August 2008, BStBl. I. 2008, S. 1666) eingeführt und gilt nach Art. 68 EGHGB nur für Vereinbarungen die nach dem 18. August 2008 geschlossen wurden.

Soweit nicht der Kreditnehmer selbst die Forderung erwirbt und diese durch Konfusion untergeht, stellt sich auch das Problem, wie mögliche Interessenkollisionen bei der Ausübung von Stimmrechten im Kreditkonsortium gelöst werden. Da es sich bei dem Konsortium in der Regel um eine Innengesellschaft bürgerlichen Rechts handeln wird, kann sich daraus ein Stimmverbot zur Verhinderung des Einflusses gesellschafterfremder Sonderinteressen ergeben (*Diem*, a.a.O., § 34, Rn. 17).

3. Besteuerung eines debt-buy-back

Soweit der Kreditnehmer selbst die Kreditforderung aufkauft, entsteht durch die Konfusion von Forderung und Verbindlichkeit ein Sonderertrag. Selbst wenn hohe Verlustvorträge bestehen, kann sich die Mindestbesteuerung nach § 8 Abs. 1 KStG, § 10d Abs. 2 EStG, § 10a Sätze 1 bis 5 GewStG desaströs auswirken (unbeschränkter Abzug der Verlustvorträge bis € 1 Mio., darüber hinaus bis zu 60 % des € 1 Mio. übersteigenden Gesamtbetrages der Einkünfte). Die daraus resultierenden Steuerverbindlichkeiten können die Zahlungsunfähigkeit des Unternehmens erst auslösen.

Selbst wenn es zivilrechtlich nach den geschlossenen Darlehensverträgen möglich wäre, dass der Kreditnehmer direkt zurückkauft, spricht dies dafür, die Kreditforderungen durch eine Zweckgesellschaft zu erwerben. Soweit die erwerbende Gesellschaft nicht Teil des Konzerns im Sinne der Zinsschranke ist, ist daran zu denken, dass eine Gesellschafter-Fremdfinanzierung nach § 8a Abs. 3 KStG zu einer Rückausnahme von der Escape-Klausel Nr. 3 der Zinsschranke führt, wenn die Zinsen insgesamt mehr als 10 % des die Zinserträge übersteigenden Zinsaufwands betragen. Zumindest soweit ein debt-buy-back konkret an die Kreditnehmerin selbst herangetragen wird, ist auch zu überprüfen, ob diese aus eigener Kraft die sich bietende Geschäftschance nutzen könnte. Ansonsten besteht das Risiko einer verdeckten Gewinnausschüttung nach § 8 Abs. 3 Satz 2 KStG, wenn ein Gesellschafter bzw. ein verbundenes Unternehmen die Forderung erwirbt.

Im Fall bietet es sich an, dass der Private Equity Fonds eine neue Gesellschaft (Darlehen SPV GmbH) gründet und diese mit € 30 Mio. Eigenkapital ausstattet (1. Schritt). Anschließend erwirbt diese Gesellschaft die Kreditforderung in Höhe von € 60 Mio. auf dem Sekundärmarkt (2. Schritt). Danach wird die Darlehen SPV GmbH in die Holding SPV GmbH im Wege einer verdeckten Einlage eingebracht (3. Schritt) und durch Abschluss eines Ergebnisabführungsvertrages eine körperschaft- und gewerbesteuerliche Organschaft mit der Holding SPV GmbH begründet (4. Schritt). Für die Zinsschranke ist die Forderung in Höhe von € 60 Mio. dann nicht mehr existent (§ 15 Abs. 1 Nr. 3 KStG), ebenso entfällt eine Zurechnung der Zinsen für Gewerbesteuerzwecke nach § 8 Nr. 1 GewStG. Der Abbau der Kreditforderung kann ggf. durch teilweise Verzichte der Organgesellschaft so abgestimmt werden, dass sich unter Berücksichtigung laufender Verluste und der Mindestbesteuerung im Hinblick auf die Verlustvorträge keine Steuerbelastung ergibt. Ohne Verzicht entsteht ein Ertrag erst, wenn mehr als der Buchwert der Kreditforderung in den Büchern der Darlehens SPV GmbH durch die Holding SPV GmbH getilgt wird. Dann sind auch die notwendigen Mittel für Steuerzahlungen vorhanden.

Es ergibt sich folgende Struktur:

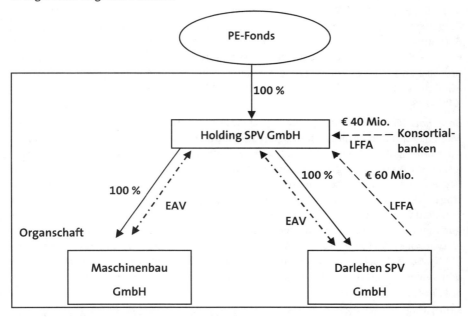

4. Steuerfreier Sanierungsgewinn

Die vorstehende Gestaltung wäre nicht erforderlich, wenn die Steuern auf einen entstehenden Gewinn nach § 163 AO – im Festsetzungsverfahren – bzw. § 227 AO – im Erhebungsverfahren – erlassen würden, weil es sich um einen Sanierungsgewinn handelt. Nach dem BMF-Schreiben vom 27. März 2003 (BStBl. I 2003, S. 240) ist dazu erforderlich, dass es sich um eine unternehmensbezogene Sanierung handelt, um ein Unternehmen vor dem finanziellen Zusammenbruch zu bewahren und wieder ertragsfähig zu machen. Dafür sind Voraussetzungen:

► die Sanierungsbedürftigkeit des Unternehmens,

► Sanierungsfähigkeit des Unternehmens,

► die Sanierungseignung des Schulderlasses und

► die Sanierungsabsicht der Gläubiger.

Nachdem sich vorliegend nur der Gesellschafter an Sanierungsmaßnahmen beteiligt, dürften diese in Anlehnung an § 3 Nr. 66 EStG a. F. gefassten Voraussetzungen, insbesondere einer Sanierungsabsicht der Gläubiger, nicht vorliegen (siehe hierzu *Geist*, BB 2008, S. 2658/2663).

Hinzu tritt, dass das FG München in seinem Urteil vom 12. Dezember 2007 (1 K 4487/06, EFG 2008, S. 615) das BMF-Schreiben vom 27. März 2003 (a. a. O.) nur in außergewöhnlichen Sachverhaltskonstellationen für anwendbar hielt, da eine allgemeine Befreiung von Sanierungsgewinnen dem in der Abschaffung des § 3 Nr. 66 EStG a. F. Ende 1997 im damaligen Gesetzgebungsverfahren zum Ausdruck gekommenen ausdrücklichen Willen des Gesetzgebers widerspreche (Revision anhängig VIII R 2/08; a. A. FG Köln vom 24. April 2008, 6 K 2488/06, EFG 2008, S. 1555, Revision anhängig X R 34/08).

Bauschatz (GmbHR 2008, S. 1204/1207) stellt zu Recht fest, dass der Verweis des FG München auf den entgegenstehenden ausdrücklichen Willen des Gesetzgebers bei der Abschaffung des § 3 Nr. 66 EStG a.f. nicht zutreffend ist. Die Wirkung des Sanierungserlasses, die Verrechnung von Verlusten zunächst in vollem Umfang ohne gesetzliche Begrenzungen zu erlauben und nur den – insbesondere nach Verbrauch der Verlustverträge – verbleibenden Sanierungsgewinn von der Steuer zu befreien, unterscheidet sich gerade dadurch von der Wirkung des § 3 Nr. 66 EStG a. F. Es droht keine doppelte Begünstigung des sanierten Unternehmens (durch zusätzliche Weiterführung der Verlustvorträge). Anders als vom FG München angeführt, werden die faktischen Folgen des § 3 Nr. 66 EStG a. F. daher nicht „unter dem Mantel der Billigkeitsentscheidung" durch den Sanierungserlass wieder in Kraft gesetzt (siehe auch *Gondert/Büttner*, DStR 2008, S. 1676 ff.).

Nun könnte man in der Praxis davon ausgehen, dass dort, wo die Finanzverwaltung nach dem Sanierungserlass eine Billigkeitsregelung gewährt, kein Kläger vorhanden und kein Richter benötigt wird. Es dürfte Gespräche mit der Finanzverwaltung über einen Sanierungserlass aber keinesfalls erleichtern, wenn man bei Bestätigung des Urteils des FG München de facto den Rechtsweg bei Auffassungsunterschieden nicht beschreiten kann. Auch erfasst der Sanierungserlass nicht die Gewerbesteuer, da diese von den Gemeinden zu erheben ist (BMF-Schreiben vom 27. März 2003, a. a. O., Tz. 15; *Eilers/Bühring*, DStR 2009, S. 137/139). Es muss daher ein Antrag bei jeder einzelnen Betriebsstätten-Gemeinde gestellt werden. Bei den Gemeinden ist die Verunsicherung durch das Urteil des FG München groß. Darüber hinaus besteht das Risiko, dass dieses Urteil kommunalpolitisch instrumentalisiert wird.

2. Debt-to-Equity-Swap und Sitzverlegung ins Ausland

Fall 14:

Im vorstehenden Fall 13 erfahren Hedgefonds, dass ein Schuldenrückkauf geplant ist. Sie bieten daraufhin den verkaufswilligen Banken 60 % des Nominalwerts des Darlehens und erhalten für € 60 Mio. den gesamten Konsortialkredit von € 100 Mio. Nachdem verschiedene Financial Covenants (insbesondere die leverage ratio von Verschuldung zu EBITDA) nicht eingehalten werden, drohen sie mit Kündigung der Kredite und fordern von dem Private Equity Fonds einen Debt-to-Equity-Swap.

Lösungshinweise:

Schrifttum: *Breuninger,* Aktuelles zur Gesellschafterfremdfinanzierung, JbFfStR 2006/2007, S. 425; *Eidenmüller/Engert,* Reformperspektiven einer Umwandlung von Fremd- in Eigenkapital (Debt-Equity-Swap) im Insolvenzverfahren, ZIP 2009, S. 541; *Eilers,* Der Debt Equity Swap – Eine Sanierungsmaßnahme für unternehmerische Krisensituationen, GWR 2009, S. 1; *Eilers/Rödding/Schmalenbach,* Unternehmensfinanzierung 2008; *Herzig,* Organschaft, 2003; *Kindler,* Grundzüge des neuen Kapitalgesellschaftsrechts, NJW 2008, S. 3249; *Meilicke,* Die Neuregelung der ertragsteuerlichen Organschaft über die Grenze, DB 2002, S. 911; *Meilicke/Pohl,* Die Forderungseinlage bei sanierungsbedürftigen Kapitalgesellschaften, FR 1995, S. 377; *K. Schmidt,* Gesellschaftsrecht, 4. Auflage 2003; *Schulte/Pohl,* Joint-Venture-Gesellschaften, 2. Auflage 2008; *Slager/van der Vliet,* Cahiers de droit fiscal international, Volume 91a, The tax consequences of restructuring of indebtedness (debt work out), Nationalbericht Niederlande, S. 441; *Staringer,* Besteuerung doppelt ansässiger Kapitalgesellschaften, 1999.

1. Vorbemerkung

Ein Debt-to-Equity-Swap kann nachhaltig zur Sanierung eines unter einer hohen Fremdverschuldung leidenden Unternehmens beitragen.

In der Krise muss aber, ggf. wegen der drei-wöchigen Insolvenzantragsfrist nach § 15a InsO, sehr schnell gehandelt werden. Jedoch kann ein Debt-to-Equity-Swap auch noch in einem Insolvenzplanverfahren erfolgen (s. *Eidenmüller/Engert,* ZIP 2009, S. 541 ff.).

2. Gesellschaftsrecht

Die gesellschaftsrechtliche Durchführung eines Debt-to-Equity-Swap ist kompliziert. Die Altgesellschafter haben zumindest in ihrer Gesamtheit eine Blockadeposition (auch noch im Insolvenzplanverfahren; zu Reformüberlegungen siehe *Eidenmüller/Engert,* a. a. O.). Dagegen gelten in den USA bei einer Chapter 11-Reorganisation die Alt-Gesellschafter als eigene Gläubiger-Gruppe, deren Zustimmung zu einem Debt-to-Equity-Swap, insbesondere bei Wertlosigkeit der Anteilseignerrechte, ersetzt werden kann (siehe näher *Westpfahl/Janjuah,* Beilage zu ZIP 3/2008, S. 1/14). Dafür spricht die Überlegung, dass bei einem sanierungsbedürftigen Unternehmen de facto nicht mehr die Altgesellschafter, sondern die Gläubiger wirtschaftliche Eigentümer sind.

K. Schmidt geht davon aus, dass Gesellschafter sich keinen Maßnahmen widersetzen dürfen, die zur Rettung der insolvenzgefährdeten Gesellschaft notwendig und für den Gesellschafter zumutbar sind (*K. Schmidt*, Gesellschaftsrecht 4. Auflage 2003, § 5 IV Abs. 5, S. 134). Es stellt sich aber die Frage, wer ggf. klagt und wie schnell derartige Zustimmungen prozessual erstritten werden können (*Redeker*, BB 2007, S. 673/675). Darüber hinaus besteht zumindest außerhalb eines Insolvenzplans keine Möglichkeit, nicht zustimmende Gläubiger in einen Debt-to-Equity-Swap einzubinden (siehe zu außergerichtlichen „Company Voluntary Arrangements" in Großbritannien mit 75 % Mehrheitserfordernis: *Evans*, International Financial Review, 1. März 2009; siehe auch zur Verbringung der insolvenzrechtlichen Central Point of Managements aus Deutschland JbFSt 2009/2010, 3. Generalthema, Fall VIII.).

Im Grundsatz gibt es drei Wege den Debt-to-Equity-Swap zu erreichen:

Zunächst erfolgt eine vereinfachte Kapitalherabsetzung (§§ 229 ff. AktG, bzw. § 58c GmbHG). Dadurch werden die Rechte der Altgesellschafter beschnitten. Da die vereinfachte Kapitalherabsetzung der Sanierung dienen soll, entfallen ein Gläubigeraufruf sowie der Anspruch der Gläubiger auf Befriedigung bzw. Sicherstellung. Ebenso bedarf es nicht der Einhaltung eines Sperrjahres. Soweit die Satzung keine abweichende Regelung enthält, bedarf es zur Kapitalherabsetzung einer 75 %-igen Mehrheit (vgl. näher *Redeker*, BB 2008, S. 673/674). Damit verbunden ist eine Sachkapitalerhöhung durch Einbringung der Forderung (§ 27, §§ 183 ff. AktG, bzw. § 5 Abs. 4, § 56 GmbHG), die ebenfalls im Grundsatz einer 75 %-igen Mehrheit bedarf. Der zusätzlich erforderliche Bezugsrechtsausschluss der Altaktionäre ist i.d.R. zulässig, soweit die notwendigen Mittel nicht durch Barerhöhung ohne Bezugsrechtsausschluss beschafft werden können (*Redeker*, BB 2007, S. 673/675). Dabei ist die Forderung aber nur dann mit ihrem Nennwert zu bewerten, wenn sie in vollem Umfang werthaltig ist. Ist ihr tatsächlicher Wert geringer, droht eine Nachschusspflicht bzw. eine Differenzhaftung.

Zur Vermeidung dieser Risiken und zur Beschleunigung bietet es sich an, dass die Altgesellschafter Anteile an der sanierungsbedürftigen Gesellschaft veräußern und als Gegenleistung einen (teilweisen) Verzicht auf die Forderungen erklären (siehe *Eilers*, GWR 2009, S. 1). Auch dazu müsste die Gläubigerin den Altgesellschaftern aber eine attraktive verbleibende Beteiligung an dem Unternehmen anbieten.

Eine andere Möglichkeit, um Bewertungsrisiken bei der Sachkapitalerhöhung zu vermeiden, ist eine Umwandlung der Forderungsrechte in Mezzanine-Eigenkapital, z. B. Genussrechte, die als Quasi-Eigenkapital ausgestaltet sind und damit nicht als Verbindlichkeit zu passivieren sind (siehe näher *Aleth*, in: Eilers/Rödding/Schmalenbach, Unternehmensfinanzierung, H 60). Maßgeblich dafür ist in der Praxis die HFA-Stellungnahme 1 I-1994 des IDW zur bilanziellen Behandlung von Genussrechten im Jahresabschluss von Kapitalgesellschaften, wonach Eigenkapital bei Erfüllung folgender Kriterien vorliegt:

► Nachrangigkeit des Genusskapitals,

► Erfolgsabhängigkeit der Vergütung,

► Verlustbeteiligung der Kapitalüberlassung und

► Längerfristigkeit der Kapitalüberlassung

(siehe näher *Breuninger*, JbFfStR 2006/2007, S. 425/428 f. auch zu IAS/IFRS).

Allerdings dürften bloße schuldrechtliche Abreden im vorliegenden Fall dem Gläubiger nicht ausreichen, da sämtliche Gesellschafterrechte weiterhin von den bisherigen Gesellschaftern wahrgenommen würden.

Bei börsennotierten Gesellschaften kann durch den Debt-to-Equity-Swap auch ein Pflichtangebot nach § 35 Abs. 1 WpÜG erforderlich werden. Allerdings kann nach § 37 Abs. 1 WpÜG eine Befreiung erfolgen. Auch das Kartellrecht ist zu beachten (siehe *Eilers*, GWR 2009, S. 1/2).

3. Steuerrecht

Der Forderungsverzicht des Gesellschafters führt nach der Rechtsprechung des Großen Senats des BFH vom 9. Juni 1997 (GrS 1/1994, BStBl. II 1998, S. 307; a. A. z. B. *Meilicke/Pohl*, FR 1995, S. 877 ff.) zur Einlage der Forderung in die Gesellschaft mit dem Teilwert und dementsprechend zu einer Gewinnerhöhung in Höhe der Differenz zwischen Teilwert der Forderung und dem Buchwert der bisher mit dem Nennwert bilanzierten, korrespondierenden Verbindlichkeit der Kapitalgesellschaft.

Eine abweichende Steuerfestsetzung nach § 163 AO im Billigkeitswege ist im Fall eines Sanierungsgewinns (vor allem auch in Bezug auf die Gewerbesteuer) – wie bereits im **Fall 13** dargestellt – nur schwer zu erreichen. Dabei ist im vorliegenden Fall die Verrechnung der Verlustvorträge mit einem entstehenden Gewinn nicht nur durch die Mindestbesteuerung begrenzt (§ 8 Abs. 1 KStG, § 10d Abs. 2 EStG, § 10a GewStG). Vielmehr geht nach § 8c KStG, § 10a GewStG der Verlustabzug im Grundsatz

► *quotal unter* bei Anteils- oder Stimmrechtsübertragung von mehr als 25 % bis zu 50 % und

► *vollständig unter* bei der Übertragung von mehr als 50 % der Anteile oder Stimmrechte.

Mit dem Gesetz zur verbesserten steuerlichen Berücksichtigung von Vorsorgeaufwendungen (Bürgerentlastungsgesetz Krankenversicherung) vom 16. Juli 2009 (BGBl. I 2009, S. 1959) wurde folgende Sanierungsklausel aufgenommen:

1. *Nach § 8c Absatz 1 wird folgender Absatz 1a eingefügt:*

    „(1a) Für die Anwendung des Absatzes 1 ist ein Beteiligungserwerb zum Zweck der Sanierung des Geschäftsbetriebs der Körperschaft unbeachtlich. Sanierung ist eine Maßnahme, die darauf gerichtet ist, die Zahlungsunfähigkeit oder Überschuldung zu verhindern oder zu beseitigen und zugleich die wesentlichen Betriebsstrukturen zu erhalten. Die Erhaltung der wesentlichen Betriebsstrukturen setzt voraus, dass

    a) *die Körperschaft eine geschlossene Betriebsvereinbarung mit einer Arbeitsplatzregelung befolgt oder*

    b) *die Summe der maßgebenden jährlichen Lohnsummen der Körperschaft innerhalb von fünf Jahren nach dem Beteiligungserwerb 400 Prozent der Ausgangslohnsumme nicht unterschreitet. § 13a Absatz 1 Satz 3 und 4 und Absatz 4 des Erbschaftsteuergesetzes gelten sinngemäß oder*

    c) *der Körperschaft durch Einlagen wesentliches Betriebsvermögen zugeführt wird. Eine wesentliche Betriebsvermögenszuführung liegt vor, wenn der Körperschaft innerhalb von zwölf Monaten nach dem Beteiligungserwerb neues Betriebsvermögen zugeführt wird, das mindestens 25 Prozent des in der Steuerbilanz zum Schluss des vorangehenden Wirtschaftsjahrs enthaltenen Aktivvermögens entspricht. Wird nur ein Anteil an der Körperschaft erworben, ist nur der entsprechende Anteil des Aktivvermögens zuzuführen. Der Erlass von Verbindlichkeiten durch den Erwerber oder eine diesem nahe stehende Person steht der Zuführung neuen Betriebsvermögens gleich, soweit die Verbindlichkeiten werthaltig sind. Leistungen der Kapitalgesellschaft, die zwischen dem 1. Januar 2009 und dem 31. Dezember 2011 erfolgen, mindern den Wert des zugeführten Betriebsvermögens. Wird dadurch die erforderliche Zuführung nicht mehr erreicht, ist Satz 1 nicht mehr anzuwenden.*

    Keine Sanierung liegt vor, wenn die Körperschaft ihren Geschäftsbetrieb im Zeitpunkt des Beteiligungserwerbs im Wesentlichen eingestellt hat oder nach dem Beteiligungserwerb ein Branchenwechsel innerhalb eines Zeitraums von fünf Jahren erfolgt.“

2. *Nach § 34 Absatz 7b wird folgender Absatz 7c eingefügt:*

    „(7c) § 8c Absatz 1a in der Fassung des Artikels 7 des Gesetzes vom 16. Jul 2009 (BGBl I, S. 1959) findet erstmals für den Veranlagungszeitraum 2008 und auf Anteilsübertragungen nach dem 31. Dezember 2007 und vor dem 1. Januar

2010 Anwendung. Erfüllt ein in dieser Zeit erfolgter Beteiligungserwerb die Voraussetzungen des § 8c Absatz 1a, bleibt er bei Anwendung des § 8c Absatz 1 Satz 1 und 2 unberücksichtigt."

Durch das Wachstumsbeschleunigungsgesetz wurde die zeitliche Begrenzung bis Ende 2009 aufgehoben. Des Weiteren ist zur Vermeidung von missbräuchlichen *„Leg-ein-holzurück-Gestaltungen"* der zeitliche Anwendungsbereich der Missbrauchsklausel (1. Juni 2009 bis 31. Dezember 2011) allgemein auf alle Leistungen innerhalb von drei Jahren nach der Zuführung neuen Betriebsvermögens ausgedehnt (siehe *Sistermann/Brinkmann*, DStR 2009, S. 2633/2637), die auch darauf hinweisen, dass der zulässige Erwerbszeitpunkt angesichts der Anknüpfung an die drohende Zahlungsunfähigkeit bzw. Überschuldung in der Praxis kaum sicher bestimmt werden kann).

Die weiteren Änderungen durch das Wachstumsbeschleunigungsgesetz für schädliche Beteiligungserwerbe nach dem 31. Dezember 2009 werden noch in einem gesonderten Fall behandelt.

Der § 8c KStG ist demnach auch im Fall des Debt-to-Equity-Swap anwendbar. Denn nach § 8c Abs. 1 KStG sind die *bis zum* schädlichen Beteiligungserwerb nicht genutzten Verluste nicht mehr abziehbar. Der Gewinn aus dem Forderungsverzicht entsteht aber frühestens durch eine Sacheinlage *im* Zeitpunkt des Beteiligungserwerbs. Nach dem Einführungsschreiben zu § 8c KStG (BMF-Schreiben vom 4. Juli 2008, BStBl. I 2008, S. 736, Tz. 7) kann ein dem schädlichen Beteiligungserwerb vergleichbarer Sachverhalt insbesondere auch der Erwerb von Genussscheinen im Sinne von § 8 Abs. 3 Satz 2 KStG sein (siehe oben 2.3.3), so dass durch diese Maßnahme zwar gesellschaftsrechtliche Risiken, aber nicht die Anwendung des § 8c KStG vermieden werden kann. Es ist allerdings der Ausgang des Prüfverfahrens durch die Europäische Kommission abzuwarten (s. dazu BMF v. 30. 4. 2010, DStR, 928)

Es könnte aber die Möglichkeit geben, den Forderungsverzicht in der gesellschaftsrechtlichen Variante noch vor der Anteilsübertragung durch die Altgesellschafter an die Gläubiger zu erklären. So könnte den Gläubigern nur ein Optionsrecht (call option) im Zeitpunkt des Darlehensverzichts eingeräumt werden. Soweit keine weiteren schuldrechtlichen Abreden vorliegen, dürfte dann weder das für den schädlichen Beteiligungserwerb im Sinne von § 8c KStG nach Verwaltungsauffassung maßgebende wirtschaftliche Eigentum übergegangen sein noch ein dem schädlichen Beteiligungserwerb vergleichbarer Sachverhalt im Sinne von § 8c Satz 1 KStG vorliegen (siehe dazu, dass das wirtschaftliche Eigentum maßgebend ist, BMF-Schreiben vom 4. Juli 2008, a. a. O, Tz. 6; zu wirtschaftlichem Eigentum bei Optionsrechten siehe BFH vom 11. Juli 2006, VIII R 32/04, BStBl. II 2007, S. 296; *Pohl*, in: Schulte/Pohl, Joint-Venture-Gesellschaften, Rn. 817 ff.). Jedoch ergibt sich dann ein weiterer, leicht zu übersehender Fallstrick. Nach Tz. 32 Satz 2 des BMF-Schreiben vom 4. Juli 2008, a. a. O., kann auch ein bis zum schädlichen Beteiligungserwerb erzielter Gewinn des laufenden Wirtschaftsjahres nicht mit noch nicht genutzten Verlusten verrechnet werden. Gegen die Verwaltungsauffassung spricht zwar das Abstellen des § 8c KStG auf den Zeitpunkt der Übertragung (siehe *Suchanek*, in: Herrmann/Heuer/Raupach, § 8c KStG, Anm. J. 07-18), auch wenn der Steueranspruch erst am Ende des Veranlagungszeitraums entsteht. In der Praxis sollte aber ein Bilanzstichtag zwischen Forderungsverzicht und schädlicher Anteils- übertragung liegen. Soweit eine Umstellung des Wirtschaftsjahres auf einen vom Ka- lenderjahr abweichenden Zeitraum erforderlich wird, ist dazu die Zustimmung des Finanzamts erforderlich, § 8b Satz 2 Nr. 2 Satz 2 EStDV.

Eine elegante Variante könnte es sein, den effektiven Verwaltungssitz und damit auch den steuerlichen Ort der Geschäftsleitung (§ 10 AO) der Gesellschaft (hier Holding SPV GmbH) in die Niederlande zu verlegen. Dies müsste nach Aufhebung des § 4a Abs. 2 GmbHG durch das MoMiG (anders als die Verlegung des Satzungssitzes) möglich ge- worden sein, ohne dass ein Amtslöschungsverfahren nach § 144a FGG eingeleitet wer- den könnte (a.A. aber *Kindler*, NJW 2008, S. 3251). Das neue Urteil des EuGH in der Rs. *Cartesio*, C-210/06 vom 16. Dezember 2008 erfordert dagegen nur die Möglichkeit des Formwechsels in eine niederländische Gesellschaft.

Nach Wegzug liegt nach Art. 3 Abs. 5, Art. 5 Abs. 1 DBA Niederlande das Besteuerungs- recht für die Gewinne der Holding SPV GmbH bei den Niederlanden. Nach § 12 Abs. 1 KStG gilt dies bei der Holding SPV GmbH zwar als Veräußerung der Wirtschaftsgüter aufgrund einer Entstrickung, jedoch ist der Veräußerungsgewinn aus der Beteiligung an der Maschinenbau GmbH nach § 8b Abs. 2, 3 KStG im Ergebnis zu 95 % steuerfrei, angenommen § 8b Abs. 7 KStG greift für die Holding nicht ein, da kein kurzfristiger Eigenhandelserfolg bei Erwerb angestrebt wird, siehe BFH vom 14. Januar 2009, I R 36/08, BFH/NV 2009, S. 852).

Der Debt-to-Equity-Swap würde dann anschließend unter niederländischer Besteue- rungshoheit bei der Holding SPV GmbH erfolgen. Nach niederländischem Steuerrecht wird eine Forderung aber nicht mit ihrem Marktwert, sondern ihrem Nennwert einge- legt, so dass kein Gewinn entsteht (siehe *Slager/van der Vliet*, Cahiers de droit fiscal international, Volume 91a, The tax consequences of restructuring of indebtedness (debt work out), Nationalbericht Niederlande, S. 441/446). Dafür spricht, dass dies der tatsächliche Wert der Forderung aus Sicht der damit belasteten Gesellschaft ist (siehe auch *Meilicke/Pohl*, FR 1995, S. 877 ff.).

Jedoch würde dadurch die Organschaft zwischen der Holding SPV GmbH und der Ma- schinenbau GmbH beendet, da nach § 14 Satz 1 Nr. 2 Satz 1 KStG der Organträger nicht nur unbeschränkt steuerpflichtig (Satzungssitz in Deutschland) sein muss, sondern der Ort der Geschäftsleitung nach § 10 AO auch im Inland liegen muss. Ein Fall von § 18 KStG (beschränkt steuerpflichtiger ausländischer Organträger mit inländischer Zweigniederlassung) liegt nicht vor. Die Aufrechterhaltung der Organschaft mag aber nicht erforderlich sein, wenn auf der Ebene der Holding zukünftig kein Zinsaufwand anfällt. Ansonsten könnte die Holding auch nach einer Schonfrist wieder zurückziehen. Das Erfordernis einer inländischen Geschäftsleitung des Organträgers im Inland dürfte EG-rechtswidrig sein (siehe *Meilicke*, DB 2002, S. 911). Der Gesetzgeber vermeidet damit aber die ungeklärte Frage, wem nach den DBA-Verteilungsnormen das Besteuerungsrecht zustünde (dem Sitzstaat des Organträgers aufgrund einer fiktiven, durch die Organgesellschaft zuzurechnenden Betriebsstätte) oder dem Ausland (*Staringer*, S. 359 f. hält im Ergebnis keine Verteilungsnorm für einschlägig, auch nicht die Auffangnorm nach Art. 21 DBA entsprechend OECD-MA).

3. Gewerbesteuer und Internationales Steuerrecht

Fall 15:

Die D-GmbH hält eine 15 %-ige Beteiligung an einer Schweizer AG (SUI AG). Die AG ist ihrerseits zu 50 % an einer deutschen Joint Venture KG (JV KG) beteiligt. In 2008 schüttet die SUI AG eine Dividende von € 5 Mio. aus, die im Wesentlichen aus dem Gewinnanteil an der JV KG resultiert. Die D-GmbH erzielt einschließlich der Dividende einen Gewinn in Höhe von € 3 Mio.

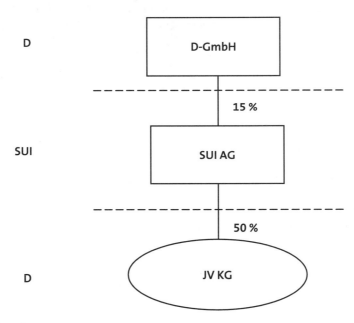

Lösungshinweise:

Schrifttum: *Gosch*, in: Blümich, § 9 GewStG; *Heurung/Seidel*, GmbHR 2009, S. 1084 ff.; *Heurung/Seidel, IWB, Fach 3, Deutschland, Gr. 5, S. 75 ff.; Hofmeister*, in: Blümich, § 8 GewStG; *Kessler/Knörzer*, IStR 2008, S. 121 ff.; *Sarrazin*, in: Lenksi/Steinberg, § 9, Nr. 2 a, GewStG, Rn. 17; *Schmidt/Boller*, Praxis Internationale Steuerberatung 10/2008, S. 270/276 f.; *Watermeyer*, GmbH-StB 2002, S 200.

I. Vorbemerkung

1. Durch die Absenkung des Körperschaftsteuersatzes auf 15 % im Rahmen der Unternehmenssteuerreform 2008 ist die relative Bedeutung der Gewerbesteuer weiter

Hier zeigen sich die Schwächen der Regelung, die nicht für alle inländischen Einkünfte der ausländischen Kapitalgesellschaft die Kürzung gewährt. So führt bspw. nach § 8 Abs. 1 Nr. 6 b) AStG die Vermietung von inländischem Grundbesitz nicht zu aktiven Einkünften.

6. Selbst wenn eine Kürzung nach § 9 Nr. 2a oder Nr. 7 GewStG nicht greift, kann die Dividende aber noch wegen des DBA-Schachtelprivilegs entweder bereits nicht im Gewerbeertrag enthalten oder ansonsten nach § 9 Nr. 8 GewStG zu kürzen sein. Dabei senkt § 9 Nr. 8 GewStG die Beteiligungsquote unilateral auf 15 % ab, soweit im DBA eine höhere Quote vorgesehen ist und deshalb die Schachteldividende noch im Gewerbeertrag enthalten ist. Allerdings sieht Art. 24 Abs. 1 b) DBA Schweiz nicht nur eine Mindestbeteiligung von 20 % vor, sondern erfordert, dass die in der Schweiz ansässige Gesellschaft ihre Bruttoerträge ausschließlich oder fast ausschließlich aus unter § 8 Abs. 1 Nr. 1 bis 6 AStG (in der am 1. Januar 1990 geltenden Fassung) fallende Tätigkeiten bezieht oder es sich um eine Landes- bzw. Funktionsholding im Sinne des § 8 Abs. 2 AStG (in der am 1. Januar 1990 geltenden Fassung) handelt. Die Regelung bietet insoweit keine Verbesserung zu § 9 Nr. 7 GewStG, wenn passive Einkünfte erzielt werden.

7. Die Regelung in Art. 15 Abs. 1 des EU-Zinsbesteuerungsabkommens mit der Schweiz bezieht sich nur auf die Besteuerung im Quellenstaat. Sie steht einer Hinzurechnung bei der Gewerbesteuer nicht entgegen.

8. Es verbleiben für die Gewerbesteuerpflicht die beiden folgenden wesentlichen Fallgruppen; nach *Watermeyer*, a. a. O., S. 203:

Fallgruppen der GewSt-Pflicht nach § 8 Nr. 5 GewStG für **ausländische** Beteiligungen	
Die Beteiligung besteht nicht zu Beginn des Erhebungszeitraums und/oder nicht ununterbrochen zu mindestens 10 % (ab 2008: 15 %) und ein DBA-Schachtelprivileg greift nicht ein.	Bei der ausländischen Tochtergesellschaft handelt es sich um eine Nicht-EU-Gesellschaft ohne aktive Einkünfte (§ 8 Abs. 1 Nr. 1-6 AStG) o. ohne aktive Enkelgesellschaft o. ohne Eigenschaft einer Landes- oder Funktionsholding und ein DBA-Schachtelprivileg greift nicht ein.

III.   Anrechnung ausländischer Steuer auf die Gewerbesteuer?

9.   Die Schweizer Verrechnungssteuer wird nach Art. 10 Abs. 2 c) DBA-Schweiz von
     35 % auf 15 % abgesenkt (Annahme: keine geringere Verrechnungssteuer nach
     EU-Zinsbesteuerungsabkommen, Art. 10 Abs. 3 DBA Schweiz oder unilateraler Re-
     gelung in der Schweiz). Im Ausgangsfall dürfte keine Körperschaftsteuer, sondern
     nur Gewerbesteuer anfallen. Zwar gilt das DBA mit der Schweiz nach Art. 2 Abs. 3
     Nr. 1 e auch für die Gewerbesteuer. Eine Anrechnung von Schweizer Steuern auf
     die Gewerbesteuer ist aber ausdrücklich ausgeschlossen, Art. 24 Abs. 1 Nr. 2 DBA-
     Schweiz.

10. Insgesamt ist die Regelung zur Anrechnung auf die Gewerbesteuer unübersicht-
     lich:

     ▶ Ohne DBA ist die Anrechnung ausländischer Steuern ausgeschlossen.

     ▶ Aus Protokoll 10 Buchst. e) zu Art. 22 DBA Australien ergibt sich, dass eine An-
       rechnung möglich ist.

     ▶ In Art. 24 Nr. 2 DBA Schweiz ist die Anrechnung ausdrücklich ausgeschlossen.

     ▶ In vielen DBA sieht der Methodenartikel vor, dass die Anrechnung *„im Rahmen
       der jeweils geltenden deutschen Rechtsvorschriften über die Anrechnung aus-
       ländischer Steuern"* oder *„entsprechend den Vorschriften des deutschen Steuer-
       rechts über die Anrechnung"* erfolgt. Es ist umstritten, ob in diesen Fällen eine
       Anrechnung erfolgen kann (a. A. *Heurung/Seidel, IWB, Fach 3, Deutschland,
       Gr. 5, S. 75 ff.;* dafür *Schmidt/Boller,* PIS 2008, S. 270/276 f.).

     ▶ Jedenfalls soweit ein DBA allgemein die Anrechnung vorsieht, und nicht auf
       die deutschen Rechtsvorschriften verweist, muss auch die Anrechnung auf die
       Gewerbesteuer möglich sein (*Heurung/Seidel,* a. a. O.). Beispielsweise betrifft
       diese die DBA mit Belgien, Griechenland, Iran, Irland, Israel, Luxemburg, Nie-
       derlande und Spanien.

IV. Aktuelle Entwicklungen nach dem Wachstumsbeschleunigungsgesetz

Von Dr. Dirk Pohl, Rechtsanwalt/Steuerberater, München

1. Änderungen bei der Zinsschranke

Fall 16:

Die Cosmetics Ltd. (Irland, Steuersatz 12,5 %) ist über eine Zwischenholding in Luxemburg an der inländischen Natural GmbH zu 100 % beteiligt. Die Natural GmbH hatte in den Jahren 2007 bis 2009 einen Nettozinsaufwand von jeweils € 1,9 Mio. (Abw. € 4 Mio.) und ein EBITDA von € 20 Mio.

Ende 2009 gründet die Cosmetics-Ltd. eine deutsche Holding-GmbH, in die sie die Beteiligung an der Natural GmbH zum 1. Januar 2010, 0.00 Uhr verkauft. Anschließend soll die Holding GmbH mit der Natural GmbH einen Ergebnisabführungsvertrag schließen. Die Cosmetics GmbH möchte wissen, mit wie viel Eigenkapital sie die Holding GmbH ausstatten soll und wie hoch der Fremdkapitalanteil sein kann. Dabei sollen im Wesentlichen Gesellschafterdarlehen an die Holding GmbH gegeben werden. Die Holding soll dann mit der Natural GmbH eine Organschaft begründen.

Der Planung soll zu Grunde gelegt werden, dass die Ergebnisse für 2009 auch in Zukunft erzielt werden können, aber ein Escape aus der Zinsschranke nicht gelingen wird.

Lösungshinweise:

**I. Rückblick: Rechtsentwicklung des § 8a KStG a. F. –
Gesellschafter Fremdfinanzierung**

1. BFH-Urteil vom 5. Februar 1992

Der Leitsatz Nr. 4 des BFH-Urteils vom 5. Februar 1992, I R 127/90, BStBl. II 1992, S. 532 lautete:

> „Eine steuerliche Gleichbehandlung von eigenkapitalersetzenden Darlehen mit Eigenkapital kann derzeit nicht erreicht werden, auch nicht mit Hilfe des § 42 AO 1977. Soweit das BMF-Schreiben vom 16. März 1987 IV B 7-S 2742-3187 (BStBl. I 1987, S. 373) von einer anderen Rechtsgrundlage ausgeht, fehlt ihm die Rechtsgrundlage."

Ausgangspunkt des Urteils war die Freiheit des Gesellschafters, seine Gesellschaft entweder mit Eigen- oder Fremdkapital zu finanzieren.

Dies ermöglicht die Ausnutzung von Steuerarbitragen. Die Fremdfinanzierung einer inländischen Tochterkapitalgesellschaft kann für Steuerausländer günstiger sein, als eine Eigenkapitalausstattung. Denn die Zinsen mindern den Gewinn, so dass die Steuerbelastung der Tochterkapitalgesellschaft niedriger ausfällt. Die steuerliche Vorteilhaftigkeit hängt dabei letztendlich davon ab, wie die Zinsen bzw. Dividenden bei dem Gesellschafter im Ausland zu besteuern sind.

2. Einführung von § 8a KStG ab Veranlagungszeitraum 1994

Mit Wirkung ab dem Veranlagungszeitraum 1994 wurde die Gesellschafterfremdfinanzierung inländischer Kapitalgesellschaften durch nichtanrechnungsberechtigte Anteilseigner oder diesen gleichgestellte Personen durch Einführung eines § 8a KStG begrenzt.

Seit dem Veranlagungszeitraum 2001 knüpfte die Vorschrift in Folge der Unternehmenssteuerreform nicht mehr an die Anrechnungsberechtigung des Gesellschafters an, sondern daran, ob *„die Vergütung beim Anteilseigner im Inland im Rahmen einer Veranlagung erfasst wird"*. Dabei wurde die Regelung durch Reduzierung der safe haven-Relationen deutlich verschärft.

3. EuGH-Urteil Lankhorst/Hohorst vom 12. Dezember 2002

Der EuGH stellte in dem Urteil *Lankhorst/Hohorst* vom 12. Dezember 2002 (Rs. C-324/00, Slg. 2002, I S. I-11775) fest, dass es sich bei § 8a KStG um eine Beschränkung der Niederlassungsfreiheit (Art. 43 EG) handelte, da eine vom Sitz der Muttergesellschaft abhängige unterschiedliche steuerliche Behandlung der Gesellschafter-Fremdfinanzierung erfolgte. Denn bei inländischer Muttergesellschaft gab es bis dato keine Einschränkung der Fremdfinanzierung.

4. Gesellschafter-Fremdfinanzierung

Durch das Gesetz zur Umsetzung der Protokollerklärung der Bundesregierung zur Vermittlungsempfehlung zum Steuervergünstigungsabbaugesetz vom 22. Dezember 2003 (BStBl. I, S. 2840 – sog. „Korb II" – Gesetz) wurde § 8a KStG auch auf Darlehen zwischen Kapitalgesellschaften und ihren inländischen Anteilseignern ausgedehnt. Diese Ausdehnung der Diskriminierung auf den Inlandsfall erwies sich auf Dauer nicht als tragfähig.

II. Unternehmenssteuerreform 2008 – Zinsschranke

Die Zinsschranke gilt für alle Wirtschaftsjahre, die nach dem 25. Mai 2007 beginnen und nicht vor dem 1. Januar 2008 enden. Sie betrifft anders als § 8a KStG a. F. nach § 8a KStG n. F. i. V. m. § 4h EStG n.F. alle Zinsaufwendungen und nicht nur die Gesellschafter-Fremdfinanzierung. Das Wachstumsbeschleunigungsgesetz (vom 22. Dezember 2009, S. 3950) hat zu drei Änderungen an der Regelungen der Zinschranke geführt:

► Erhöhung der Freigrenze ab 2010 von € 1 Mio. auf € 3 Mio.,

▶ Erhöhung des Toleranzrahmens von 1 % auf 2 % beim EK Vergleich der Konzernescape-Klausel,

▶ Einführung eines auf 5 Jahre begrenzten EBITDA-Vortrages.

(Für einen ersten Überblick siehe *Rödding*, DStR 2009, S. 2649; *Scheunemann/Dennisen/Behrens*, BB 2010, S. 23).

1. Grundstruktur der Zinsschranke

Blumenberg/Lechner, in: Blumenberg/Benz, Die Unternehmensteuerreform 2008, S. 111, fassen das (hier im Hinblick auf die zwischenzeitliche Gesetzesänderung fortgeschriebene) Prüfungsschema wie folgt zusammen:

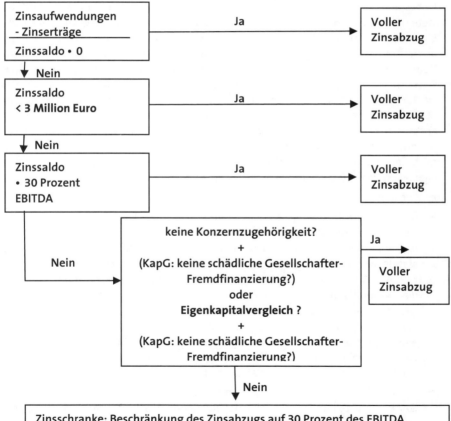

a) Durch das Bürgerentlastungsgesetz Krankenversicherung vom 16. Juli 2009 (BGBl. I 2009, S. 1959) wurde die Freigrenze zunächst nur rückwirkend für 2008 und 2009 von € 1 Mio. auf € 3 Mio. angehoben. Durch das Wachstumsbeschleunigungsgesetz vom 22. Dezember 2009 ((BGBl. I 2009, S. 3950) wurde die Freigrenze auch ab 2010 von € 1 Mio. auf 3 Mio. erhöht. Soweit die Freigrenze von € 3 Mio. erreicht ist, unterliegt der gesamte Zinsaufwand der Zinsschranke.

b) Das gilt nicht bei fehlender Konzernzugehörigkeit des Betriebes. Eine Konzernzugehörigkeit ergibt sich entweder aus der nicht erfolgenden Konsolidierung in einer Konzernbilanz oder einer einheitlichen Finanz- und Geschäftspolitik, § 4h Abs. 3 Sätze 5 und 6 EStG.

c) Ein Abzug des Zinssaldos, soweit er 30 % des steuerlichen EBITDA übersteigt (dabei insbesondere keine Berücksichtigung von Dividenden, soweit nach § 8b KStG steuerbefreit), ist bei einer Konzernzugehörigkeit bisher nur möglich, sofern die Eigenkapitalquote des inländischen Betriebes diejenige des Konzerns um max. 1 % überschreitet. Hier zeigt sich der Grundgedanke der Zinsschranke, dass in Deutschland nicht auf Grund höherer Steuersätze eine übermäßige Fremdfinanzierung im Vergleich zum Gesamtkonzern erfolgt. Der Toleranzrahmen ist durch das Wachstumsbeschleunigungsgesetz ab dem Veranlagungszeitraum 2010 (§ 52 Abs. 12d Satz 4 EStG) auf lediglich 2 % angehoben worden. Das ist enttäuschend wenig, da die Escape Klausel in der Praxis äußerst schwierig zu handhaben ist. Der Ankündigung im Koalitionsvertrag, die Klausel praktikabler zu gestalten, wird das nicht gerecht. Es ist für die Eigenkapitalquote das Verhältnis des Eigenkapitals zur Bilanzsumme maßgeblich. Abgestellt wird dabei

   ▶ vorrangig auf den IFRS-Abschluss,

   ▶ nachrangig auf Abschlüsse nach Handelsrecht eines EU-Mitgliedsstaats, wenn kein Konzernabschluss nach den IFRS zu erstellen und offenzulegen ist und auch für keines der letzten fünf Wirtschaftsjahre ein Konzernabschluss nach den IFRS erstellt wurde – dazu gehört auch der HGB-Abschluss; nach dem Wortlaut des § 4h Abs. 3 Satz 5 EStG *„Betrieb gehört zu einem Konzern, wenn er nach dem für die Anwendung des Absatzes 2 Satz 1 Buchst. c zugrunde gelegten Rechnungslegungsstandard mit einem oder mehreren anderen Betrieben konsolidiert wird oder werden könnte"* müssten, falls er nicht tatsächlich einbezogen ist, die Konzernabschlussregeln jedes EU-Mitgliedstaates geprüft werden siehe dagegen *Blumenberg/Lechner*, in Blumenberg/Benz, Die Unternehmensteuerreform 2008, S. 135 f.,

   ▶ auf Abschlüsse nach US-GAAP. Voraussetzung dafür ist aber, dass nach US-GAAP aufzustellende und auch offenzulegende Abschlüsse vorliegen und kein

Konzernabschluss nach den IFRS oder dem Handelsrecht eines Mitgliedsstaats der Europäischen Union zu erstellen und offenzulegen ist,

► andere Rechnungslegungsstandards als IFRS oder HGB können nur dann verwandt werden, wenn der Konzernabschluss die Voraussetzung erfüllt, unter denen ein Abschluss nach den §§ 291 und 292 HGB befreiende Wirkung hätte. Hierzu gehört auch, dass der Konzernabschluss in deutscher Sprache offengelegt und durch einen Abschlussprüfer (siehe zur Qualifikation im Hinblick auf die Gleichwertigkeit, § 292 Abs. 2 und 3 HGB) geprüft wird.

Dabei müssen der Konzernabschluss und der Einzelabschluss nach einheitlichen Rechnungslegungsstandards erstellt werden. Eventuelle Überleitungsrechnungen sind einer *„prüferischen Durchsicht"* zu unterziehen. Maßgeblich ist die Eigenkapitalquote des Betriebs am Schluss des vorangegangenen Wirtschaftsjahres. § 4h Abs. 2 c Sätze 5 und 6 EStG enthalten dabei verschiedene Korrekturen, auf die hier im Einzelnen nicht eingegangen werden kann, insbesondere ist auch darauf hinzuweisen, dass das Eigenkapital des Betriebs um Anteile an anderen Konzerngesellschaften gekürzt wird, um Kaskadeneffekte zu verhindern (siehe zum Vorschlag einer Antragsgemeinschaft im Konzern anstelle der Kürzung die FDP Fraktion in der letzten Legislaturperiode, BT-Drs. 16/12525, S. 2; *Rödding*, DStR 2009, S. 2649/2652).

d) Soweit die Escape-Klausel nach b) bzw. c) greift, gibt es wieder eine Gegenausnahme im Falle einer schädlichen Gesellschafter-Fremdfinanzierung nach § 8a KStG n. F., wenn eine schädliche Gesellschafter-Fremdfinanzierung vorliegt. D. h., es dürfen nicht mehr als 10 % des Nettozinsaufwands aus Darlehensfinanzierungen durch wesentliche Anteilseigner, nahestehende Personen oder Dritte mit Rückgriffsmöglichkeiten auf den wesentlichen Anteilseigner oder einer nahestehenden Person resultieren. Dabei sind aber konzerninterne Finanzierungen unschädlich. Die entsprechende Gesellschafter-Fremdfinanzierung muss von außerhalb des Konzerns kommen. Zu beachten ist dabei, dass bereits eine solche schädliche Gesellschafter-Fremdfinanzierung von außen an eine Konzerngesellschaft den gesamten Konzern infiziert.

e) Der nicht abzugsfähige Nettozinsaufwand wird in Folgejahre vorgetragen, § 4h Abs. 4 EStG. Der Zinsvortrag geht nach dem entsprechend anwendbaren § 8c KStG für einen Verlustvortrag durch unmittelbare oder mittelbare Anteilsübertragungen anteilig (> 25 % - 50 %) oder ganz (> 50 %) bei Übertragung an einen Erwerber oder diesem nahe stehende Personen unter. Zur neuen Verschonungsklausel des § 8c Abs. 1 Sätze 6 bis 8 KStG durch das Wachstumsbeschleunigungsgesetz und die dadurch eingeführte Verrechnungsreihenfolge zwischen Verlustvortrag und

Zinsvortrag nach dem 31. Dezember 2009 siehe *Scheunemann/Dennisen/Behrens*, BB 2010, S. 23/29).

2. Der neue verrechenbare EBITDA-Vortrag

Die Zinsschranke wirkt in der Krise verschärfend. Der durch das Wachstumsbeschleunigungsgesetz eingeführte zusätzliche Vortrag des nicht ausgenutzten verrechenbaren EBITDA-Vortrags der Vorjahre mag in Zeiten der Finanzkrise gut gemeint sein. Er verkompliziert die Regelung aber weiter. Er wird wohl allenfalls für Wachstum bei Steuerberatern sorgen. Besser wäre eine Vereinfachung der Escape-Regelung gewesen.

a) Grundstruktur

Für Wirtschaftsjahre, die nach dem 31. Dezember 2009 enden, soll das verrechenbare EBITDA (§ 4h Abs. 1 Satz 2 EStG = 30 % des steuerlichen EBITDA) über 5 Jahre vorgetragen werden können, soweit in einem Veranlagungszeitraum ein höheres verrechenbares EBITDA zur Verfügung stand als im Rahmen des Abzugs des Nettozinsaufwandes in diesem Jahr ausgeschöpft wurde. Durch den Vortrag des verrechenbaren EBITDA kann in Folgejahren Zinsaufwand, der eigentlich in diesem Jahr nicht abgezogen werden könnte (da 30 % des EBITDA für dieses Jahr überschritten sind und der Escape nach § 4h Abs. 2 EStG nicht greift) doch noch abgezogen werden. Der EBITDA-Vortrag wird dabei nach der First in- First Out Methode verbraucht. Er wird wie der Zinsvortrag von Amtswegen gesondert festgestellt.

b) Kein Vortrag bei unbegrenztem Zinsabzug im Entstehungsjahr

Der EBITDA-Vortrag soll nicht gewährt werden, wenn der § 4h Abs. 2 EStG die Anwendung des § 4h Abs. 1 Satz 1 EStG (Begrenzung des Abzugs des Netto-zinsaufwandes auf 30 % des steuerlichen EBITDA) im Jahr der Erzielung des steuerlichen EBITDA ausschließt. D. h., dass bei Einhaltung der Freigrenze und für nichtkonzernangehörige Unternehmen kein EBITDA-Vortrag möglich ist, auch wenn in diesem Jahr der Nettozinsaufwand weniger als 30 % des steuerlichen EBITDA beträgt. Im Hinblick auf die Freigrenze liegt darin eine Verwaltungsvereinfachung. Ansonsten gilt für die nicht konzernangehörigen Kapitalgesellschaften, dass der Escape nach § 4h Abs. 2 Satz 1 b) EStG nach § 8a Abs. 2 EStG nicht greift, wenn die Kapitalgesellschaft nicht ihrerseits den Nachweis erbringt, dass keine schädliche Gesellschafter-Fremd-finanzierung erfolgt. In Fällen, in denen die Kapitalgesellschaft weniger als 30 % des steuerlichen EBITDA als Nettozinsaufwand abziehen will, besteht kein Anlass diesen Nachweis zu führen, so dass der EBITDA-Vortrag doch faktisch greifen könnte, siehe auch *Bien/Wagner*, BB 2009, S. 2627/2632, Fn. 31). Entsprechendes gilt für Kapitalgesellschafts-Konzerne, denen der Escape nach dem EK-Vergleich gelingen könnte, die aber im betreffenden Jahr weniger als 30 % des Nettozinsaufwandes abziehen, auch sie könnten für dieses Jahr das Nichtvorliegen der Rückausnahme im Fall einer schädlichen Gesellschafter-Fremdfinanzierung nicht nachweisen, so dass ihnen der Escape über die Konzernklausel nicht gelingt, § 8a Abs. 3 KStG.

c) Untergang des EBITDA-Vortrages

Der EBITDA-Vortrag geht im Grundsatz entsprechend dem Zinsvortrag, z. B. in Umwandlungsfällen unter. Der § 8c KStG findet auf den EBITDA-Vortrag aber keine Anwendung. Dabei handelt es sich nicht um ein gesetzgeberisches Versehen, wie der ausdrückliche Bezug nur auf § 4 Abs. 5 Sätze 1 und 2 aber nicht Satz 3 EStG zeigt. Über die Motive kann man nur spekulieren (*Rödding*, DStR 2009, S. 2649/2651 weist auf die 5-jährige Begrenzung hin; vielleicht ist der Gesetzgeber auch schlicht an der Abstimmung mit der in § 8c Abs. 1 KStG n. F. ab 2010 eingeführten Verschonungsregel im Fall von stillen Reserven gescheitert, siehe den folgenden Fall).

d) Nutzung fiktiver verrechenbarer EBITDA-Vorträge aus 2007 bis 2009

Auf Antrag können nach § 52 Abs. 12d Satz 2 EStG verrechenbare EBITDA-Vorträge bereits für nach dem 31. Dezember 2006 beginnende Wirtschaftsjahre ermittelt werden, die das verrechenbare EBITDA in 2010 erhöhen. Warum dafür ein Antrag erforderlich ist, ist nicht nachvollziehbar. Eine Antragsfrist ist nicht ausdrücklich vorgesehen. Auch der Stichtag 31. Dezember 2006 scheint angesichts eines 5-jährigen Vortrages nicht nachvollziehbar (*Nacke*, DB 2009, S. 2507 hält dies für verfassungsrechtlich bedenklich). Jedoch ist zu berücksichtigen, dass der fiktive EBITDA Vortrag das verrechenbare EBITDA 2010 erhöht und deshalb die in 2010 nicht genutzten Beträge auch aus den Jahren 2007 bis 2009 noch bis Ende 2015 genutzt werden können (so auch *Rödding*, DStR 2009, S. 2649/2651). Im Rahmen der Ermittlung der fiktiven EBITDA-Vorträge aus 2007 bis 2009 ist auch § 8c KStG zu berücksichtigen (es wird in § 52 Abs. 12d Satz 2 EStG sowohl auf § 4h Abs. 5 Satz 3 EStG als auch den gesamten § 8a Abs. 1 KStG - also auch Satz 3 - verwiesen).

IV. Zum Fall

Insgesamt kann in 2010 ein Nettozinsaufwand von maximal € 6 Mio. (30 % von € 20 Mio. steuerlicher EBITDA) abgezogen werden. Dieser Betrag könnte sich durch einen fiktiven EBITDA-Vortrag aus 2007 bis 2009 noch erhöhen.

Der Zinsaufwand der Natural GmbH war ab Eingreifen der Zinsschranke ab 2008 im Grundfall voll abziehbar, da weniger als 30 % des steuerlichen EBITDA als Nettozinsaufwand abgezogen wurden; auch die Freigrenze von € 3 Mio. wurde nicht überschritten. Es konnte deshalb bereits bisher insgesamt eine Fremdfinanzierung mit Gesellschafterdarlehen erfolgen. Ein fiktiver EBITDA Vortrag nach 2010 scheidet wegen der Escape Möglichkeit durch die Freigrenze aber aus (siehe auch *Rödding*, a. a. O.).

In der Abwandlung hätte das verrechenbare EBITDA in 2007 bis 2009 auch jeweils 30 % von € 20 Mio. = € 6 Mio. betragen, es wurden aber € 4 Mio. Nettozinsaufwand abgezogen, so dass die Freigrenze nicht griff. Wenn nunmehr der fiktive Eigenkapital-Escape über die Konzernklausel in 2007 bis 2009 ebenfalls nicht greift (auch für 2007, in dem die Zinsschranke gar nicht anwendbar war), erfolgt ein fiktiver EBITDA Vortrag (Erhöhung des verrechenbaren EBITDA in 2010) nach § 52 Abs. 12d Satz 2 EStG. Ingesamt wäre das verrechenbare EBITDA für 2010 um 3 x € 2 Mio. = 6 Mio. € zu erhöhen.

Dagegen würde auch nicht der Wechsel des unmittelbaren Gesellschafters durch Veräußerung an die Holding GmbH sprechen, wenn diese erst in 2010 erfolgt. Zwar greift für den fiktiven EBITDA-Vortrag (anders als für den tatsächlichen) der § 8c EStG. Denn nach § 52 Abs. 12d Satz 2, 2. Hs. EStG wird für die Ermittlung des fiktiven EBITD-Vortrages auf § 8a Abs. 1 KStG in der Fassung durch das Wachstumsbeschleunigungsgesetz verwiesen und damit gilt auch der Verweis in § 8a Abs. 1 Satz 3 KStG auf § 8c KStG. Jedoch greift im neuen § 8c Abs. 1 Satz 5 KStG ab 2010 eine Ausnahmeklausel für konzerninterne Erwerbe nach dem 31. Dezember 2009, so dass der fiktive EBITDA Vortrag nicht untergeht.

Die Holding GmbH will aber nunmehr eine Organschaft begründen, so dass der fiktive EBITDA-Vortrag von € 6 Mio. auf deren Ebene und nicht der Natural GmbH genutzt werden können müßte. Nach § 15 Satz 1 Nr. 3 Satz 2 KStG gelten Organgesellschaft und Organträger als ein Betrieb im Sinne des § 4h EStG. Es wird in diesem Zusammenhang vertreten, dass ein vororganschaftlicher Zinsvortrag einer Organgesellschaft *„eingefroren"* wird, da der Anknüpfungspunkt für den Zinsvortrag in seiner bisherigen Form entfällt (siehe *Neumann*, in Gosch, 2. Aufl. 2009, § 15 KStG, Rn. 39). Das wäre für den vororganschaftlichen EBITDA-Vortrag besonders misslich, da er nach 5 Jahren ganz entfällt. Zumindest im vorliegenden Fall eines fiktiven EBITDA-Vortrages ist m. E auch die Organschaft bereits für die Jahre 2007 bis 2009 zu simulieren.

2. Erleichterung beim Mantelkauf
Fall 17:

Die Brüder P und W halten über die P & W oHG 100 % an der Automobilzulieferer X AG, die wiederum einzige Gesellschafterin der Y GmbH ist. Die defizitäre Y hat zum 31. Dezember 2009 Verlustvorträge in Höhe von € 8 Mio. (Körperschaftsteuer) bzw. € 6 Mio. (Gewerbesteuer) angesammelt. Die Y GmbH hat Patente entwickelt, die nach dem Gutachten eines Patentanwalts € 5 Mio. wert sind. Darüber hinaus hat sie eine Montage-Betriebsstätte in einem Nicht DBA Land. Die dortigen Wirtschaftsgüter enthalten stille Reserven von weiteren € 5 Mio. Um die Verlustvorträge (insbesondere die bestehenden, die bei Begründung einer Organschaft vororganschaftlich wären) der defizitären Y GmbH zu nutzen und die Konzernstruktur zu vereinfachen, wird für das Jahr 2010 ein down-stream-merger geplant.

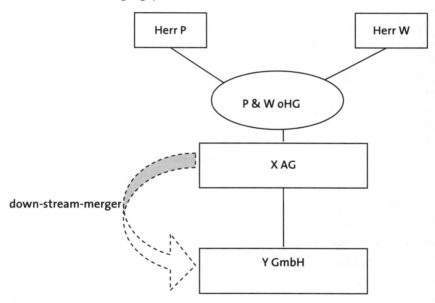

Lösungshinweise:

I. Überblick

Der Fall behandelt die Erleichterungen beim Mantelkauf durch das Wachstumsbeschleunigungsgesetz. Zuvor wurde durch das Bürgerentlastungsgesetz bereits eine Sanierungsklausel in § 8c KStG eingeführt.

1. Bürgerentlastungsgesetz Krankenversicherung

Das Bürgerentlastungsgesetz Krankenversicherung (vom 16. Juli 2009, BGBl. I 2009, S. 1959) fügte dem § 8c KStG in einem neuen Abs. 1a eine Sanierungsklausel hinzu, die sanierungsbedingte Anteilsübertragungen von der Vernichtung der Verlustvorträge ausnimmt (siehe bereits den Fall zum debt-to-equity-swap).

Der Beteiligungserwerb muss der Sanierung dienen und zur Vermeidung der Zahlungs-unfähigkeit oder Überschuldung des sanierungsfähigen Unternehmens geeignet sein. Außerdem fordert § 8c Abs. 1a KStG die Erhaltung der wesentlichen Betriebsstrukturen im Zuge des Beteiligungswechsels. Dafür wird als Voraussetzung normiert, dass eine der drei folgenden Voraussetzungen erfüllt wird:

▶ eine geschlossene Betriebsvereinbarung mit einer Arbeitsplatzregelung wird befolgt oder

▶ innerhalb der fünf Jahre nach dem Beteiligungserwerb darf die Summe der jährli-chen Lohnsummen nicht 400 % der nach § 13a Abs. 1 Sätze 3 und 4, Abs. 4 ErbStG ermittelte Ausgangslohnsumme (Durchschnitt der letzten fünf Wj.) unterschreiten oder

▶ durch Einlage wird innerhalb der zwölf auf den Beteiligungserwerb folgenden Mo-nate neues Betriebsvermögen zugeführt, das anteilig dem erworbenen Anteil ent-sprechend *„mindestens 25 % des in der Steuerbilanz zum Schluss des vorangegange-nen Wirtschaftsjahres enthaltenen Aktivvermögens entspricht"*, wobei Verzichte auf Verbindlichkeiten in Höhe ihrer Werthaltigkeit ebenfalls anerkannt werden.

Der Betrieb darf im Zeitpunkt des Beteiligungserwerbs nicht eingestellt sein und es darf nicht innerhalb der folgenden fünf Jahre ein Branchenwechsel erfolgen. Das Bürgerent-lastungsgesetz Krankenversicherung sah eine bis Ende 2009 beschränkte zeitliche Geltung der Sanierungsklausel für alle Beteiligungserwerbe nach dem 31. Dezember 2007 vor.

2. Wachstumsbeschleunigungsgesetz

Das Wachstumsbescheunigungsgesetz (vom 22. Dezember 2009, BGBl. I 2009, S. 3950)

▶ erweitert den zeitlichen Anwendungsbereich der Sanierungsklausel über den im Bürgerentlastungsgesetz Krankenversicherung vorgesehenen 31. Dezember 2009 hinaus ohne zeitliche Beschränkung;

▶ sieht in § 8c Abs. 1 Satz 5 KStG eine Konzernklausel vor, wonach kein schädlicher Beteiligungserwerb vorliegt, wenn *„an dem übertragenden und dem übernehmenden Rechtsträger dieselbe Person zu 100 % mittelbar oder unmittelbar beteiligt ist"*;

► sieht eine Verschonungsregel in § 8c Abs. 1 Sätze 6 und 7 KStG vor, soweit einem nicht abziehbaren nicht genutzten Verlust im Inland steuerpflichtige stillen Reserven des inländischen Betriebsvermögens gegenüber stehen.

II. Konzernklausel

Die Konzernklausel ist (zu) eng gefasst, da nur 100 %-ige Beteiligungen als übertragender und übernehmender Rechtsträger erfasst werden. Ihre größte Schwachstelle ist, dass die Konzernspitze selbst nicht in die Umstrukturierung eingebunden werden kann, wenn an dieser Gesellschaft nicht wiederum nur eine Person beteiligt ist (natürliche Person oder Gesellschaft, wohl auch Personengesellschaft zumindest in Form einer Mitunternehmerschaft; weiter Rechtsträgerbegriff; siehe *Scheunemann/Dennisen/Behrens*, BB 2010, S. 23/27).

Im Beispiel zeigt sich diese Schwäche der neuen *„Konzernklausel für Mantelkäufe"*. Denn nach Auffassung der Finanzverwaltung fallen im Grundsatz auch bloße Verlängerungen oder Verkürzungen der Beteiligungskette unter § 8c KStG (BMF-Schreiben vom 4. Juli 2008, BStBl. I 2008, S. 736, Tz. 11, zur Kritik siehe z. B. *Breuninger/Schade*, Ubg 2008, S. 261/266). Beim Down-Stream-Merger muss man die Konzernobergesellschaft, hier die P & W oHG, als den übernehmenden Rechtsträger ansehen. Die Anteile an der Enkelgesellschaft gehen auf diese oHG über und an dieser Gesellschaft sind zwei Personen, Herr P und Herr W, beteiligt (siehe *Scheunemann/Dennisen/Behrens, a. a. O.; Sistermann/Brinkmann, DStR 2009, S. 2633/2634).*

Keine Lösung ist es, stattdessen die Verlust GmbH upstream auf die X AG zu verschmelzen. Die laufenden Verluste und Verlustvorträge gehen in diesem Fall nach § 12 Abs. 3 i.V.m. § 4 Abs. 2 Satz 2 UmwStG unter. Es kann lediglich bei Verschmelzung eine Aufdeckung der stillen Reserven beim untergehenden Rechtsträger in Anspruch genommen werden und so durch den step up (in den Grenzen der Mindestbesteuerung für die Nutzung der Verlustvorträge) für die Zukunft erhöhtes Abschreibungspotential bei der X AG geschaffen werden.

Die neue Konzernklausel ist für Beteiligungserwerbe nach dem 31. Dezember 2009 anwendbar. Maßgeblich ist der Übergang des wirtschaftlichen Eigentums, wobei die Rückwirkungsfiktion nach § 2 UmwStG nicht gelten soll (siehe *Scheunemann/Dennisen/Behrens, a. a. O., S. 27).*

III. Verschonungsklausel

Wohl insbesondere mit Blick auf derartige step up Modelle (siehe auch *Bien/Wagner*, BB 2009, S. 2627/2630) soll bei einem schädlichen Beteiligungserwerb bis zur Höhe der anteiligen (Erwerb von mehr als 25 % bis 50 %) bzw. der gesamten (mehr als 50 %) stillen Reserven kein Verlustuntergang erfolgen.

Stille Reserven sind nach § 8c Abs. 1 Satz 7 KStG der Unterschiedsbetrag zwischen dem (anteiligen) Eigenkapital lt. Steuerbilanz und dem auf dieses Eigenkapital entfallenden gemeinen Wert der Anteile an der Körperschaft *„soweit diese im Inland steuerpflichtig sind"*. Das Wort *„diese"* bezieht sich dabei wohl auf die stillen Reserven der Wirtschaftsgüter der Körperschaft und nicht auf die Anteile an der Körperschaft. Ansonsten würde die Regelung keinen Sinn ergeben.

Es erscheint einerseits pragmatisch auf den gemeinen Wert der Anteile abzustellen und diesen dann vorrangig aus dem Verkaufspreis (= dem schädlichen Beteiligungserwerb abzuleiten). Betriebswirtschaftlich korrekt ist die Vorstellung des Gesetzes aber nicht. Der äußere Wert der Anteile muss keineswegs dem inneren Unternehmenswert entsprechen. Nachteilig an der Regelung ist auch, dass in Fällen von Umstrukturierungen der gemeine Wert nicht aus einem Verkauf abgeleitet werden kann, sondern der Nachweis des gemeinen Wertes durch ein teures und streitanfälliges Gutachten geführt werden muss. Der bloße Nachweis von stillen Reserven in bestimmten Wirtschaftsgütern (hier den Patenten) dürfte zumindest dann nicht ausreichen, wenn das Verlustunternehmen einen negativen Geschäftswert haben könnte.

Abzuziehen sind von diesem Unterschiedsbetrag die nicht im Inland steuerpflichtigen stillen Reserven. Wie diese zu ermitteln sind, wird nicht erläutert. M.E. sind insoweit die stillen Reserven wirtschaftsgutbezogen zu ermitteln. Auszuscheiden sind z. B. stille Reserven von Beteiligungen der übertragenden Gesellschaft, soweit deren Veräußerung nach § 8b Abs. 2 KStG steuerfrei wäre. Kritisch zu den 5 % des Gewinns, die nach § 8b Abs. 3 KStG als nicht abzugsfähige Betriebsausgaben gelten: *Bien/Wagner*, BB 2009, S. 2627/2631; *Scheunemann/Dennisen/Behrens*, BB 2010, S. 23/28.

Soweit aber in dieser Beteiligung wiederum Verlustvorträge vorhanden sind, die auf Grund des mittelbaren Beteiligungserwerbs untergehen, greift die Verschonungsregel auf dieser Ebene. Nach der Gesetzesbegründung (BT-Drs. 17/15 vom 9. November 2009, S. 31) darf dabei die Summe der in den untergeordneten Unternehmen ermittelten stillen Reserven die im Kaufpreis bzw. Unternehmenswert der erworbenen Kapitalgesellschaft enthaltenen stillen Reserven nicht übersteigen. Im Gesetzeswortlaut findet sich dafür keine Stütze.

Unklar ist auch der Fall von stillen Reserven auf Ebene der Organgesellschaft. Hier wird im Schrifttum angenommen, dass diese dem Organträger zugerechnet werden sollen (*Scheunemann/Dennisen/Behrens*, BB 2010, S. 23/28; *Sistermann/Brinkmann*, DStR 2009, S. 2633/2636). Auch dafür gibt der Wortlaut der Vorschrift aber nichts her.

§ 8c Abs. 1 Satz 6 KStG stellt dabei auf die in § 8c Abs. 1 Satz 7 KStG ermittelten stillen Reserven des *inländischen* Betriebsvermögens der Körperschaft ab. Der Begriff „inländisches Betriebsvermögen" bleibt unklar. Es dürfte m.E kein Verweis auf § 118 Nr. 3 BewG erfolgen, wonach das Vermögen als inländisches Betriebsvermögen gilt, das einem im Inland betriebenen Gewerbe dient, wenn hierfür im Inland eine Betriebsstätte unterhalten wird oder ein ständiger Vertreter bestellt ist. Vielmehr zeigt die Definition der stillen Reserven in § 8c Abs. 1 Satz 7 KStG, dass es um sämtliche *im Inland steuerpflichtigen* stillen Reserven geht. Deshalb sind m. E die stillen Reserven in ausländischem Betriebsstättenvermögen nur auszuscheiden, wenn ein DBA mit Freistellungsmethode die Besteuerung der stillen Reserven insgesamt hindert. Soweit die Doppelbesteuerung durch ein DBA oder unilateral nach § 34c EStG, § 26 KStG durch Anrechnung ausländischer Steuern vermieden wird, wie im Ausgangsfall, sind die stillen Reserven einzubeziehen. Die Haltung der Finanzverwaltung bleibt abzuwarten.

Die Regelung gilt für Erwerbe nach dem 31. Dezember 2009. Bei der Ermittlung der stillen Reserven ist nach § 8c Abs. 1 Satz 8 KStG nur das Betriebsvermögen zu berücksichtigen, das der Körperschaft ohne steuerliche Rückwirkung, insbesondere nach § 2 UmwStG zuzurechnen ist. Nur durch langfristige Planung lassen sich deshalb durch steuerneutrale Umwandlungen auf die Verlustgesellschaft stille Reserven und damit Verlustausgleichspotenzial übertragen (*Sistermann/Brinkmann*, DStR 2009, S. 2633/2637)

IV. Zum Fall

Die Verschmelzung führt im Grundsatz dazu, dass die Verlustvorträge entfallen (§ 8c Abs. 1 Satz 2 KStG; § 10a Satz 10 GewStG).

Die Konzernklausel greift nicht.

Die Sanierungsklausel könnte ggf. greifen.

Die Verschonungsregel erfordert ein Gutachten über den gemeinen Wert der Anteile an der Y GmbH (und nicht nur über das Patent der Y GmbH). Ob die stillen Reserven in der Nicht DBA Betriebsstätte auszuscheiden sind, ist fraglich.

Die BRIC-Staaten

Von Dr. Hans Georg Raber, Leiter Steuer- und Zollrecht, Volkswagen AG, Wolfsburg

Brasilien, Russland, Indien und China (BRIC) zählen zu den wachstumsstärksten Märkten der Welt. Die Wirtschaftskraft der vier BRIC-Staaten, die bereits jetzt mehr als 40 % der Weltbevölkerung repräsentieren, wird nach Expertenmeinung in 40 Jahren größer sein als die der jetzigen sechs großen Industriemächte USA, Japan, Deutschland, Großbritannien, Frankreich und Italien (G-6) zusammen.

Infolge der besseren Perspektiven haben auch die ausländischen Direktinvestitionen in den BRIC-Ländern kräftig zugelegt.

Trotz der exzellenten Wachstumsaussichten gibt es eine Reihe politischer, sozialer und ökonomischer Probleme wie beispielsweise starke soziale Gegensätze, schwerfällige Bürokratie und mangelhafte Infrastruktur. Die Regierungen sind sich aber dieser Probleme bewusst und arbeiten an Lösungen. So zeigt sich in den BRIC-Staaten – bei allen Unterschieden – auch eine schnelle Weiterentwicklung der rechtlichen und steuerlichen Rahmenbedingungen für ein geschäftliches Engagement.

Dazu gehören beispielsweise grundlegende Reformen wie die Körperschaftsteuerreform in China zum 1.1.2008 oder die in Indien anstehende Einführung einer Goods and Services Tax (GST) als Ersatz für die derzeit lokal zersplitterte Umsatzbesteuerung. Auch mit Entwicklungen im internationalen Steuerrecht dieser Staaten wie etwa den Folgen der Kündigung des DBA Brasilien-Deutschland zum 31.12.2005 oder einer in jüngster Zeit rasch zunehmenden Zahl von Entscheidungen indischer Gerichte zu steuerlichen Verrechnungspreisen und Betriebsstätten sollte sich der Investor intensiv befassen.

Bei der Befassung mit dem Rechts- und Steuersystem ist die jeweils andere Kultur zu berücksichtigen. In China und Indien werden z. B. flache Hierarchien nicht gelebt und verstanden.

▶ **Fazit:** Sowohl aufgrund der stark wachsenden wirtschaftlichen Bedeutung der BRIC-Staaten als auch wegen der sich dort schnell fortentwickelnden steuer- und zollrechtlichen Rahmenbedingungen ist es unbedingt empfehlenswert, sich mit dem nationalen und internationalen Steuerrecht und dem Zollrecht dieser Staaten eingehend zu beschäftigen. Insbesondere die steuerpolitische Debatte sollte intensiv verfolgt werden, um Überraschungen für langfristige Investments zu vermeiden und auf neue Entwicklungen frühzeitig reagieren zu können.

V. Aufbruch zu neuen Märkten während/nach der Krise – Die BRIC Staaten

1. Brasilien

Von Dr. Hans R. Weggenmann, StB Nürnberg[104]

Fall 18:

Literaturhinweise:

AHK Brasilien/ Ernst & Young, Besteuerung von Unternehmen in Brasilien, 2007; *Baier/Schmid*, Qualifikation der Verzinsung des Eigenkapitals einer brasilianischen Kapitalgesellschaft, IStR 2009, S. 20; *Cowley u. a. (Hrsg.)*, Global Corporate Tax Handbook, 2009, Brasilien; *Dagnese*, Verrechnungspreise und die Aufzeichnungspflicht im brasilianischen und deutschen Steuerrecht, 2008; *IStR-Länderberichte (Brasilien)* 17/2009 S. 73; 23/2008 S. 70; 21/2008 S. 62; 5/2006 S. 2; *Schaumburg, Schulz*, Die Kündigung des Doppelbesteuerungsabkommens Deutschland-Brasilien und ihre Konsequenzen nach nationalem deutschen Steuerrecht, IStR 2005, 794; *Weggenmann*, Auswirkungen der Kündigung des DBA-Brasilien und Handlungsempfehlungen, RIW 2005, 519.

I. Bestandsaufnahme, Investments ohne DBA Schutz

Eine in Deutschland ansässige Personengesellschaft beabsichtigt sämtliche Anteile einer in Brasilien ansässigen Kapitalgesellschaft zu erwerben.

Wie erfolgt die steuerliche Behandlung? Gibt es Optimierungsmöglichkeiten?

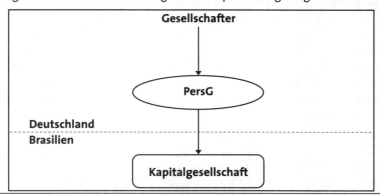

[104] Den Herren Dipl.-Kfm. Florian Kaiser und Dipl. Betriebswirt (BA) Günther Claß bin ich für die Mitwirkung am Manuskript zu großem Dank verpflichtet. Ebenfalls möchte ich mich bei den Kollegen der Niederlassung Rödl & Partner in Sao Paulo, insbesondere bei Herrn Michael Bäck für die gute Zusammenarbeit zu Fragen des brasilianischen Steuerrechts herzlich bedanken.

1. Kündigung des DBA Deutschland-Brasilien

Am 7.4.2005 wurde das Abkommen zwischen der Bundesrepublik Deutschland und der Föderativen Republik Brasilien zur Vermeidung der Doppelbesteuerung auf dem Gebiet der Steuern vom Einkommen und Vermögen (DBA) von deutscher Seite gekündigt. In Folge dessen besteht spätestens seit dem 1.1.2007 ein abkommensloser Zustand[105], der für deutsche Investoren zur Folge hat, dass eine drohende Doppelbesteuerung regelmäßig nur einseitig durch eine **Anrechnung** brasilianischer Steuern gem. § 26 KStG bzw. § 34c EStG vermieden werden kann.

Der Grund für die Kündigung des Abkommens lag in den dort vereinbarten, einseitig zugunsten eines Entwicklungslands wirkenden Regelungen. Einerseits waren solche Regelungen in deutschen DBA nicht mehr üblich, andererseits handelte es sich bei Brasilien, im Gegensatz zu 1975, als das Abkommen geschlossen wurde, nicht mehr um ein Entwicklungsland. Zugunsten von Brasilien war im DBA vor allem die Möglichkeit einer **fiktiven Quellensteueranrechnung** auf Dividenden, Zinsen und Lizenzgebühren vorgesehen. Das bedeutet, es fand eine Quellensteueranrechnung statt, unabhängig von der tatsächlich in Brasilien erhobenen und entrichteten Steuer. Deutschland verzichtete mithin zugunsten von Investitionsanreizen auf Besteuerungssubstrat, weil die fiktiven Anrechnungsbeträge regelmäßig höher waren, als die in Brasilien tatsächlich entrichteten Quellensteuern.

2. Besteuerung deutscher Investments in Brasilien

In Brasilien ansässige Unternehmen unterliegen mit ihren Welteinkünften der Körperschaftsteuer (**IRPJ** = Imposto de Renda da Pessoa Juridica) sowie einem Sozialbeitrag des Unternehmens (**CSLL** = Contribuicao Social sobre o Lucro Liquido).

Der Körperschaftsteuersatz (IRPJ) beträgt 15 % für steuerliche Jahresgewinne von bis zu R$ 240.000 (rd. 72.000 €; Wechselkurs zum 1.1.2009: R$ 1 = 0,30 €). Für höhere Jahresgewinne beträgt der Steuersatz 25 %. Der Sozialbeitrag des Unternehmens (CSLL) beträgt linear 9 % und stellt bei der Ermittlung des steuerpflichtigen Gewinns für Körperschaftsteuerzwecke (IRPJ) eine nichtabzugsfähige Betriebsausgabe dar. Somit beträgt die Gesamtsteuerbelastung 24 % für Gewinne bis R$ 240.000 p. a. und 34 % für Gewinne ab R$ 240.000 p. a.

Die Unternehmensbesteuerung erfolgt in Brasilien weitgehend **rechtsformneutral**, so dass sowohl Kapitalgesellschaften als auch Betriebsstätten und Personengesellschaften zur Körperschaftsteuer herangezogen werden. Die Gründung einer Betriebsstätte in Brasilien durch ein ausländisches Stammhaus ist jedoch praktisch unmöglich, da hierzu u.a. die Zustimmung des brasilianischen Präsidenten notwendig ist. Die weitaus

---

[105] Vgl. BMF 6.1.2006 - IV B 3-S 1301-BRA-77/05, BStBl. I S. 83.

häufigsten Engagements in Brasilien erfolgen deshalb mittels (Tochter-) Kapital- oder Personengesellschaften.

a. Brasilianische Personengesellschaft

Aus deutscher Sicht vermittelt eine in Brasilien gegründete Personengesellschaft (Sociedade em Nome Colectivo bzw. Sociedade em Comandita) ihrem deutschen Gesellschafter anteilig eine Betriebsstätte. Die im DBA Brasilien noch freigestellten Betriebsstätteneinkünfte werden nun generell in die deutsche Besteuerung miteinbezogen. Es besteht lediglich die Möglichkeit einer Anrechnung der in Brasilien entrichteten Steuern nach Maßgabe des § 34c EStG bzw. § 26 KStG.

aa. Ausländische Steuer, die der deutschen Einkommensteuer entspricht

Beide Vorschriften über die Anrechnung ausländischer Steuern setzen voraus, dass die in die deutsche Besteuerung einbezogenen Einkünfte im Ausland zu einer der deutschen Einkommen- bzw. Körperschaftsteuer entsprechenden Steuer herangezogen wurden.

Eine ausländische Steuer entspricht dann der inländischen Einkommen- bzw. Körperschaftsteuer, wenn sie direkt auf die Besteuerung des Einkommens gerichtet ist.

Die IRPJ entspricht der deutschen Körperschaftsteuer, fraglich sein könnte dies aber für den in Brasilien erhobenen Sozialbeitrag des Unternehmens (CSLL).

▶ In den Einkommensteuerrichtlinien (Anlage 6 zu R 212a EStR) ist der brasilianische Sozialbeitrag CSLL nicht bei den anrechenbaren Steuern aufgelistet. Nach dem BFH ist diese Auflistung aber weder abschließend noch bindend.[106]

▶ Für die Anrechnung als Steuer kommt es nicht auf die Bezeichnung des im Ausland erhobenen Betrages an. Allein die Bezeichnung als „Sozialbeitrag" schließt also eine Anrechnung für deutsche Besteuerungszwecke nicht aus.

▶ Entscheidend für die Gleichartigkeit der ausländischen Abgabe ist vielmehr die Identität des Besteuerungsgegenstandes.[107]

▶ Bemessungsgrundlage der CSLL ist der Gewinn des Unternehmens, d. h. eine Erhebung fällt nicht an, wenn Verluste erzielt werden.

▶ Dem § 12 Nr. 3 EStG und § 10 Nr. 2 KStG entsprechend mindert auch der Sozialbeitrag (CSLL) in Brasilien nicht die dortige Bemessungsgrundlage.

=> Der Sozialbeitrag (CSLL) ist somit mit einer deutschen Ertragsteuer vergleichbar und deshalb grundsätzlich **anrechenbar.**

---

[106] Vgl. BFH v. 5.2.1992, I R 9/90, BStBl. II 1992, 607.
[107] Vgl. BFH v. 27.3.1996, I R 49/95, BStBl. II 1997, 91.

Anmerkung: Der vorstehende Rechtsmeinung, der Sozialbeitrag (CSLL) sei in Deutschland ohne weiteres anrechenbar, wurde im Rahmen der Podiumsdiskussion am 3.11.2009 von *Herrn Rupp* widersprochen. Seiner Auffassung nach sei der Sozialbeitrag keine der deutschen Ertragsteuer vergleichbare Steuer und daher nicht anrechenbar.

bb. *Steuersubjektidentität*

Die Steueranrechnung nach § 34c Abs. 1 EStG und § 26 Abs. 1 KStG setzt eine Steuersubjektidentität im In- und Ausland für die Anrechnung ausländischer Steuern voraus.

Da in Brasilien Unternehmen aber weitgehend rechtsformneutral besteuert werden, unterliegen nicht nur Kapitalgesellschaften, sondern ebenfalls Personengesellschaften und Betriebsstätten grundsätzlich der Körperschaftsteuer. Im Gegensatz dazu werden in Deutschland nicht die Betriebsstätte oder Personengesellschaft selbst besteuert, sondern deren Gesellschafter bzw. Betriebsstätteninhaber (Transparenzprinzip). Eine Steuersubjektidentität ist demnach für eine Anrechnung zunächst nicht gegeben.

Dennoch hat der deutsche Fiskus eine Anrechnung nach den genannten Vorschriften zu gewähren. Der vermeintliche Mangel an Personenidentität ergibt sich lediglich aufgrund sog. **Qualifikations- bzw. Zuordnungskonflikte**, die allein auf Unterschieden der nationalen Steuerrechtsordnungen beruhen. Deutschland hat sein Besteuerungskonzept jedoch mit allen Konsequenzen anzuwenden. Dazu gehört auch, dass die Steuerrechtswertungen Brasiliens für die Anrechnung außer Betracht bleiben. Maßgeblich sind allein die Wertungen des deutschen Steuerrechts.[108]

cc. Im Ergebnis ist zu unterscheiden, ob es sich bei dem deutschen Gesellschafter um eine natürliche Person, eine Personengesellschaft oder eine Kapitalgesellschaft handelt.

► Die Personengesellschaft selbst ist aus steuerlicher Sicht transparent (Transparenzprinzip), so dass es im Ergebnis von den beteiligten Gesellschaftern abhängt, ob es zu einer Einkommen- oder Körperschaftsteuerpflicht kommt.

► Bei natürlichen Personen erfolgt grundsätzlich ein „**Heraufschleusen**" auf das deutsche Steuerniveau (ESt).

► Für den Fall, dass eine deutsche Kapitalgesellschaft die Einkünfte zu versteuern hat, bliebe wegen des Anrechnungshöchstbetrages das höhere brasilianische Steuerniveau erhalten. Durch den in den letzten Jahren sukzessive abgesenkten Körperschaftsteuersatz ist das deutsche Steuerniveau   inzwischen

---

[108] *Weggenmann*, Personengesellschaften im Lichte der DBA, 2005, S. 228 m. w. N.

niedriger (15,825 % KSt inkl. Solidaritätszuschlag); Gewerbesteuer fällt gem. § 9 Nr.2 bzw. 3 GewStG nicht an.

b. **Brasilianische Kapitalgesellschaft**

Eine Anrechnung der in Brasilien von einer Kapitalgesellschaft gezahlten Steuern (IRPJ und CSLL) auf die deutsche Steuerschuld des Gesellschafters kommt nicht in Betracht, da es sich um unterschiedliche Steuersubjekte handelt.

Bei der Dividendenausschüttung einer brasilianischen Kapitalgesellschaft an ihren Gesellschafter in Deutschland droht keine Doppelbesteuerung, da Brasilien derzeit keine Quellensteuer auf Dividenden erhebt. Für die Besteuerung der Dividendeneinkünfte in Deutschland ist zu unterscheiden, ob es sich bei dem Gesellschafter um eine Kapitalgesellschaft oder um eine natürliche Person handelt.

► Deutsche Kapitalgesellschaft: Aus Brasilien vereinnahmte Dividenden sind gem. § 8b Abs. 1 KStG in Deutschland von der Besteuerung freigestellt (5 % als nicht abziehbare BA gem. § 8b Abs. 5 KStG: sog. Dividendenstrafe). Eine Gewerbesteuerbefreiung (§§ 8 Nr.5 und 9 Nr. 7 GewStG) hängt insbesondere vom Aktivitätsvorbehalt und einer Mindestbeteiligung von 15 % ab (gewerbesteuerliches Schachtelprivileg). Liegen die Voraussetzungen vor, wird die Dividende im Ergebnis ebenfalls zu 95 % von der Gewerbesteuer befreit. Sind die Voraussetzungen des gewerbesteuerlichen Schachtelprivilegs nicht erfüllt, unterliegt die Dividende in voller Höhe der Gewerbesteuer.

=> Da nach brasilianischem Recht an einer brasilianischen Kapitalgesellschaft immer zwei Gesellschafter beteiligt sein müssen, wenn diese im Ausland ansässig sind, sollte bei der Zuordnung der Anteile auf die 15 %-Grenze geachtet werden.

Die nach § 8b Abs. 5 KStG nicht abziehbaren Betriebsausgaben i. H. v. 5 % sind stets mit Gewerbesteuer belastet (§ 9 Nr. 7 S. 3 i. V. m. Nr. 2a S. 4 GewStG).

Im Ergebnis unterliegt in Deutschland die Dividende zu 5 % der Steuerbelastung mit Gewerbesteuer, Körperschaftsteuer und Solidaritätszuschlag (sog. Dividendenstrafe). Die hieraus resultierende effektive Steuerbelastung auf die Dividende beträgt ca. 1,5 %.

► Natürliche Person:

– Soweit die Beteiligung an einer ausländischen Kapitalgesellschaft von einer natürliche Personen im **Betriebsvermögen** gehalten wird, unterliegen die vereinnahmten Dividenden dem Teileinkünfteverfahren (§ 3 Nr. 40 EStG).

– Natürliche Personen, die ihre Beteiligung an einer ausländischen Kapitalgesellschaft im **Privatvermögen** halten, fallen grundsätzlich in den Anwendungsbereich der Abgeltungsteuer (Steuerbelastung i. H. v. 25 % nach § 32d

Abs. 1 Satz 1 EStG). § 32d Abs. 2 Satz 1 Nr. 3 EStG eröffnet jedoch eine Optionsmöglichkeit zum Teileinkünfteverfahren bei einer Beteiligung von mindestens 25 % (bzw. 1 % bei beruflicher Tätigkeit für die Gesellschaft). Dann sind tatsächliche Werbungskosten, anders als im Rahmen der Abgeltungsteuer zu 60 % berücksichtigungsfähig (§ 3c Abs. 2 EStG).

c. Zinsen

Im brasilianischen Steuerrecht gibt es für Gesellschafterdarlehen keine besonderen Vorschriften hinsichtlich der Angemessenheit von Zinszahlungen. Nach allgemeinen Grundsätzen muss bei der Darlehensgewährung allerdings der Verwendungszweck nachgewiesen werden können, d. h. der aufgenommenen Verbindlichkeit der Gesellschaft muss ein konkretes Investitionsvorhaben gegenüber stehen. Dies ist in der Praxis dann nicht ohne Weiteres möglich, wenn es sich z. B. um die Ablösung eines Bankkredits handelt, Aufwendungen, d. h. nicht bilanzierungsfähige Kosten beglichen werden sollen oder etwa ein Liquiditätsengpass z. B. wegen Währungsverlusten mit dem Gesellschafterdarlehen abgedeckt werden soll. Die gezahlten Zinsen sind in Brasilien grundsätzlich abzugsfähig. Die Abzugsfähigkeit der Zinszahlungen könnte somit dann in Frage stehen, soweit der geforderte Verwendungszusammenhang nicht erkennbar ist bzw. eine konkrete Investition fehlt.

Brasilien kennt keine „thin-capitalization-rules", so dass **Tochtergesellschaften vollumfänglich fremdfinanziert werden können, ohne dass dies automatisch zu einer verdeckten Gewinnausschüttung führen würde.**

Auf Zinsen erhebt Brasilien eine Quellensteuer in Höhe von 15 %. Diese kann in Deutschland unter den Voraussetzungen von § 34c EStG und § 26 KStG angerechnet werden.

In diesem Zusammenhang muss darauf hingewiesen werden, dass, obwohl die Gewährung eines Gesellschafterdarlehens durch Ausländer vor keinen besonderen rechtlichen Hürden steht, die **Rückzahlung** nur unter bestimmten Voraussetzungen möglich ist.

► Der Darlehensvertrag muss bei der brasilianischen Zentralbank registriert werden.

► Die gezahlten Zinsen dürfen nicht die Zinsen übersteigen, die unter regulären Bedingungen in Brasilien gezahlt werden. Orientierungspunkt ist der Leitzins der brasilianischen Zentralbank (SELIC). Zinsen in einer Bandbreite von 0,6 % und 1 % im Monat werden nach unserer Erfahrung akzeptiert.

► Rückzahlbar sind Darlehen nur dann, wenn damit die Schuld für ein konkretes Investitionsvorhaben getilgt wird. Bei durchgereichten Darlehen scheitert dieser Nachweis, so dass eine Rückzahlung ohne Weiteres nicht möglich ist.

Verzinsung des Eigenkapitals als Betriebsausgabe

Eine Besonderheit des brasilianischen Steuerrechts stellt die fiktive Eigenkapitalverzinsung dar. Danach kann bezogen auf das Eigenkapital einer Gesellschaft ein fiktiver Zins als Betriebsausgabe zum Ansatz gebracht werden. Nach brasilianischem Handels- und Gesellschaftsrecht ist die Zahlung von Zinsen auf das Eigenkapital einer brasilianischen Kapitalgesellschaft an deren Gesellschafter als Maßnahme der Gewinnausschüttung, d. h. als Vorabdividende zu werten. Entsprechend sieht auch das brasilianische Steuerrecht zur Anerkennung der Abzugsfähigkeit vor, dass hierfür ein Beschluss der Gesellschafterversammlung vorliegt, in dem die Ausschüttung einer Vorabdividende beschlossen wird. Ungeachtet des gesellschaftsrechtlichen Charakters einer Vorabdividende unterliegt die Zahlung von Eigenkaitalzinsen an im Ausland ansässige Gesellschafter dennoch dem regelmäßigen Quellensteuerabzug (15 %). Die Einordnung derartiger Eigenkapitalverzinsungen nach deutschem Steuerrecht ist weiterhin umstritten.[109] Aufgrund der Abzugsfähigkeit in Brasilien stellt sich gerade die deutsche Finanzverwaltung auf den Standpunkt, es würden Zinserträge vorliegen und keine Dividenden.

d. **Exkurs zu EXIT**

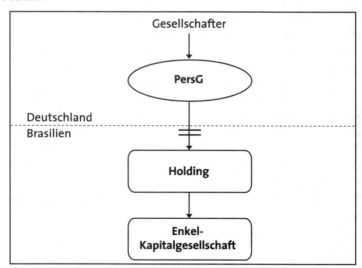

---

[109] Vgl. *Baier/Schmid*, IStR 2009, 20 (22 f.).

In dem hier dargestellten Beispiel soll das Brasilienengagement beendet werden.

Bei der Veräußerung im mehrstufigen Konzern ist zu unterscheiden zwischen einer Veräußerung von Anteilen an der Holdinggesellschaft (s. o.) und einer Veräußerung von Anteilen an der brasilianischen (Enkel-) Kapitalgesellschaft (s. Variante).

Im Falle der Veräußerung von Anteilen an einer brasilianischen Gesellschaft (Personengesellschaft oder Kapitalgesellschaft), erhebt Brasilien auf den Veräußerungsgewinn eine **Quellensteuer in Höhe von 15 %**. In **Deutschland** ist zu unterscheiden:

► Für Kapitalgesellschaften als Mitunternehmer ist der Veräußerungsgewinn zu 95 % steuerfrei nach § 8b Abs. 2 KStG. Aufgrund des Verweises in § 7 S. 4 Halbs. 2 GewStG und der fehlenden Hinzurechnungsvorschrift (§ 8 Nr. 5 GewStG ist nicht einschlägig) gilt dies auch für die Gewerbesteuer. Somit ergibt sich eine effektive Gesamtsteuerbelastung von rd. 1,5 %. Eine Anrechnung der brasilianischen Quellensteuer ist nicht möglich.

► Bei natürlichen Personen als Gesellschafter einer *gewerblich geprägten Personengesellschaft* unterliegt der Veräußerungsgewinn dem Teileinkünfteverfahren. Soweit der Gewinn steuerpflichtig ist, unterliegt er auch der Gewerbesteuer. Eine Hinzurechnung des steuerfreien Anteils unterbleibt aber ebenso wie bei Kapitalgesellschaften auch hier. Aufgrund der Steuerermäßigung des § 35 EStG wird die Gewerbesteuerbelastung aber weitgehend neutralisiert.

Ebenso kommt für Gesellschafter einer *vermögensverwaltenden Personengesellschaft* das Teileinkünfteverfahren zur Anwendung, soweit **mindestens 1 %** der Anteile an der ausländischen Kapitalgesellschaft dem einzelnen Gesellschafter zugerechnet werden können (§ 17 Abs. 1 EStG). Der Anteil, den die Personengesellschaft hält, wird in einer Bruchteilsbetrachtung, entsprechend den Beteiligungsverhältnissen, auf die einzelnen Gesellschafter verteilt.[110] Eine Gewerbesteuerpflicht besteht nicht. Die effektive Steuerbelastung ohne Kirchensteuer beträgt rd. 28,5 %.

► Bei Gesellschaftern einer *vermögensverwaltenden Personengesellschaft*, die weniger als 1 % an der Kapitalgesellschaft beteiligt sind, unterliegt der Veräußerungsgewinn der **Abgeltungssteuer** nach § 32d EStG (effektive Steuerbelastung ohne Kirchensteuer rd. 26,4 %).

► Die drohende Doppelbesteuerung kann sodann vermieden werden durch **Anrechnung** der brasilianische Quellensteuer (15 %) auf die deutsche Einkommensteuer nach § 34c EStG (bis zum Anrechnungshöchstbetrag). Bei Kapitalgesellschaften ist keine Anrechnung möglich.

---

[110] Vgl. *Wacker*, DStR 2005, 2015.

- Die steuerliche Abzugsfähigkeit von Transaktionskosten, die im Rahmen der Veräußerung anfallen, ist unterschiedlich.
- Bei Kapitalgesellschaften werden pauschal 5 % des Gewinns aus der Veräußerung als nichtabziehbare Betriebsausgaben fingiert, so dass tatsächliche Aufwendungen entgegen § 3c Abs. 1 EStG in voller Höhe zum Abzug gebracht werden können.
- Sofern das Teileinkünfteverfahren zur Anwendung kommt, können 60 % der Aufwendungen steuerlich berücksichtigt werden. (§ 3c Abs. 2 EStG)
- Bei der Abgeltungssteuer wird der Bruttoerlös besteuert. Aufwendungen können nicht steuermindernd geltend gemacht werden.

Variante

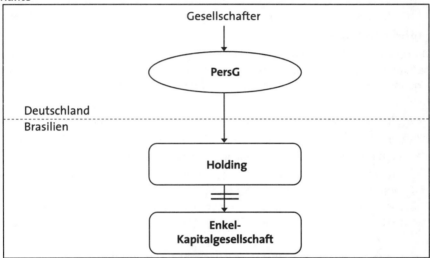

▶ Die Veräußerung der brasilianischen Enkelgesellschaft unterliegt auf Ebene der brasilianischen Holdingkapitalgesellschaft der regulären Besteuerung in Höhe von 34 % (IRPJ und CSLL). Für die Repatriierung der Gewinne nach Deutschland gibt es zwei Möglichkeiten:

- eine Ausschüttung als **Dividende**:

  ▶ Brasilien: **keine Quellensteuer**

  ▶ Deutschland:
  Dividenden sind bei *Kapitalgesellschaften* mit 95 % von der Körperschaftsteuer (§ 8b Abs. 1, 5 KStG) und unter den Voraussetzungen des gewerbesteuerlichen

Schachtelprivilegs (§§ 8 Nr. 5, 9 Nr. 7 GewStG) auch von der Gewerbesteuer befreit.

Bei *natürlichen Personen* ist je nach Qualifikation, entweder das Teileinkünfteverfahren mit entsprechender Gewerbesteuerbelastung oder die Abgeltungssteuer anzuwenden.

– **Liquidation** der Holding

▶ Brasilien: **Quellensteuer i. H. v. 15 %**

▶ Deutschland:

Es erfolgt die Besteuerung der das Nennkapital übersteigenden Einkünfte. Der Liquidationserlös wird der Veräußerung gleichgestellt (vgl. § 8b Abs. 2 S. 3 KStG bzw. § 3 Nr. 40 Buchst. a EStG). Für die steuerliche Einordnung gilt daher das bereits zum Ausgangsfall (Veräußerung Holding) Gesagte entsprechend.

3. Lösung des Eingangsfalles

In Brasilien unterliegen die Gesellschaften mit ihrem Welteinkommen der Körperschaftsteuer (IRPJ) und dem Sozialbeitrag (CSLL). Da Brasilien keine Quellensteuer auf Dividendenzahlungen erhebt, stellt sich das Problem der Doppelbesteuerung (derzeit) nicht.

a. Für die steuerliche Behandlung der ausgeschütteten Dividenden ist entscheidend, wie die deutsche Personengesellschaft für steuerliche Zwecke qualifiziert wird.

▶ **Vermögensverwaltende Personengesellschaft (Variante 1)**

Die von der brasilianischen Kapitalgesellschaft an die *vermögensverwaltende Personengesellschaft* ausgeschütteten Dividenden werden den Gesellschaftern zugerechnet. Die Dividenden werden als Kapitaleinkünfte im Sinne von § 20 EStG qualifiziert und unterliegen der **Abgeltungssteuer** mit einem Steuersatz von 25 %.

▶ **Gewerblich geprägte oder tätige Personengesellschaft (Variante 2)**

Werden Dividenden an eine *gewerbliche Personengesellschaft* ausgeschüttet, sind diese als gewerbliche Einkünfte zu qualifizieren (§ 20 Abs. 8 EStG). Die Abgeltungssteuer findet keine Anwendung. Stattdessen findet die Besteuerung im Rahmen des **Teileinkünfteverfahrens** statt und 40 % der Dividendeneinkünfte sind steuerfrei (§ 3 Nr. 40 Buchs. d EStG). Für Zwecke der Gewerbesteuer sind die ausländischen Dividenden nicht zu berücksichtigen (§ 8 Nr. 5 i. V. m. 9 Nr. 7 GewStG).

	Variante 1 Abgeltungs- steuer	Variante 2 Teileinkünfte- verfahren
Brasilianische Gesellschaft		
bilanzieller Gewinn	100,00	100,00
./. Körperschaftsteuer (34%)	34,00	34,00
Nettogewinn	66,00	66,00
Deutsche Personengesellschaft		
Dividendeneinkommen	66,00	66,00
Gesellschafter		
Gewinn aus der dt. PersG	66,00	66,00
Einkunftsart	§ 20 EStG	§ 15 EStG
./. ESt (Abgeltungssteuer, 25%)	16,50	
./. ESt (Teileinkünfteverfahren, 45%)		17,82
./. SolZ (5,5%)	0,91	0,98
Nettogewinn	48,59	47,20
Steuern	51,41	52,80
Effektive Steuerbelastung	**51,41%**	**52,80%**

b. Die Gesamtsteuerbelastung könnte durch Ausreichung von Gesellschafterdarlehen an die brasilianische Kapitalgesellschaft gesenkt werden. Dabei erhebt Brasilien auf die Zinszahlung eine Quellensteuer von 15 %, die jedoch auf die deutsche Einkommensteuer auf Ebene des Gesellschafters anrechenbar ist.

► Vermögensverwaltende Personengesellschaft (Variante 1)

   Hierbei ist zu beachten, dass die Zinsen zwar Kapitaleinkünfte darstellen und so grundsätzlich der Abgeltungssteuer unterliegen. Vom Gesetzgeber wurden in § 32d Abs. 2 Nr. 1 EStG aber Ausnahmen konzipiert. Es handelt sich dabei um

   − Erträge von nahestehenden Personen (Buchst. a),

   − Gesellschafterfremdfinanzierung bei einer Beteiligung von über 10 % (Buchst. b),

– Sogenannte Back-to-Back-Finanzierungen bei Interessengemeinschaft (Buchst. c).

Diese Konstellationen sind vom Anwendungsbereich der Abgeltungsteuer ausgenommen. Vorliegend kommt es also darauf an, ob die jeweiligen Gesellschafter mit weniger als 10 % an der deutschen Personengesellschaft beteiligt sind und die einzelnen Gesellschafter zueinander nicht als nahestehende Person qualifiziert werden, um in den Genuss der Abgeltungssteuer zu kommen (§ 32d Abs. 2 S. 1 Nr. 1 Buchst. b EStG).[111]

Im Falle der **Refinanzierung** ist zu beachten, dass die Zinsaufwendungen, wie auch andere Aufwendungen im Zusammenhang mit dem Gesellschafterdarlehen, **nicht zum Abzug** gebracht werden können.

► **Gewerblich geprägte oder tätige Personengesellschaft (Variante 2)**

Im Fall einer gewerblichen Personengesellschaft sind auf Gesellschaftsebene zwar die Dividendeneinkünfte unter den Voraussetzungen der §§ 8 Nr. 5, 9 Nr. 7 GewStG von der Gewerbesteuer befreit, jedoch unterliegen die Zinseinkünfte der Gewerbesteuer. Eine Anrechnung der brasilianischen Quellensteuer auf die deutsche Gewerbesteuer ist nicht möglich, jedoch die (pauschalierte) Anrechnung der Gewerbesteuer auf die Einkommensteuerschuld der Gesellschafter gem. § 35 EStG.

Im Falle der Refinanzierung kommt es zu Mehrbelastungen, weil ein Viertel der Zinsaufwendungen dem Gewerbeertrag hinzugerechnet wird (§ 8 Nr. 1 GewStG).

---

[111] Auf Basis der BFH-Rechtsprechung zu § 17 EStG ist für das 10 %-Kriterium auf die Beteiligung der jeweiligen Gesellschafter abzustellen (Bruchteilsbetrachtung); vgl. BFH v. 9.5.2000, VIII-R-41/99, BStBl. II 2000, S. 686.

	Variante 1 Abgeltungs- steuer	Variante 2 Teileinkünfte- verfahren
Brasilianische Gesellschaft		
bilanzieller Gewinn	100,00	100,00
./. Zinsaufwand	100,00	100,00
./. Körperschaftsteuer (34%)	0,00	0,00
Nettogewinn	0,00	0,00
Quellensteuer auf Zinsen 15%	15,00	15,00
Deutsche PersG		
Zinseinkommen	100,00	100,00
Dividendeneinkommen	0,00	0,00
./.GewSt (Hebesatz: 400%)	0,00	14,00
Gesellschafter		
Gewinn aus der dt. PersG	100,00	100,00
./. ESt (25%/45%), Abgeltungssteuer	25,00	45,00
./. SolZ (5,5%)	1,38	2,48
GewSt-Anrechnung § 35 EStG	0,00	13,30
Anrechnung bras. Quellenst.	15,00	15,00
Nettogewinn	73,63	52,53
Steuern	26,38	48,18
Effektive Steuerbelastung	**26,38%**	**48,18%**

Eine Ausreichung von Gesellschafterdarlehen an die brasilianische Kapitalgesellschaft ist mithin insbesondere dann vorteilhaft, wenn die Zinseinkünfte in Deutschland im Rahmen der Abgeltungssteuer besteuert werden können. Es ist jedoch zu beachten, dass die Rückführung von Gesellschafterdarlehen in Brasilien nicht unproblematisch ist (s.o.).

c. Eine weitere Senkung der Steuerbelastung durch das „Zwischenschalten" einer Kapitalgesellschaft in einem anderen DBA-Staat („treaty shopping") ist nicht möglich, da Brasilien auf Dividenden derzeit keine Quellensteuer erhebt und in seinen DBA für Zinszahlungen auch keine günstigeren Quellensteuersätze von unter 15 % vereinbart hat.

4. Alternative Gestaltungsmöglichkeit:

Ggfs. könnte eine gesellschaftsrechtliche Struktur gewählt werden, in der die Anteile an der brasilianischen Kapitalgesellschaft von einer Personengesellschaft in Belgien gehalten werden. Eine deutsche vermögensverwaltende Personengesellschaft beteiligt sich atypisch still an einer deutschen Kapitalgesellschaft, die wiederum die Beteiligung an der belgischen Personengesellschaft hält.

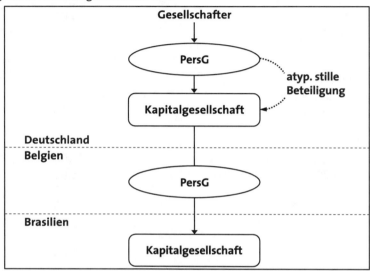

a. Brasilien

Die Erträge der brasilianischen Kapitalgesellschaften unterliegen dort einer Ertragssteuerbelastung von 34 % (IRPJ und CSLL). Eine Quellensteuer wird auf Gewinnausschüttungen an die in Belgien ansässige Personengesellschaft nach nationalem brasilianischem Recht derzeit nicht erhoben.

b. Belgien

Belgien besteuert die Personengesellschaft intransparent, d. h. als eigenes Steuersubjekt. Damit wäre für Dividenden aus Brasilien im Rahmen der Besteuerung in Belgien der Anwendungsbereich der Dividendenbefreiung – vergleichbar der deutschen Regelung in § 8b KStG – in Höhe von 95 % eröffnet. Dividenden der brasilianischen Kapitalgesellschaft unterlägen auf Ebene der belgischen Personengesellschaft bei einem Steuersatz in Höhe von 33,9 % nur einer Ertragsteuerbelastung in Höhe von ca. 1,7 %.

Ein Weiterleiten der Gewinne nach Deutschland wäre wiederum aus belgischer Sicht als Dividende zu betrachten. In diesem Fall wird jedoch bereits nach nationalem belgischen Steuerrecht keine Quellensteuer erhoben, wenn die Dividende an eine in der EU ansässige Kapitalgesellschaft gezahlt wird. Voraussetzung ist, dass die deutsche Kapitalgesellschaft rechtliche Eigentümerin der Anteile an der belgischen Personengesellschaft ist.

Würde aus belgischer Sicht dagegen eine Zurechnung der Anteile zu der deutschen atypisch stillen Gesellschaft erfolgen, dürfte Belgien gemäß Art. 10 Abs. 2 DBA-Belgien eine Quellensteuer in Höhe von 15 % erheben. Diese Quellensteuer würde infolge der Steuerbefreiung in Deutschland definitiv.

c. **Deutschland**

Ungeachtet der steuerlichen Behandlung in Belgien unterliegt die Gewinnbeteiligung auf Ebene der deutschen atypisch stillen Gesellschaft (bestehend aus deutscher Personengesellschaft und Kapitalgesellschaft) keiner weiteren Besteuerung. Denn die belgische Personengesellschaft wird aus deutscher Steuersicht als Mitunternehmerschaft qualifiziert. Dem atypisch stillen Gesellschafter werden Gewinnanteile aus der gemeinsam geführten Mitunternehmerschaft zugerechnet.

Abkommensrechtlich erzielt der atypisch stille Gesellschafter m. E. Unternehmensgewinne, die in Deutschland steuerfrei sind, soweit sie der belgischen Personengesellschaft als Betriebsstätte zuzurechnen sind (Art. 7 Abs. 1 Satz 1 i. V. m. Art. 23 Abs. 1 Nr. 1 DBA Deutschland/Belgien). Das damit definierte **Betriebsstättenprinzip** wird in Art. 7 Abs. 2 OECD-MA durch das **dealing at arm´s length Prinzip** näher konkretisiert, wonach für die Gewinnaufteilung von einer Verselbständigung der Betriebsstätte ausgegangen werden und nach Fremdvergleichsgrundsätzen vorgegangen werden soll. Inzwischen gehört es zur ständigen Rechtsprechung des BFH, den Einnahmen und Ausgaben zugrundeliegenden Vermögenswerte nach tatsächlichen Gesichtspunkten einer Betriebsstätte zuzurechnen.[112]

Nach der hierzu ergangenen Rechtsprechung gehört ein Wirtschaftsgut dann „tatsächlich" zu einer Betriebsstätte, *„wenn es erstens aus der Sicht der Betriebsstätte einen Aktivposten bildet ... und zweitens in einem funktionalen Zusammenhang mit der Betriebsstättentätigkeit steht."*[113]

---

[112] Vgl. BFH, Urt. v. 27.2.1991 — I R 15/89, BStBl. II 1991, 444; BFH, Urt. v. 27.2.1991 — I R 96/89, BFH/NV 1992, 385, BFH, Urt. v. 14.7.1993 — I R 73/91, BStBl. II 1994, 91, BFH, Urt. v. 31.5.1995 — I R 74/93, BStBl. II 1995, 683; BFH, Urt. v. 30.8.1995 — I R 112/94, BStBl. II 1996, 563; BFH, Urt. v. 21.7.1999 — I R 71/98, BStBl. II 2000, 336; BFH, Urt. v. 19.12.2007 — I R 66/06, IStR 2008, 367.

[113] Vgl. BFH, Urt. v. 21.7.1999 — I R 110/98, BStBl. II 1999, 812 (815).

Im Gegensatz zu Betriebsstätten muss die Zuordnung von Aktiva und Passiva für eine Personengesellschaft nicht erst durch eine technische oder buchhalterische Zuordnung erfolgen. Vielmehr definiert sich das betreffende Betriebsstättenvermögen der Personengesellschaft als Gesamthandsvermögen. Zudem werden Vermögen sowie Schulden auch im Verhältnis zu den Gesellschaftern regelmäßig durch Austauschverträge dokumentiert werden können. Obwohl die Zuordnung von Vermögen und Schulden und damit von Einkünften aufgrund der zivilrechtlichen Stellung der Personengesellschaft praktisch ohne weiteres auch objektiv nachvollzogen werden kann, hat das der ausländischen Personengesellschaft zuzurechnende Betriebsstättenergebnis den Kriterien des Art. 7 Abs. 1 Satz 2 OECD-MA bzw. der beinahe wortgleichen Vorschrift im DBA Deutschland/Belgien (Art. 7 Abs. 1 Satz 2) zu folgen, d. h. muss den o. g. Zuordnungsgrundsätzen entsprechen.

Ein kürzlich vom BFH entschiedener Fall macht dies deutlich. In Deutschland ansässige Gesellschafter waren an einer niederländischen Personengesellschaft (CV) beteiligt. Die CV hielt verschiedene Beteiligungen an im EU-Raum und in Drittstaaten ansässigen Kapitalgesellschaften. In dem vom BFH am 19.12.2007 entschiedenen Fall ging es darum festzustellen, ob die von der CV vereinnahmten Dividenden aus den Drittstaatenbeteiligungen aufgrund des DBA Niederlanden von der Besteuerung freizustellen waren. Der BFH lehnte dies zu Recht mit der Begründung ab, dass die betreffenden Anteile der CV tatsächlich nicht zugerechnet werden konnten, weil sich kein funktionaler Zusammenhang mit der Tätigkeit der CV feststellen ließ.[114] Insbesondere sei nicht zu erkennen gewesen, dass die CV als *geschäftsleitende Holding* hätte angesehen werden können.

Daraus wird inzwischen abgeleitet, dass es immerhin möglich sei, eine ausländische Personengesellschaft als geschäftsleitende Holding(-betriebsstätte) zu installieren, um damit auch die Dividendenerträge in die Betriebsstättenfreistellung zu tragen.[115]

Ob diesem Gedanken allerdings etwas abgewonnen werden kann, muss angesichts der BFH-Rechtsprechung vom 7.8.2002 offen bleiben.[116] In dieser Entscheidung zum DBA Schweiz sah sich der BFH bei Anwendung des Methodenartikels nicht an den Betriebsstättenvorbehalt der Verteilungsnorm (hier Dividendenartikel) gebunden. Die über die schweizerische Personengesellschaft vereinnahmten Dividenden behielten daher ihren eigenständigen Charakter als solche und seien daher nicht in die freizustellenden Betriebsstätteneinkünfte einzubeziehen. In der getroffenen Entscheidung war ein schweizerischer Verlag (KG) an einer schweizerischen Druckerei (AG) beteiligt. Obwohl

---

[114] Vgl. BFH, Urt. v. 19.12.2007, I R 66/06, IStR 2008, 367.

[115] Vgl. *Schönfeld*, IStR 2008, 370 f.

[116] Vgl. BFH, Urt. v. 7.8.2002 — I R 10/01, BStBl. II 2002, 848.

in diesem Fall ganz offenbar ein tatsächlicher funktionaler Zusammenhang zwischen Druckereibeteiligung und Tätigkeit des Verlags vorlag, lehnte der BFH eine Freistellung der Dividendeneinkünfte in Deutschland aus den genannten Gründen ab. Von diesem durchweg kritisierten[117] Urteil hat sich der BFH bislang nicht distanziert, in seiner Entscheidung vom 19.12.2007 es sogar offen gelassen, ob er daran weiter festhalten würde.[118]

Im Jahr 2003 hatte der BFH[119] in einem obiter dictum ebenfalls Zweifel geäußert, ob Kapitalgesellschaftsbeteiligungen für abkommensrechtliche Zwecke einer geschäftsleitend tätigen Holdingbetriebsstätte zugeordnet werden können.

Diese Sichtweise dürfte inzwischen jedoch als überholt anzusehen sein. Denn schließlich hält der BFH in der oben dargestellten neueren Entscheidung v. 19.12.2007[120] die Zuordnung der Beteiligung zu der Betriebsstätte für möglich, verlangt dafür aber eine tatsächlich-funktionale Bedeutung der Beteiligung für die Betriebsstätte (Personengesellschaft).

=> Die Zuordnung der Beteiligung zu der belgischen Betriebsstätte (Personengesellschaft) ist somit möglich, wenn sie eine tatsächlich-funktionale Bedeutung für die Betriebsstätte hat. Dies ist dann der Fall, wenn die Holdingtätigkeit als **geschäftsleitend** zu qualifizieren ist, wenn also **Führungsaufgaben** durch die Holdinggesellschaft übernommen werden.

Soweit der Sitzstaat Personengesellschaften intransparent besteuert und selbst ein DBA mit dem Drittstaat abgeschlossen hat, wie vorliegend aufgrund des DBA zwischen Belgien und Brasilien der Fall, sollte die Personengesellschaft alternativ auch selbst den Abkommensschutz für die betreffenden Einkünfte gegenüber dem Drittstaat geltend machen können.

§ 50d Abs. 9 EStG

Der mit dem Jahressteuergesetz 2007 eingeführte § 50d Abs. 9 EStG ist als unilaterale Rückfallklausel ausgestaltet und soll im grenzüberschreitenden Kontext unbesteuerte oder nur mit Quellensteuer belastete Einkünfte vermeiden. Die Regelung ist als **treaty override** ausgestaltet und daher verfassungsrechtlich bedenklich.[121] Die Norm kennt

---

[117] Vgl. *Lang* in Kirchhof/Schmidt/Schön/Vogel, Steuer- und Gesellschaftsrecht zwischen Unternehmerfreiheit und Gemeinwohl, 2006, S. 601 ff. m.w.N.

[118] Vgl. BFH, Urt. v. 19.12.2007 — I R 66/06, IStR 2008, 367 (369).

[119] BFH vom 17.12.2003, I R 47/02, IStR 2003, S. 785.

[120] Beschluss des BFH vom 19.12.2007, I R 66/06, BStBl. II 2008, 510; Anmerkung von Schönfeld, IStR 2008 S.367 (370).

[121] Vgl. *Gosch*, IStR 2008, 413.

zwei Anwendungsfälle für die **Versagung der Freistellung** und ist nur auf unbeschränkt Steuerpflichtige anwendbar (Outboundfall mit DBA-Freistellung).

Voraussetzung für eine Versagung der Freistellung nach DBA sind nach § 50d Abs. 9 EStG

► Unbeschränkt Steuerpflichtiger in Deutschland (=Ansässigkeitsstaat),

► der Einkünfte aus einem anderen Staat bezieht,

► mit dem ein DBA besteht,

► welches die Einkünfte in Deutschland freistellt.

=> Vorliegend bezieht der atypisch stille Gesellschafter in Deutschland Einkünfte aus Belgien, die nach dem DBA Belgien in Deutschland freigestellt sind, soweit eine Zuordnung der Einkünfte zur belgischen Betriebsstätte gelingt (Art. 7 Abs. 1 Satz 1 i. V. m. Art. 23 Abs. 1 Nr. 1 DBA Belgien).

§ 50d Abs. 9 **Nr. 2** EStG erfasst die Nichtbesteuerung von ausländischen Einkünften als Folge der sachlichen Abgrenzung der beschränkten Steuerpflicht im Quellenstaat. Betroffen sind hier diejenigen Einkünfte, die im Quellenstaat zwar bei unbeschränkter Steuerpflicht besteuert würden, aber vorliegend gerade deshalb nicht steuerpflichtig sind, weil sie in diesem Staat nicht von der beschränkten Steuerpflicht erfasst werden.

=> Vorliegend ist die **belgische Personengesellschaft in Belgien als eigenes Steuersubjekt unbeschränkt steuerpflichtig (intransparente Behandlung)**. Die Voraussetzungen des § 50d Abs. 9 Nr. 2 EStG liegen nicht vor.

50d Abs. 9 **Nr. 1** EStG erfasst die Nichtbesteuerung oder ermäßigte Besteuerung der Einkünfte im Quellenstaat als Folge der Anwendung von DBA-Bestimmungen. Dem Wortlaut nach soll die Abkommensanwendung des anderen Staates ursächlich sein für die geringe oder entfallende Besteuerung der Einkünfte. Sachliche oder persönliche Steuerbefreiungen im Ausland erfüllen daher nicht den Tatbestand,[122] was vom Steuerpflichtigen allerdings nachzuweisen sein wird. Gesetzesbegründung und Entwurffassung[123] hatten vor allem Fälle von Qualifikationskonflikten vor Augen, die im Zusammenhang mit der Beteiligung eines Inländers an einer ausländischen Personengesellschaft durchaus von Relevanz sind. Zu nennen ist vor allem die Veräußerung/Aufgabe des Mitunternehmeranteils eines inländischen Gesellschafters an einer im Ausland intransparent besteuerten Personengesellschaft.

=> Hier ist zu unterscheiden, wie Belgien die Dividendenausschüttung an die deutsche atypisch stille Gesellschaft behandelt.

---

[122] Vgl. *Grotherr*, IStR 2007, 265 (266).
[123] Vgl. BT-Drs. 16/2712, zu Nr. 38 Buchst. b.

- Erfolgt wegen der Ausschüttung an eine deutsche Kapitalgesellschaft eine Nicht-Besteuerung in Belgien **nach nationalem belgischen Steuerrecht**, dann liegen die Voraussetzungen des § 50d Abs. 9 Nr. 1 EStG nicht vor.
- Erhebt Belgien wegen der Ausschüttung an den deutschen atypisch stillen Gesellschafter eine Quellensteuer, die nach Art. 10 Abs. 2 DBA Belgien auf 15 % begrenzt ist, so **resultiert die ermäßigte Besteuerung aus dem Abkommen**. In diesem Fall könnte § 50d Abs. 9 Nr. 1 EStG anzuwenden sein. In der Folge wären die Einkünfte in Deutschland nicht freizustellen, sondern unter Anrechnung der belgischen Quellensteuer steuerpflichtig.

d. **Gesamtsteuerbelastung**

Unter Berücksichtigung einer belgischen Quellensteuer in Höhe von 15 % reduziert sich die Gesamtsteuerbelastung auf circa 44,85 % (siehe Bsp. 3).

Soweit eine Zurechnung der Anteile an der belgischen Personengesellschaft unmittelbar zur deutschen Kapitalgesellschaft erfolgt, würde in Belgien keine Quellensteuer erhoben und die Gesamtsteuerbelastung beliefe sich auf circa 35,12 % (siehe Bsp. 4).

Brasilianische Gesellschaft	**Bsp. 3**	**Bsp. 4**
bilanzieller Gewinn	100,00	100,00
./. Zinsaufwand	0,00	0,00
./. Körperschaftsteuer (34%)	34,00	34,00
Nettogewinn	66,00	66,00
Belgische PersG		
Dividenden Einkommen	66,00	66,00
Zinseinkommen	0,00	0,00
./. CIT (33,9% auf 5%)	1,12	1,12
Nettoeinkommen	64,88	64,88
./. Quellensteuer (15%)	9,73	0,00
Dividendenausschüttung	55,15	64,88
Deutsche PersG		
Entnahme	55,15	64,88
Nettoeinkommen	55,15	64,88
Gesellschafter		
Gewinn aus der dt. PersG	55,15	64,88
./. ESt (25%)	0,00	0,00
./. SolZ (5,5%)	0,00	0,00
Nettoeinkommen	55,15	64,88
Steuern	44,85	35,12
Effektive Steuerbelastung	**44,85%**	**35,12%**

e. Zusammenfassung

Der steuerliche Vorteil der zuvor dargestellten mittelbaren Beteiligungsstruktur besteht in der Freistellung brasilianischer Erträge nach dem DBA-Belgien, so dass die deutsche Besteuerung entfällt. Zu berücksichtigen ist in diesem Fall jedoch, dass aus brasilianischer und deutscher Steuersicht Mindestanforderungen an die Substanz einer belgischen Zwischenholding-Personengesellschaft gestellt werden. Auch der erhöhte Abstimmungsbedarf mit den örtlichen Finanzbehörden ist zu berücksichtigen.

II. Zwischen Lucro Presumido und Lucro Real sowie Neues zur COFINS

1. Steuerliche Gewinnermittlung in Brasilien

Kann durch eine Aufteilung des Brasilienengagements auf mehrere Gesellschaften eine Steuerreduktion in Brasilien erreicht werden?

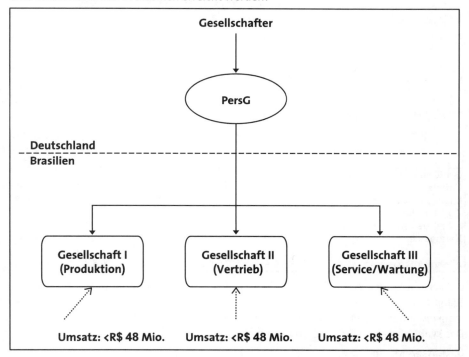

Bei der Gewinnermittlung für Zwecke der direkten Steuern (IRPJ und CSLL) gibt es in Brasilien neben der bilanziellen Methode (lucro real) für kleinere Unternehmen (Umsatz bis R$ 48,0 Mio.) die Möglichkeit einer pauschalen Besteuerung (lucro presumido).

a. Vereinfachte Gewinnermittlungsmethode (lucro presumido)

Unternehmen mit einem Vorjahresumsatz bis R$ 48,0 Mio. (entspricht 14,4 Mio. €; Wechselkurs zum 01.01.2009: R$ 1 = 0,30 €) haben ein Wahlrecht, die Berechnung der körperschaftsteuerlichen Bemessungsgrundlage (IRP) sowie des Sozialbeitrags (CSLL) anhand gesetzlich fixierter, umsatzbezogener Gewinnmargen vorzunehmen.

Die Verpflichtung zur Abgabe einer Körperschaftsteuererklärung wird dadurch nicht berührt. Es entfällt aber die Verpflichtung zur Erstellung einer vollumfänglichen Buchführung und es ist lediglich ein Kassenbuch mit Ein- und Ausgängen vorzuhalten. Die anzuwendenden Gewinnmargen sind gesetzlich vorgegeben. Die regelmäßige Bemessungsgrundlage für Körperschaftsteuerzwecke (IRPJ) beträgt 8 % der Bruttoumsätze. Branchenabhängig können andere Sätze zur Anwendung kommen, die zwischen 1,6 % (Verkauf von Kraftstoff) und 32 % (Dienstleistungen) variieren können. Für Zwecke des Sozialbeitrags (CSLL) beträgt die Bemessungsgrundlage 12 % (für Dienstleistungsunternehmen 32 %).

▶ IRPJ: Bemessungsgrundlage: 8 % des Umsatzes

Steuersatz: 25 % (bei Bemessungsgrundlage über R$ 240.000)

▶ CSLL: Bemessungsgrundlage: 12 % des Umsatzes

Steuersatz: 9 %

▶ **Effektiver Steuersatz: 3,08 %** auf den Umsatz

(für Dienstleistungsunternehmen (Bemessungsgrundlage 32 % des Umsatzes) beträgt der effektive Steuersatz 10,88 %).

Brasilianische Gesellschaft					
Umsatz		100,00	500,00	1000,00	2000,00
bilanzieller Gewinn	100,00	100,00	100,00	100,00	100,00
./. Körperschaftsteuer (34%)	34,00				
./. Körperschaftsteuer (3,08%)		3,08	15,40	30,80	61,60
Nettogewinn	66,00	96,92	84,60	69,20	38,40
effektiver Steuersatz	34,00%	3,08%	15,40%	30,80%	61,60%

Die Ausübung des Wahlrechts ist offensichtlich **für hochprofitable Unternehmen vorteilhaft**. Bei unterjährigen Änderungen bezgl. des Vorliegens der Voraussetzungen der Inanspruchnahme kann bzw. muss die Gewinnermittlungsmethode geändert werden. Das Wahlrecht kann für jedes Steuersubjekt gesondert ausgeübt werden.

b. Kassenprinzip

Im Unterschied zum deutschen Steuerrecht gilt in Brasilien grundsätzlich das Zufluss-Abfluss-Prinzip (Kassenprinzip).

Im Rahmen der vereinfachten Gewinnermittlung (lucro presumido) besteht ein Wahlrecht bezüglich des Zeitpunkts der Berücksichtigung ergebniswirksamer Vorgänge. Der Steuerpflichtige kann für jedes Jahr entscheiden, ob er das wirtschaftliche Verursachungsprinzip oder das Zu-und Abfluss-Prinzip (Kassenprinzip) anwendet.

Im Fall der Gewinnermittlung mittels Bilanz (lucro real) besteht dieses Wahlrecht nur bezüglich einzelner Bilanzposten (z. B. bei Wechselkursverlusten und -gewinnen oder bei Erträgen aus Geschäften mit Einrichtungen der brasilianischen öffentlichen Hand).

c. Lösung des Beispielfalles:

Durch eine Aufteilung des Brasilienengagements auf mehrere Gesellschaften dahingehend, dass die Gesellschaften unter die relevante Grenze von R\$ 48 Mio. fallen, kann eine Besteuerung im Rahmen der vereinfachten Gewinnermittlungsmethode „lucro presumido" erreicht werden.

Dies kann insbesondere für hochprofitable Unternehmensteile interessant sein, während für Unternehmensteile, deren Einnahmen hohe Ausgaben gegenüberstehen, die bilanzielle Gewinnermittlung (lucro real) vorteilhaft ist.

d. Deutsches Außensteuergesetz, Hinzurechnungsbesteuerung

Durch die Hinzurechnungsbesteuerung (§§ 7-14 AStG) soll verhindert werden, dass Gewinne in Niedrigsteuerländern gegen die deutsche Besteuerung abgeschirmt werden. Der Abschirmeffekt, der sich aus der rechtlichen Eigenständigkeit einer Kapitalgesellschaft (Trennungsprinzip) ergibt, wird durch die Hinzurechnungsbesteuerung durchbrochen. Liegen die Voraussetzungen für die Hinzurechnungsbesteuerung vor, werden die ausländischen Zwischeneinkünfte den inländischen Anteilseignern zugerechnet.

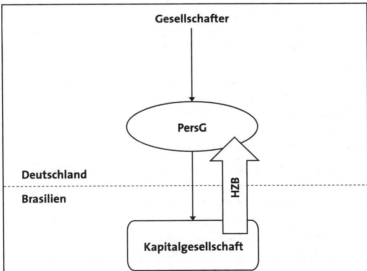

Die Voraussetzungen der Hinzurechnungsbesteuerung sind:

► Inländerbeherrschung einer ausländischen Gesellschaft
► Erzielen von passiven Einkünften

► Keine EU/EWR-Gesellschaft (sonst Entlastungsmöglichkeit)

► Niedrige Besteuerung der passiven Einkünfte

► Überschreitung der Freigrenze

aa. *Voraussetzungen der Hinzurechnungsbesteuerung*

   ► Inländerbeherrschung einer ausländischen Gesellschaft (§ 7 AStG)

   Vorliegend ist eine Inländerbeherrschung gegeben, da an der brasilianischen Kapitalgesellschaft in Deutschland unbeschränkt steuerpflichtige Personen **zu mehr als der Hälfte beteiligt** sind.

   ► Erzielen von passiven Einkünften (§ 8 Abs. 1 AStG)

   Der Begriff passive Einkünfte ist im Gesetz nicht definiert. Passive Einkünfte sind solche, die **nicht in der Auflistung der aktiven Einkünfte in § 8 Abs. 1 AStG enthalten** sind.

   – Im Beispiel würden durch die Produktion als industrielle Tätigkeit (§ 8 Abs. 1 Nr. 2 AStG) aktive Einkünfte erzielt.

   – Die Vertriebstätigkeit (Handel, § 8 Abs. 1 Nr. 4 AStG) könnte zu passiven Einkünften führen, soweit die Verfügungsmacht an den Waren von einer nahestehenden Person (Schwestergesellschaft) verschafft wurde (§ 8 Abs. 1 Nr. 4 Buchst. a AStG). Es besteht aber die Möglichkeit eines Funktionsnachweises.

   – Ebenso könnte die Service-Gesellschaft passive Einkünfte erzielen, soweit sie ihre Dienstleistung an eine nahestehende Person (Schwestergesellschaft) erbringt (§ 8 Abs. 1 Nr. 5 Buchst. b AStG). Auch hier besteht aber die Möglichkeit des Funktionsnachweises.

   ► Keine EU/EWR-Gesellschaft (§ 8 Abs. 2 AStG)

   ► Niedrige Besteuerung der passiven Einkünfte (§ 8 Abs. 3 AStG)

   Eine Niedrigbesteuerung liegt nach § 8 Abs. 3 AStG vor, wenn die Belastung mit Ertragsteuern nicht mehr als 25 % beträgt.

   – Dies kann in Brasilien zum Einen der Fall sein bei Gewinnen bis R$ 240.000 p.a., die effektiv mit **24 %** besteuert werden.

   – Vor allem aber ist zu beachten, dass die Anwendung der **vereinfachten Gewinnermittlung** (lucro presumido) zu einer Niedrigbesteuerung führen kann.

   Wenn die Einkünfte in Brasilien anders ermittelt werden als nach deutschem Steuerrecht, ist eine **Belastungsrechnung** durchzuführen. Dabei erfolgt eine Gegenüberstellung der nach deutschem Steuerrecht ermittelten Zwischeneinkünfte und der von der ausländischen Gesellschaft zu entrichtenden Ertragsteuern.

Die Ermittlung der **Ertragsteuerbelastung** (in %) richtet sich nach folgender Formel:

100 x Ertragsteuern / Summe der Zwischeneinkünfte

Beispiel:

Umsatz der bras. Gesellschaft	100,00
./. Körperschaftsteuer (3,08%)	3,08
Zwischeneinkünfte	20,00
Ertragsteuerbelastung (in %):	
100 x Ertragsteuern / Zwischeneinkünfte	**15,40**

► Überschreitung der Freigrenze (§ 9 AStG)

Die Hinzurechnungsbesteuerung unterbleibt, wenn die passiven Erträge höchstens 10 % der gesamten Bruttoerträge der Gesellschaft betragen (relative Freigrenze) oder wenn die passiven Erträge 80.000 € nicht übersteigen (absolute Freigrenze).

bb. *Rechtsfolge*

► Der Hinzurechnungsbetrag stellt eine **fiktive Gewinnausschüttung** dar. Auf den Hinzurechnungsbetrag ist jedoch weder das Teileinkünfteverfahren (§ 3 Nr. 40 Satz 1 Buchst. d EStG), noch die Abgeltungsteuer (§ 32 d EStG), noch die Dividendenfreistellung (§ 8 Abs. 1 KStG) anzuwenden.

► Bei einer späteren **tatsächlichen Ausschüttung** der im Rahmen der Hinzurechnungsbesteuerung erfassten Einkünfte können diese grundsätzlich zur Gänze steuerfrei vereinnahmt werden (§ 3 Nr. 41 Buchst. a EStG).

► In Frage stehen könne, ob die brasilianische Pauschalsteuer im Rahmen der Hinzurechnungsbesteuerung gem. § 12 Abs. 1 AStG angerechnet werden kann. Die Vorschrift verweist hierfür auf § 34c Abs. 1 EStG, so dass die oben bereits dargestellten Kriterien für die Anrechnung gelten. Die brasilianische Pauschalsteuer wird auf Basis einer Umsatzgröße ermittelt, so dass hier anzuzweifeln wäre, ob eine Ertragsteuer im Sinne des EStG/KStG vorliegt.
Anmerkung: Bei der Podiumsdiskussion am 3.11.2009 vertrat insbesondere *Herr Rupp* die Meinung, dass einer Anrechnung nichts entgegen stehen würde.

2. Umsatzsteuern und umsatzabhängige Sozialabgaben

Brasilien verfügt über bundesstaatliche (IPI), einzelstaatliche (ICMS) und gemeindliche (ISS) Umsatzsteuern. Daneben werden zwei umsatzabhängige Sozialabgaben (PIS und COFINS) erhoben.

Übersicht über die wichtigsten Steuern und Abgaben in Brasilien:

Direkte Steuern: - IRPJ (Körperschaftsteuer)

                   - CSLL (Sozialabgabe)

Indirekte Steuern: - IPI, ICMS, ISS (Umsatzsteuern)

                   - PIS, COFINS (Sozialbeiträge)

---

a. **Umsatzsteuern**

Die **bundesstaatliche Umsatzsteuer IPI** (Imposto sobre Produtos Industrializados) ist eine „Produktionssteuer" mit stark variierenden Steuersätzen zwischen 0 und 365 %. Daneben erheben die einzelnen Bundesstaaten eine **Landes-Umsatzsteuer ICMS** (Imposto sobre Operações relativas à Circulação de Mercadorias e Prestação de Serviços de Transporte interestadual e intermunicipal e de Comunicação) auf Importe und Umsätze mit körperlichen Wirtschaftsgütern. Je nach Bundesstaat liegt der Steuersatz zwischen 7 % und 18 %. Außerdem gibt es eine gemeindliche **Dienstleistungssteuer ISS** (Imposto sobre Serviços de qualquer Natureza) auf Dienstleistungen gewerblicher und kommerzieller Art, soweit diese nicht der ICMS unterliegen. Der Steuersatz variiert und beträgt in Großstädten in der Regel 5 %.

b. **Umsatzabhängige Sozialabgaben**

Brasilien erhebt über die normalen Verkehrs- und Umsatzsteuern hinaus zusätzlich die umsatzabhängigen **Sozialabgaben PIS** (Programa de Integracao Social) **und CO-FINS** (Contribuicao Social para Financiamento da Seguridade Social).

aa. *Steuersätze*

Seit dem Jahr 2003 gilt für PIS und COFINS die Systematik der Nicht-Kumulativität (regime nao cumulativo). Mit dieser Regelung wurden die Steuersätze auf 1,65 % für die PIS und 7,6 % für die COFINS angehoben. Im Gegenzug wurde ein Recht zum Vorsteuerabzug für bestimmte Ausgaben und Kosten eingeräumt.

Wenn ein Unternehmen zur vereinfachten Gewinnermittlungsmethode (lucro presumido) optiert hat verbleibt es bei der Alt-Regelung. Der Vorsteuerabzug ist ausgeschlossen, die Steuersätze betragen jedoch lediglich 0,65 % bzw. 3,0 % auf die Ausgangsumsätze.

bb. *Rechtsnatur*

Bei den Sozialabgaben handelt es sich um **Abgaben mit steuerlichem Charakter** (Grundsatzentscheidung Nr. 201-80.914 des Conselho de Contribuintes, des höchsten Entscheidungsgremiums im außergerichtlichen Rechtsbehelfsverfahren bezüglich PIS). Für sie gilt deshalb die 5-jährige Verjährungsfrist der brasilianischen Abgabenordnung CTN (Codigo Tributario Navional). Die für den Steuerpflichtigen ungünstigere 10-jährige Verjährungsfrist für Sozialabgaben ist bereits als verfassungswidrig erklärt worden durch ein Gerichtsurteil des Superior Tribunal de Justica (STJ). Als öffentlich-rechtliche Abgaben mit steuerlichem Charakter seien sie den Gesetzen zu unterwerfen, die das Besteuerungsverfahren regeln. Die Regelung einer besonderen Verjährungsfrist außerhalb der Steuergesetzgebung entbehre einer verfassungsmäßigen Grundlage und sei daher rechtswidrig.

cc. *Bemessungsgrundlage*

Bemessungsgrundlage für die Erhebung der Sozialabgaben ist- wie bei der Umsatzsteuer in Deutschland- der Umsatz. Zwischen Finanzverwaltung und Steuerpflichtigen ist derzeit aber heftig umstritten, ob das Brutto-Entgelt (also das Entgelt einschließlich aller sonstigen Verkehrs- und Umsatzsteuern) oder das Netto-Entgelt die Bemessungsgrundlage für die Erhebung der PIS/COFINS bildet. Vor allem geht es um die Frage, ob die Verkehrssteuer ICMS (Imposto sobre Circulacao de Mercadorias e Servicos) in die Bemessungsgrundlage für die Erhebung der Sozialabgaben PIS/COFINS miteinbezogen werden darf. Dies ist zwar derzeit gesetzlich so vorgesehen. Fraglich ist aber, ob dies gegen die verfassungsmäßige Vorgabe des Verbots der Steuerakkumulierung (nao-cumuladividade) verstößt. Eine einheitliche Linie der Gerichte zu dieser Frage ist nicht zu erkennen und eine höchstrichterliche Klärung steht noch aus.

dd. *Steuersatz*

Am 5. August 2009 bestätigte der Oberste Gerichtshof in Brasilien, dass die Anhebung der COFINS von 2 % auf 3 % aus dem Jahr 1998 verfassungsmäßig sei. Es handle sich lediglich um die Erhöhung des Steuersatzes einer bestehenden Steuer und nicht um eine (evtl. verfassungswidrige) Erweiterung der Bemessungsgrundlage.

2. Russland

von Dr. Hans R. Weggenmann, StB, Nürnberg[124]

Fall 19:

Literaturhinweise:

Cowley u.a. (Hrsg.), Global Corporate Tax Handbook, 2009, Russia; *Ehrlich*, Steuervergünstigungen in der Russischen Föderation im Bereich der Unternehmensbesteuerung – aktuelle Entwicklungen 2006-2007, IStR 2007, 809; *Koslow*, Das deutsch-russische Doppelbesteuerungsabkommen, IWB 2000, 1237 bzw. Fach 5 Russische Föderation Gr. 2, S. 75; *Kosyan*, Die Reformen des Steuersystems und die Verrechnungspreise in der Russischen Föderation, IWB 2006, 397 bzw. Fach 5 Russische Föderation Gr. 2, S. 123; *Kouzmina/Kosyan*, Verschärfung des Verrechnungspreisklimas in der Russischen Föderation, IWB 2008, 805 bzw. Fach 5 Russische Föderation Gr. 2, S. 155; *Oeltze/Heischkel*, Die Struktur des russischen Körperschaftsteuergesetzes, IStR 2003, 698; *Schuldheis*, Überblick über das Körperschaftsteuerrecht der Russischen Föderation, IWB 2007, 875 bzw. Fach 5 Russische Föderation Gr. 2, S. 131; *Wagner* in Debatin/Wassermeyer Doppelbesteuerung, Kommentar, Russland Band V; *Wellmann*, Investitionsstandort Russische Föderation: Wirtschaftsrecht, IStR 2008, 426; *Wellmann*, Investitionsstandort Russische Föderation: Steuern, IStR 2008, 465.

I. Aktuelles Änderungsprotokoll DBA Deutschland-Russland

Mit Änderungsprotokoll vom 15. Oktober 2007, welches am 15. Mai 2009 ratifiziert und damit in Kraft getreten ist, wurde das bestehende Doppelbesteuerungsabkommen zwischen der Bundesrepublik Deutschland und der Russischen Föderation ergänzt. Die Regelungen des Protokolls sind ab 1. Januar 2010 anzuwenden.

Der Schwerpunkt des Änderungsprotokolls bildet die Neufassung des Art. 26 DBA. Die im neu gefassten Artikel 26 enthaltenen Absätze 1 bis 5 geben – fast wörtlich – Art. 26 OECD-MA 2005 wieder. In Absatz 6 sind besondere Bestimmungen zur Datenverwendung bzw. Datenschutz vorgesehen, die so im OECD-MA nicht enthalten sind. Es handelt sich dabei im Einzelnen um folgende Bestimmungen:

a) Verwendung nur für vorgegebenen Zweck und unter den vorgegebenen Bedingungen der übermittelnden Stelle zulässig.

b) Auskunftsrecht der übermittelenden Stelle über die Verwendung der Daten und die erzielten Ergebnisse.

---

[124] Den Herren Dipl.-Kfm. Florian Kaiser und Dipl. Betriebswirt (BA) Günther Claß bin ich für die Mitwirkung am Manuskript zu großem Dank verpflichtet. Ebenfalls möchte ich mich bei den Kollegen der Niederlassung Rödl & Partner in Moskau, insbesondere bei Herrn Mark Rovinskiy für die gute Zusammenarbeit zu Fragen des russischen Steuerrechts herzlich bedanken.

c) Verbot von Übertragung von Daten an weitere Stellen ohne Zustimmung.

d) Beachtung innerstaatlicher Übermittlungsverbote.

e) Auskunftsrecht des betroffenen Steuerpflichtigen, insbesondere Verweis auf jeweils nationales Recht.

f) Schadensersatzanspruch des Steuerpflichtigen.

g) Löschungsvorschriften nach Zweckerreichung.

h) Verpflichtung die Übermittlung von Daten aktenkundig zu machen.

i) Verpflichtung zum Schutz der Daten gegenüber unbefugten Dritten.

Exkurs: Steuerhinterziehungsbekämpfungsgesetz (SteuerHBekG)

Mit dem Steuerhinterziehungsbekämpfungsgesetz wurde das Einkommen- bzw. Körperschaftsteuergesetz dahingehend geändert, dass steuerliche Vergünstigungen wie der Abzug von Betriebsausgaben bzw. Werbungskosten, die Entlastung vom Quellensteuerabzug, die Regelungen über die Abgeltungssteuer oder das Teileinkünfteverfahren und die Steuerbefreiung nach § 8b KStG sowie vergleichbare Vorschriften in DBA bei Auslandssachverhalten an besondere Mitwirkungs- und Nachweispflichten des Steuerpflichtigen gebunden sind.

*Die **besonderen Mitwirkungs- und Nachweispflichten** betreffen alle Sachverhalte, die nicht kooperierende Staaten berühren. Sie **gelten nicht**, wenn die im Ausland ansässigen Beteiligten oder andere Personen in einem **Staat** oder Gebiet ansässig sind, mit dem ein **Abkommen besteht**, das die Erteilung von Auskünften **entsprechend Art. 26 des OECD-MA** in der Fassung von 2005 vorsieht oder der Staat oder das Gebiet Auskünfte in einem vergleichbaren Umfang erteilt oder die Bereitschaft zu einer entsprechenden Auskunftserteilung besteht.*

Durch die Aufnahme des Art. 26 OECD-MA in das DBA BRD-Russland müssen deutsche Investoren künftig in Russland nicht die eben aufgezeigten durch das Steuerhinterziehungsbekämpfungsgesetz in das deutsche Steuerrecht eingefügten nachteiligen Regelungen fürchten. Russland sollte trotz des zusätzlichen Absatz 6 nicht als unkooperativer Staat i. S. d. SteuerHBekG anzusehen sein, da Absatz 6 lediglich Präzisierungsfunktion beizumessen ist.

Des Weiteren wurde im Protokoll der Begriff der „Dividenden" auch auf russische Ausschüttungen auf Anteilsscheine an einem Investmentvermögen erweitert. Dies entspricht auch der nationalen deutschen Qualifikation in § 2 Abs. 1 Satz 1 InvStG. Die Ausschüttungen eines deutschen Investmentvermögens sind schon bisher (auch) auf Abkommensebene als Dividenden qualifiziert worden. Daneben ergaben sich Änderungen an die Mindestkapitalanforderung einer Beteiligung für die Gewährung des

Schachtelprivilegs. Diese betrug seit der Euroumstellung 81.806,70 € (früher 160.000 DM) und wurde jetzt auf einen „runden" Eurobetrag von 80.000 € abgerundet.

II. Investition in Russland – Finanzierungsmaßnahmen/Umschuldung/ Währungsanpassung

1. Einführung

Die in Deutschland ansässige M-AG will in Russland eine weitere Produktionseinheit aufbauen. Aus diesem Grund wird am 1. März 2006 die T-OOO gegründet. Das Grundkapital der T-OOO beträgt 3,25 Millionen RUB, die Anschaffungskosten der M-AG 97.015 € (Wechselkurs 1:33,5). Die T-OOO erzielt jährlich einen Gewinn von 1,25 Millionen RUB, hat jedoch auch zur Stärkung der Liquidität von der M-AG ein Darlehen über 300.000 € erhalten. Das Darlehen lautet in Euro und ist nachschüssig zum Jahresende mit 10 % p. a. zu verzinsen.

Das Eigenkapital der T-OOO wird auf den 31.12.2007 mit 3,6 Millionen RUB festgestellt. Neben dem Darlehen der M-AG bestehen keine weiteren Verbindlichkeiten. Die T-OOO beschließt eine Dividendenausschüttung über 1,0 Million RUB zum 31.12.2008.

Welche steuerlichen Konsequenzen ergeben sich für die Zahlungen der T-OOO an die M-AG zum 31. Dezember 2008?

Hinweis: Wechselkurs   31.12.2007 = 1:36

                                         31.12.2008 = 1:41,3

2. Nationales russisches Steuerrecht - Ertragsteuern

a. Unternehmensgewinne

In Russland wird auf steuerpflichtige Unternehmensgewinne im Grundsatz eine **Gewinnsteuer** von **20 %** (bis 2008: 24 %) erhoben. Steuerliche **Verluste** sind **10 Jahre** vortragbar, ein Verlustrücktrag ist nicht möglich.

Unbeschränkte Steuerpflicht

► **Kapitalgesellschaften** unterliegen der Gewinnsteuer mit ihrem **weltweit erzielten Gewinn**. Das russische Steuerrecht unterscheidet bei der Gewinnermittlung zwei Gruppen von Einkünften. Zur ersten Gruppe sind alle Betriebseinnahmen aus der Realisation von Umsätzen mit Waren, Arbeiten und Dienstleistungen zu zählen. Zur zweiten Gruppe zählen alle „außergewöhnlichen" Erträge wie beispielsweise Dividendeneinnahmen, aber auch Einnahmen aus Dauerschuldverhältnissen wie Mieten, Pacht, Zinsen und Lizenzzahlungen. Die Steuer wird für die zweite Gruppe von Einkünften bereits an der Quelle vom sogenannten Steueragenten erhoben. Bei der Bemessungsgrundlage der Kapitalgesellschaft werden diese „außergewöhnlichen" Erträge zur Vermeidung einer Doppelbesteuerung nicht berücksichtigt.[125] Damit kann auch eine Differenzierung des Steuersatzes beispielsweise für Dividendeneinkünfte (s. unter b) realisiert werden. Der Gewinn wird mit Entstehung, unabhängig vom Zuflusszeitpunkt, der jeweiligen Periode zugerechnet.[126]

Als Rechtsformen für eine russische Tochtergesellschaft kommen insbesondere die Gesellschaft mit beschränkter Haftung (Obščstvo s ograničennoj otvetstvennost'ju; OOO), die in ihrer Ausgestaltung der deutschen GmbH ähnelt,[127] sowie die Aktiengesellschaft geschlossenen (Zakrytoje Akcionernoje Obščstvo; ZAO) und offenen Typs (Otkrytoje Akcionernoje Obščstvo; OAO) in Betracht.[128]

► **Personenhandelsgesellschaften** sind in der Russischen Föderation **kaum verbreitet.**[129] Die sog. Vollgesellschaft (polnoje tovariščestvo; vergleichbar mit der deutschen OHG) und die Gesellschaft auf Vertrauen (tovariščestvo na verje/kommanditnoje tovariščestvo; ähnlich der deutschen KG) gelten in Russland ebenfalls als **juristische Personen.** Diese unterschiedliche rechtliche Qualifizierung kann bei der Abkommensanwendung zu Qualifikationskonflikten führen.[130]

Beschränkte Steuerpflicht

► Ebenso wie Kapitalgesellschaften unterliegen auch **ständige Betriebsstätten** ausländischer Gesellschaften der Gewinnsteuer. Eine ständige Betriebsstätte stellt eine Filiale, Vertretung, Abteilung, Geschäftsstelle, Agentur oder jede andere abgeteilte Betriebseinheit dar, durch welche die ausländische Organisation sich in der Russischen Föderation regelmäßig unternehmerisch betätigt. Reine Vorbereitungs- oder Hilfstätigkeiten reichen jedoch nicht zur Begründung einer Betriebsstätte aus.

Mithin ergeben sich als Kriterien für das Vorliegen einer Betriebsstätte *kumulativ*:

– Bestehen einer Geschäftseinrichtung oder eines anderen Ortes, der Grundlage unternehmerischer Tätigkeit sein kann,

---

[125] Vgl. *Schuldheis* IWB 2007 Fach 5 Russische Föderation Gr. 2 S. 134.

[126] Vgl. *Schuldheis* IWB 2007 Fach 5 Russische Föderation Gr. 2 S. 134f.; eine ausführliche Darstellung zur Ermittlung der Bemessungsgrundlage der russischen Gewinnsteuer bei *Oeltze/Heischkel* IStR 2003, 698.

[127] Vgl. *Brand* in LBBW-international. wirtschaft & märkte Ausgabe 1/2009 S. 13

[128] Vgl. *Wellmann* IStR 2008, 426, 427.

[129] Vgl. *Wellmann* IStR 2008, 426, 427.

[130] Vgl. D/W-*Wagner* Russland Art. 3 Rn. 11.

– Ausübung einer unternehmerischen Tätigkeit durch diese Einheit in der Russischen Föderation und

– Regelmäßigkeit der Tätigkeit.

Hinsichtlich des Kriteriums der Regelmäßigkeit ist bemerkenswert, dass dieses bereits bei einer mehr als **30 Tage** dauernden unternehmerischen Tätigkeit (ununterbrochen oder kumulativ) als erfüllt gilt. Die Betriebsstätte gilt sodann mit Beginn der regelmäßigen Ausübung einer Tätigkeit als begründet, der Gründungsakt der Betriebsstätte als solcher ist insoweit nicht von Belang.[131]

► Bemessungsgrundlage der Steuer ist der **Gewinn** (Einnahmen abzüglich entstandener Kosten), den die **Betriebsstätte erzielt.**

► **Sonstige Erträge** ausländischer Gesellschaften aus **Quellen** der Russischen Föderation unterliegen ebenfalls der Gewinnsteuer, soweit nicht bereits durch die Tätigkeit eine Betriebsstätte begründet wird. Hierbei ist zu beachten, dass mit wenigen Ausnahmen **kein Abzug** von **Ausgaben** für die Quellenerträge möglich ist, da der Vergütungsschuldner („Steueragent") auf Rechnung der ausländischen Gesellschaft (Vergütungsgläubigerin) die Steuer mit abgeltender Wirkung einzubehalten und abzuführen hat.[132]

b. **Ausschüttung an Gesellschafter (Dividende)**

Gesellschafter der russischen Kapitalgesellschaft ist eine *Kapitalgesellschaft*

► Ausgeschüttete Dividenden sind, sofern der Empfänger eine andere **russische** Kapitalgesellschaft ist, bei dieser abweichend vom Grundsatz mit einem ermäßigten **Gewinnsteuersatz** von **9 %** zu besteuern. Die (ermäßigte) Steuer wird bereits von der auszahlenden Gesellschaft, dem sogenannten „Steueragenten", für Rechnung der Gesellschafterin als eine Art Quellensteuer einbehalten.

In Ausnahmefällen ist für Dividenden eine Reduzierung der Gewinnsteuer auf **0 %** möglich. Dies gilt allerdings nur, sofern für die Beteiligung gewisse Merkmale erfüllt sind. So muss am Tag der Beschlussfassung über die Dividendenausschüttung die Dividendenempfängerin im Laufe von 365 Tagen durchgehend mit mindestens 50 % des Grundkapitals an der die Dividende auszahlenden Gesellschaft beteiligt gewesen sein. Alterativ kann die Dividendenempfängerin auch über Hinterlegungsscheine i. H. v. 50 % der Summe der ausgeschütteten Dividenden verfügen. Dabei muss die Beteiligung oder der Wert der Hinterlegungsscheine **500 Mio. Rubel** übersteigen

---

[131] Vgl. *Schuldheis* IWB 2007 Fach 5 Russische Föderation Gr. 2 S. 133; *Wellmann* IStR 2008, 465, 470.

[132] Vgl. *Oeltze/Heischkel* IStR 2003, 698, 703.

Die Dividenden können sowohl von einer russischen als auch von einer ausländischen Gesellschaft ausgereicht werden. Wenn die Dividendenzahlung von einer ausländischen Gesellschaft erfolgt, ist weiterhin darauf zu achten, dass die Besteuerung der Ausschüttung mit dem Steuersatz von 0 % nur möglich ist, wenn die ausländische Gesellschaft nicht auf dem Territorium einer Steueroase oder einer „off-shore"-Zone liegt.[133] Die Liste der Steueroasen und Off-shore-Zonen wird vom Finanzministerium der RF festgelegt.

Allgemeine steuerliche Regelungen zur Behandlung von Organschaften existieren bisher nicht. Allerdings sehen die vom russischen Finanzministerium erarbeiteten Leitlinien der Steuerpolitik in der Russischen Föderation, welche der Transparenz und Vorhersehbarkeit von Änderungen auf dem Gebiet der russischen Steuergesetzgebung dienen, für die Zeit von 2009 bis 2011 eine gesetzliche Neuregelung im Bereich der Gruppenbesteuerung vor.[134]

▶ Bei Dividendenzahlungen an eine **ausländische** Kapitalgesellschaft beträgt die **Quellensteuer** nach nationalem Steuerrecht **15 %**.

Gesellschafter der russischen Kapitalgesellschaft ist eine *natürliche Person*

▶ Erfolgt die Dividendenzahlung an eine im Ausland ansässige natürliche Person ist nach nationalem Steuerrecht eine **Quellensteuer** von **15 %** einzubehalten.

c. **Ausgewählte steuerliche Aspekte**

aa. *Verdeckte Gewinnausschüttung (vGA)*

Im russischen Steuerrecht existiert (bisher) kein fester Begriff der vGA.[135] Es besteht jedoch das Risiko, dass Aufwendungen als nicht wirtschaftlich veranlasst angesehen werden und damit der Betriebsausgabenabzug verwehrt wird. Ebenso ist auch denkbar, dass die russische Finanzverwaltung, entsprechend der neueren Rechtsprechung, eine Umqualifizierung vornimmt.[136]

bb. *Fremdkapitalzinsen („Thin Cap-Rules")*

Die Abziehbarkeit von Fremdkapitalzinsen ist einmal generell, d.h. unabhängig vom Zinsgläubiger, und darüber hinaus für den speziellen Fall eines qualifiziert beteiligten Gesellschafters geregelt.

---

[133] Die Liste der Steueroasen und Off-shore-Zonen wird vom Finanzministerium der Russischen Föderation festgelegt.

[134] Vgl. *Wellmann* IStR-LB 2008, 34; Die Leitlinien 2008 bis 2010 sind auf der Homepage des russischen Finanzministeriums (www.minfin.ru) unter der Rubrik „Budget reform" abrufbar.

[135] Lediglich bei der Gesellschafterfremdfinanzierung kommen die Grundsätze der vGA zur Anwendung, siehe § 269 NK-RF.

[136] Vgl. *Wellmann* IStR 2008, 465, 466f.

▶ **Allgemeine Regelung zur Abziehbarkeit ("Zinsschranke")**

Der Abzug von Zinsen ist nur bis zu einer bestimmten Höhe möglich. Der maximal abziehbare Zinssatz ist zweistufig zu ermitteln.

– Vergleich anhand tatsächlich vergleichbarer Darlehen

Sofern tatsächlich vergleichbare Darlehen vorliegen, kann diese Methode angewendet werden. Es besteht für den Steuerpflichtigen ein Wahlrecht. Bei dieser Methode wird durch Ermittlung des **durchschnittlichen Zinssatzes** aller vergleichbarer Darlehen zuzüglich eines **Aufschlags** von **20 %** der Zinsrahmen bestimmt. Die über diesen Rahmen hinausgehenden Zinsaufwendungen sind steuerlich nicht berücksichtigungsfähig.

Diese Vergleichsmethode ist jedoch nur anwendbar, wenn mindestens **3 vergleichbare Darlehen** vorhanden sind. Ein hypothetischer Vergleich oder Drittvergleiche sind nicht zulässig. Voraussetzungen für die Vergleichbarkeit der Darlehen sind:

▶ vergleichbare Laufzeit,

▶ gleichzeitige Verfügbarkeit (Stichtag),

▶ vergleichbarer Umfang (Valuta),

▶ gleichermaßen besichert, und

▶ in gleicher Währung lautend.

In der Praxis könnte diese Methode insbesondere auf Banken und Leasinggesellschaften Anwendung finden, sofern diese mehrere (Leasing-) Geschäfte zwar zu unterschiedlichen Zinssätzen aber sonst vergleichbaren Konditionen refinanzieren.[137]

– Sind vergleichbare Darlehen nicht vorhanden, ist in einem pauschalierten Verfahren die Höhe der abziehbaren Zinsaufwendungen zu bestimmen. Dabei erfolgt eine Unterscheidung zwischen Rubel- und Fremdwährungsdarlehen.

▶ Für **Rubelverbindlichkeiten** bestimmt sich die Höhe des maximal abziehbaren Zinssatzes nach dem **Refinanzierungssatz** der **russischen Zentralbank** zuzüglich eines Aufschlags von 10 %. Zeitlich befristet bis zum 31.12.2009 wurde der **Aufschlag** auf **100 %** erhöht. Ob diese Maßnahme jedoch verlängert wird, ist ungewiss. Bis Ende 2009 berechnet sich der maximal abziehbare Zinssatz jedenfalls wie folgt:

---

[137] Vgl. Veröffentlichung Rödl & Partner „Russisches Steuerrecht Aktuell: Wichtigste Änderungen 2009 im Überblick" im Internet abrufbar unter www.roedl.ru unter der Rubrik „Publikationen"

Refinanzierungssatz Zentralbank x 2 = abziehbare Zinsen
(Stand 9/09: 10,75 % x 2 = 21,5 % max. Zinssatz)

► Für **Fremdwährungsverbindlichkeiten** galt für alle Währungen eine einheitliche Höchstgrenze von 15 % p. a., die momentan bis Ende 2009 auf **22 % p. a.**
erhöht wurde. Allerdings gilt auch dabei die Prämisse, dass dieser Zinssatz
immer noch fremdüblich ist.

► **Gesellschafterfremdfinanzierung**

Zusätzlich zu den allgemeinen Regelungen zum Zinsabzug existieren daneben noch
besondere Regelungen zur Abziehbarkeit von Gesellschafterdarlehen (Gesellschafterfremdfinanzierung). Diese kommen aber nur zur Anwendung, wenn die
russische Gesellschaft eine Darlehensverbindlichkeit gegenüber einer **ausländischen Gesellschaft** aufweist, die eine **qualifizierte Beteiligung** von mindestens **20 %**
an der russischen Gesellschaft hält (unmittelbare Beteiligung) oder gegenüber einer
anderen russischen Gesellschaft, die ihrerseits als verbundenes Unternehmen der
ausländischen Gesellschaft gilt. Ebenso finden die Regelungen auch dann Anwendung, wenn zwar keine qualifizierte Beteiligung vorliegt, die oben genannte Gesellschaft aber für die Verbindlichkeiten haftet. Zur Verdeutlichung der verschiedenen
Möglichkeiten dient nachfolgende Grafik:

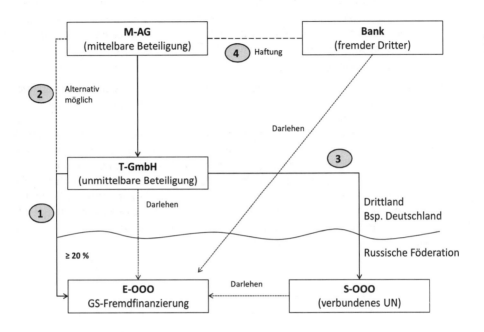

Es muss der **Verschuldensgrad** bestimmt werden (safe-haven-Regelung). Überschreitet der Verschuldungsgrad ein **Verhältnis von 1:3** (bei Banken und Leasinggesellschaften 1:12,5), sind die darüber **hinausgehenden Zinsen** als **Dividende** zu qualifizieren. Somit sind hier in den Regelungen zur Gesellschafterfremdfinanzierung die Grundsätze der vGA enthalten.

Es ergibt sich folgendes Berechnungsschema:

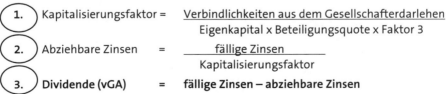

1. Kapitalisierungsfaktor = $\dfrac{\text{Verbindlichkeiten aus dem Gesellschafterdarlehen}}{\text{Eigenkapital x Beteiligungsquote x Faktor 3}}$

2. Abziehbare Zinsen = $\dfrac{\text{fällige Zinsen}}{\text{Kapitalisierungsfaktor}}$

3. **Dividende (vGA)** = **fällige Zinsen – abziehbare Zinsen**

Inwieweit ein möglicherweise dem entgegenstehendes Abkommensrecht die dargestellten Regelungen zur Gesellschafterfremdfinanzierung bei ausländischen Investoren einschränkt, wird in Abschnitt 4 b) betrachtet.

cc. *Verrechnungspreise*

Es ist möglich, dass die russische Steuerbehörde vereinbarte Preise bei extrem von den Marktpreisen abweichenden unüblichen Preisen (+/- >20 %) korrigiert. Eine Überprüfung ist aber nur möglich bei Transaktionen zwischen abhängigen Personen, bei Tauschgeschäften, bei Außenhandelstransaktionen oder wenn der vom gleichen Verkäufer berechnete Preis für identische Waren innerhalb kurzer Zeit um mehr als 20 % abweicht.

Aufzeichnungspflichten bestehen für den Steuerpflichtigen keine. Die objektive Beweislast für die Unüblichkeit des Preises liegt bei den Steuerbehörden.[138] Außerdem soll es der russischen Verwaltung wohl an einer entsprechend breiten Datenbasis fehlen, um die Regelungen in der Praxis effektiv umsetzen zu können.[139]

Die Leitlinien der Steuerpolitik des russischen Finanzministeriums sehen auch im Bereich der Verrechnungspreise eine gesetzliche Neuregelung vor. Nach der bisher erkennbaren Tendenz ist davon auszugehen, dass sich die künftigen Verrechnungspreisgrundsätze wohl im Wesentlichen an den OECD-Richtlinien orientieren und damit weitaus effektiver als die bisherigen Regelungen sein werden.[140]

d. **Steuervergünstigungen und Sonderwirtschaftszonen**

Das russische Steuerrecht sieht zur Stärkung der Wirtschaft Vergünstigungen vor. Diese lassen sich grob in die Förderung bestimmter Branchen (z. B. Informationstechnologie) und Gebiete untergliedern. Zur Förderung der Entwicklung und Investitionsbereitschaft bestimmter Gebiete sind verschiedene Arten von Sonderwirtschaftszonen eingerichtet worden. Diese können (in der Regel auf Antrag Vergünstigungen bei der Steuer- und Abgabenlast oder auch Subventionen in die Infrastruktur gewähren, sind aber in der Regel auch an bestimmte Mindestinvestitionsvolumen geknüpft. Die Geltungsdauer von Sonderwirtschaftszonen ist auf maximal 20 Jahre begrenzt. [141]

---

[138] Vgl. *Kosyan* IWB 2006 Fach 5 Russische Föderation Gr. 2 S. 127ff.

[139] Vgl. *Wellmann* IStR 2008, 465, 467.

[140] Eine ausführlichere Darstellung zum Gesetzentwurf des Finanzministeriums der Russischen Föderation aus dem Jahr 2007 bei *Kuzmina/Kosyan* IWB 2008 Fach 5 Russische Föderation Gr. 2 S. 155.

[141] Eine ausführliche Übersicht bei *Ehrlich* IStR 2007, 809.

3. Nationales russisches Steuerrecht – Sonstige Steuern und Abgaben

Weitere Steuern und Abgaben, die von einer juristischen Person in der russischen Föderation in der Regel entrichtet werden müssen:

▶ **Umsatzsteuer**

Der Regelsteuersatz beträgt **18 %** auf die meisten Waren, Arbeiten und Dienstleistungen; der ermäßigte Steuersatz beträgt 10 %.

▶ **Vermögensteuer auf Betriebsvermögen** (Regionale Steuer)

Der Steuersatz (**0-2,2 %**) wird von den einzelnen Regionen der russischen Föderation selbständig festgelegt, darf aber maximal 2,2 % betragen. Die Steuer wird – stark vereinfacht – auf den durchschnittlichen Bilanzwert des nach russischem Buchhaltungsverfahren ermittelten Anlagevermögens (ohne Grund und Boden) erhoben.

▶ Weitere regionale Steuern, wie beispielsweise Transportsteuer (eine Art Kfz-Steuer).

▶ **Versicherung gegen Betriebsunfälle und Berufskrankheiten**

Der Beitrag ist risikoabhängig und kann je nach Branche von **0,2 %** bis **8,5 %** variieren. Bemessungsgrundlage ist die Summe der Zahlungen an Arbeitnehmer und an weitere natürliche Personen aus zivilrechtlichen Verträgen (z. B. Werkvertrag).

▶ Einheitliche **Sozialsteuer**

Regressivsteuersatz von **26 %** bis **2 %**. Je höher der Gesamtbetrag der jährlichen Zahlungen (Arbeitslohn inklusive geldwerter Vorteile) an den Arbeitnehmer ist, desto niedriger ist der Steuersatz.

4. DBA BRD-Russland

Nach **russischem Rechtsverständnis** ist ein **„Treaty Override"** einer Abkommensvorschrift **nicht zulässig**. Folglich finden die nationalen russischen Steuervorschriften keine Anwendung, soweit ein Verstoß gegen ein DBA vorliegt. Ob dieser Verstoß bereits im Zeitpunkt des Abschlusses des DBA oder erst später durch eine nachfolgende Gesetzesänderung eingetreten ist, ist irrelevant.[142]

a. Dividenden (Art. 10 DBA BRD-RUS)

Dem (Quellen-) Staat, in welchem die Dividenden zahlende Gesellschaft ansässig ist, steht ein Besteuerungsrecht zu. Die Steuer auf die Dividende darf im Quellenstaat aber 15 % nicht übersteigen.

---

[142] Vgl. D/W-*Wagner* Russland Art. 1 Rn. 2; *Koslow* IWB 2000 Fach 5 Russische Föderation Gr. 2 S. 76; Studie Beiten Burkhardt Rechtsanwälte „Investitionen in Russland" S. 63 veröffentlicht auf der Internetseite der IHK Rhein-Neckar (http://www.rhein-neckar.ihk24.de) unter der Rubrik „International/Wirtschaftsrecht und Steuern".

Art. 10 Abs. 1 Buchst. a) DBA BRD-Russland sieht für die Gewährung des Schachtel-privilegs eine von der deutschen Abkommenspraxis abweichende Besonderheit vor. So ist für die Gewährung der **Quellensteuerreduktion auf 5 %** neben einer **prozentualen Mindestbeteiligung von 10 %** am Grund bzw. Stammkapital auch eine **absolute Mindestbeteiligung am Kapital in Höhe von 80.000 €** erforderlich.

In der Literatur war die Ermittlung des Werts der absoluten Mindestbeteiligung umstritten. Es gab Stimmen, die hierbei den gemeinen Wert der Beteiligung zugrunde legen wollten, ja es wurde sogar vertreten, dass im Wege der teleologi-schen Reduktion bei einer Beteiligung von mehr als 25 % auf eine absolute Grenze ganz zu verzichten sei.[143] Dem hat die Rechtsprechung –meines Erachtens zu Recht– eine Absage erteilt und für die Bestimmung der Wertgrenze einzig auf den **Nominalwert der Beteiligung** abgestellt.[144] Das russische Gesellschaftsrecht sieht relativ niedrige Mindestkapitalanforderungen an Kapitalgesellschaften vor, daher dient die Wertgrenze im DBA der Sicherung eines gewissen Mindestvolumens der ausländischen Investition.[145] Folglich ist auch die Festlegung einer Wertgrenze für die Gewährung des Schachtelprivilegs in der russischen Abkommenspraxis durch-aus verbreitet.[146]

Das Grund- bzw. Stammkapital wird bei russischen Kapitalgesellschaften in Rubel ausgewiesen. Daher kann es durch Wechselkursschwankungen zu einer Unter-schreitung der absoluten Wertgrenze von 80.000 € kommen. Fraglich ist daher, ob diese Voraussetzung bei jeder Ausschüttung oder nur im Zeitpunkt der Investition gegeben sein muss. Bezüglich dieser Frage wurde durch eine deutsch-russische Ver-ständigungsvereinbarung dahingehend Einigkeit erzielt, dass das Erreichen im **Zeit-punkt der Investition** ausreichend ist.[147]

Kommt eine Reduktion der nationalen russischen Quellensteuer von 15 % auf 5 % aufgrund der Anwendung des im DBA geregelten Schachtelprivilegs in Betracht, muss die ausländische Gesellschaft beim Steueragenten (russische Tochtergesell-schaft) eine Ansässigkeitsbescheinigung des Betriebsfinanzamts vorlegen. Auszüge aus dem Handelsregister, der Handwerksrolle oder der Gewerbeanmeldung reichen nicht aus.[148]

---

[143] Vgl. *Kramer* IStR 2003, 159; RIW 2004, 794.

[144] Vgl. BFH-Urt. v. 26.5.2004, I R 54/03, IStR 2004, 833; zustimmend *Wagner* IStR 2004, 834; Lang PIStB 2004, 269.

[145] Vgl. D/W-*Wagner* Russland Art. 10 Rn. 10.

[146] Vgl. z. B. DBA Russland-Schweiz oder DBA Russland-Österreich

[147] Vgl. BMF-Schreiben v. 18.10.2001 BStBl I 2001 S. 777.

[148] Vgl. *Schuldheis* IWB 2007 Fach 5 Russische Föderation Gr. 2 S. 143.

Eine ausdrückliche Bestätigung des Besteuerungsrechts des Ansässigkeitsstaates, entsprechend Art. 10 Abs. 1 OECD-MA, ist im DBA nicht enthalten. Für den Fall, dass eine russische Gesellschaft an den in Deutschland ansässigen Gesellschafter eine Dividende ausschüttet, kommt bei der Besteuerung in Deutschland grundsätzlich die Anrechnungsmethode nach Art. 23 Abs. 2 Buchst. b) aa) DBA BRD-Russland zur Anwendung. Ist der Gesellschafter jedoch eine zu 10 % unmittelbar beteiligte deutsche Kapitalgesellschaft, sind die Dividenden freizustellen, soweit sie der Aktivitätsklausel des Buchst. c) genügen. Aufgrund der umfassenden Steuerbefreiung von Dividendeneinkünften nach § 8b KStG ist diese Differenzierung heute – wenn überhaupt – nur noch für Zwecke der Gewerbesteuer von Bedeutung.[149]

b.   Zinsen (Art. 11 DBA BRD-RUS)

Zinsen, die an eine im anderen Staat ansässige Person gezahlt werden, können nur im Ansässigkeitsstaat besteuert werden. Dies gilt nicht, sofern sie einer Betriebsstätte zugeordnet werden können. Die Zinsdefinition in Art. 11 Abs. 2 DBA BRD-Russland entspricht der des Art. 11 Abs. 3 OECD-MA und ist nach deutschem Verständnis abschließend.[150]

Fraglich ist allerdings, wie Zinszahlungen aus einem Gesellschafterdarlehen abkommensrechtlich zu werten sind und ob es zu Qualifikationskonflikten kommt, wenn diese aufgrund der Regelungen zur Gesellschafterfremdfinanzierung als Dividenden (um)qualifiziert werden. Die beiden Staaten haben diesbezüglich eine Verständigungsvereinbarung getroffen, wonach die Anwendung der nationalen Regelungen zur Unterkapitalisierung von verbundenen Unternehmen im Einklang mit dem zweiten Satz der Nummer 3 des Protokolls zum DBA steht.[151] Die russische Rechtsprechung vertritt jedoch eine andere Auffassung und sieht in den nationalen russischen Regelungen zur Gesellschafterfremdfinanzierung einen Verstoß gegen das Abkommensrecht.[152] Soweit man der Rechtsprechung folgt, ist ein Qualifikationskonflikt auf Ebene der Anwendung des DBA ausgeschlossen, da die Regelungen bereits auf Ebene der nationalen Gewinnermittlung der Tochtergesellschaft aufgrund des Vorrangs des Abkommens keine Anwendung finden. Wie lange diese Rechtsprechung allerdings Bestand haben wird, bleibt abzuwarten.[153] Auf deutscher Seite wäre nach Maßgabe des Korrespondenzprinzips eine Steuerbefreiung

---

[149]   Sofern § 9 Nr. 7 GewStG nicht einschlägig ist.

[150]   Vgl. D/W-*Wagner* Russland Art. 11 Rn. 8.

[151]   Vgl. BMF-Schreiben v. 18.10.2001 BStBl I 2001 S. 777.

[152]   Vgl. Entscheidung des Föderalen Arbitrage-Gerichts für das Moskauer Gebiet KA-A40/6616-05 vom 25.7.2007 in *Wellmann* IStR 2008, 465, 471.

[153]   Vgl. *Scholz* im Jahresbericht der AHK „Russland 2007 Dynamik, Kontinuität und Wandel" S. 49, veröffentlicht auf der Internetseite der AHK (http://russland.ahk.de) unter der Rubrik „Publikationen/Jahresberichte".

derartiger in Russland zum Abzug zugelassener Zinszahlungen gem. § 8b Abs. 1 Satz 1 und 2 KStG nicht zu erreichen.

Würden die russischen Regelungen zur Gesellschafterfremdfinanzierung Anwendung finden, führte dies zu einer Versagung des Betriebsausgabenabzugs bei der russischen Tochtergesellschaft. In diesen Fällen wären die als Dividenden umqualifizierten Zinsen aufgrund der Wahrung des Korrespondenzprinzips gemäß § 8b Abs. 1 Satz 1 und 2 i. V. m. § 8 Abs. 3 Satz 2 KStG bei der deutschen Muttergesellschaft von der Besteuerung freizustellen (5 % als nicht abziehbare Betriebsausgaben).

c. **Betriebsstätteneinkünfte (Art. 7 DBA BRD-RUS)**

Betriebsstätteneinkünfte können im Betriebsstättenstaat besteuert werden. Die Definition der Betriebsstätte entspricht derjenigen in Art. 5 OECD-MA, sowohl in der Aufzählung der die Betriebsstätte positiv begründenden Einrichtungen, als auch bei der negativen Abgrenzung (Negativkatalog). Somit kann das Vorliegen einer Betriebsstätte nach den allgemeinen Grundsätzen beurteilt werden.

5. Zusammenfassung anhand des Einführungsfalles

Vorab eine Zusammenfassung des Sachverhalts:

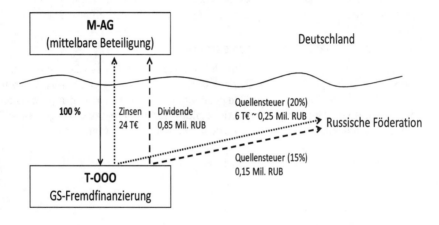

Lösungsskizze – Sachverhalt (vor Anwendung DBA)

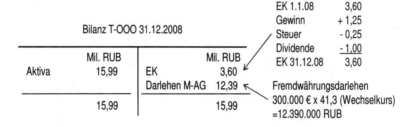

► **Beurteilung der Dividendenzahlung**

Der von der T-OOO im Jahr 2007 erzielte Gewinn in Höhe 1,25 Mil. RUB wurde nach Abzug der Gewinnsteuer (20 % = 0,25 Mil. RUB) an die M-AG ausgeschüttet. Nach russischem Recht muss die T-OOO als „Steueragentin" bei Auszahlung an die M-AG eine Quellensteuer in Höhe von 0,15 Mil. RUB (= 15 %) einbehalten, so dass lediglich 0,85 Mil. RUB an die M-AG ausbezahlt werden.

Fraglich ist, ob die Quellensteuer aufgrund des Schachtelprivilegs (Art. 10 Abs. 1 Buchst. a) DBA) auf 0,05 Mil. RUB (= 5 %) reduziert werden kann. Hierfür müsste die M-AG zwei Tatbestandsvoraussetzungen erfüllen:

— *Unmittelbare Beteiligung an der T-OOO in Höhe von mindestens 10 % am Grund- bzw. Stammkapital*

Hier handelt es sich um eine 100 %ige Tochtergesellschaft, so dass dieses Merkmal erfüllt ist

— *Kapitalbeteiligung von mindestens 80.000 €*

Für die Bestimmung der Kapitalbeteiligung ist der Nominalwert maßgebend. Das Grundkapital der T-OOO beträgt 3,25 Mil. RUB. Dies entspricht

► im Zeitpunkt der Ausschüttung 78.692 € (Wechselkurs 1:41,3)

► im Zeitpunkt der Gründung 97.015 € (Wechselkurs 1:33,5)

Entscheidend ist somit, zu welchem Zeitpunkt die Mindestkapitalbeteiligung von 80.000 € bestanden haben muss, da im Zeitpunkt der Ausschüttung die Grenze unterschritten ist. Es ist jedoch gemäß der deutsch-russischen Verständigungsvereinbarung ausreichend, wenn die Kapitalbeteiligung im Zeitpunkt der Investition 80.000 € übersteigt. Dies ist hier der Fall, daher ist auch das zweite Merkmal erfüllt.

Somit ist aufgrund des DBA eine Reduktion der Quellensteuer auf 5 % vorzunehmen, weshalb der M-AG 0,95 Mil. RUB als Nettodividende zufließen.

Für Zwecke der deutschen Besteuerung ist die Dividende grds. gem. Art. 23 Abs. 2 Buchst. a) DBA BRD-Russland von der Besteuerung freizustellen.

Exkurs: Die Tätigkeit der T-OOO wäre als passiv im Sinne von § 8 AStG zu qualifizieren.

Eine mögliche Steuerfreistellung aufgrund des DBA-Schachtelprivilegs scheidet aus. Zwar ist Deutschland verpflichtet Dividendenerträge von der Besteuerung freizustellen, soweit die dividendenempfangende Gesellschaft mit mindestens 10 % beteiligt ist (Art. 23 Abs. 2 Buchst. a) DBA BRD-Russland). Allerdings liegen hier schädliche passive Einkünfte im Sinne von Art. 23 Abs. 2 Buchst. c) DBA BRD-Russland vor, so dass lediglich die Anrechnungsmethode zur Anwendung kommt.

Für Zwecke der Körperschaftsteuer kommt es aufgrund der nationalen Freistellung nach § 8b KStG im Ergebnis zu keiner Änderung.

Anders hingegen für Zwecke der Gewerbesteuer. Hier wird der steuerfreie Dividendenertrag der T-OOO bei der M-AG wieder hinzugerechnet, sofern nicht die Voraussetzungen des § 9 Nr. 7 GewStG erfüllt sind (§ 8 Nr. 5 GewStG). Die T-OOO erzielt hier keine Einkünfte im Sinne von § 8 Abs. 1 Nrn. 1 bis 6 AStG (aktive Einkünfte), so dass aufgrund der schädlichen passiven Einkünfte § 9 Nr. 7 GewStG keine Anwendung findet und die Dividende für Zwecke der Gewerbesteuer voll der Besteuerung unterworfen wird.

Fraglich ist nun, ob die einbehaltene russische Quellensteuer von 5 % auf die deutsche Gewerbesteuer angerechnet werden kann. Nach Art. 23 Abs. 2 Buchst. b) DBA BRD-Russland ist eine Anrechnung jedoch ausschließlich auf die Einkommen,- Körperschaft-, und Vermögensteuer möglich.

► **Beurteilung der Zinszahlung**

Für das Jahr 2008 schuldet die T-OOO der M-AG Zinsen in Höhe von 30.000 € (= 1,239 Mil. RUB; Wechselkurs 1:41,3), die auch bisher in voller Höhe als Aufwand in der Gewinnermittlung erfasst sind. Bei Auszahlung an die M-AG wurde eine Quellensteuer in Höhe von 6.000 € (= 20 %) einbehalten. Für die steuerliche Beurteilung der Zinszahlungen ist zu unterscheiden:

— *Generelle Abziehbarkeit von Zinsaufwendungen bei der T-OOO*

Für die Ermittlung der Bemessungsgrundlage zur russischen Gewinnsteuer der T-OOO wird für die Abziehbarkeit der Zinsaufwendungen zwischen Rubel- und Fremdwährungsverbindlichkeiten unterschieden. Das von der M-AG gewährte Darlehen lautet auf Euro, somit handelt es sich um eine Fremdwährungsverbindlichkeit und der maximal berücksichtigbare Zinssatz beträgt 22 % p.a. Hier wird das Darlehen mit 10 % p.a. verzinst, so dass die Zinsaufwendungen generell abziehbar sind.

— *Gesellschafterfremdfinanzierung*

Darüber hinaus sind hier aber auch die Regelungen zur Gesellschafterfremdfinanzierung zu beachten. Die M-AG, als ausländische Gesellschaft, ist zu mehr als 20 % an der T-OOO beteiligt (siehe Variante 1 in obiger Grafik).

Es ergibt sich nachfolgende Berechnung:

Kapitalisierungsfaktor = $\dfrac{\text{Verbindlichkeiten aus dem Gesellschafterdarlehen}}{\text{Eigenkapital x Beteiligungsquote x Faktor 3}}$

= (300.000 € x 41,3 €/RUB)/(3,6 Mil. RUB x 1,00 x 3)

= 1,14722

Abziehbare Zinsen = $\dfrac{\text{fällige Zinsen}}{\text{Kapitalisierungsfaktor}}$

= (30.000 € x 41,3 €/RUB)/1,14722

= **1,08 Mil. RUB abziehbare Zinsen**

Dividende (vGA) = fällige Zinsen – abziehbare Zinsen

= 1,239 Mil. RUB – 1,08 Mil. RUB

= **0,159 Mil. RUB als vGA**

Somit sind lediglich **1,08 Mil. RUB** als **Zinsaufwand** abziehbar. Der Differenzbetrag in Höhe von **159 T. RUB** ist als Gewinnverwendung (**Dividende**) zu qualifizieren und erhöhen die Bemessungsgrundlage zur Gewinnsteuer, so dass sie im Ergebnis nicht als Aufwendungen berücksichtigt wurden. Dies führt zu einer Erhöhung der **Gewinnsteuer** um **31,8 T. RUB** (20 %), sowie einem zusätzlichen **Quellensteuereinbehalt** nach nationalem Recht für Rechnung der M-AG von **19,08 T. RUB** (15 %). Ob die Quellensteuer aufgrund des Schachtelprivilegs ggf. auf 5 % reduziert werden kann, ist erst im Rahmen der Abkommensanwendung zu prüfen.

Exkurs: Abziehbarkeit der Zinsaufwendungen im Jahr 2007

Kapitalisierungsfaktor = (300.000 € x 36 €/RUB)/(3,6 Mil. RUB x 1,00 x 3)

= 1,0

*Aufgrund des **niedrigeren Wechselkurses** (1:36) war die **Verbindlichkeit** aus dem Gesellschafterdarlehen entsprechend **geringer** und die Vorschriften zur **Gesellschafterfremdfinanzierung** fanden **keine Anwendung**!*

Die **russische Rechtsprechung** sieht jedoch in den Regelungen zur Gesellschafterfremdfinanzierung einen **Verstoß gegen Abkommensrecht**. Es kommt daher – bereits auf nationaler Ebene – zu keiner Umqualifizierung und die **Zinsen** bleiben in **vollem Umfang abzugsfähig**.

Anmerkung: Sollte entgegen der russischen Rechtsprechung doch eine Umqualifizierung vorgenommen worden sein, ist auf die als Dividende (um)qualifizierten Zinsen in Deutschland die Steuerbefreiung nach § 8b Abs. 1 KStG anzuwenden.

Die Zinszahlungen können mangels Umqualifizierung unproblematisch unter Art. 11 Abs. 2 DBA BRD-Russland subsumiert werden, folglich hat hier Deutschland als Ansässigkeitsstaat das ausschließliche Besteuerungsrecht.

Die Zinsen sind (sofern man der russischen Rechtsprechung folgt) **von der Quellensteuer vollständig freizustellen.**

Lösungsskizze – Ergebnis (nach Anwendung DBA)

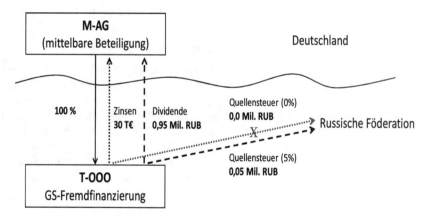

3. Indien

Von Dr. Hans R. Weggenmann, StB, Nürnberg[154]

Fall 20:

Literaturhinweise:

Andresen, Konzernverrechnungspreise in Indien, IWB Nr. 15 v. 8.8.2001; *Arnold/Winkler* Länderteil Indien in Mennel/FörsterSteuern in Europa, Amerika und Asien, 71. Ergänzungslieferung 2008; *Brem/Tucha,* Verrechnungspreise Indien: Vorschriften und erste Dokumentations- und Prüfungserfahrungen, IStR 2006, 391; *Govind,* Steuererleichterungen für nicht ansässige Personen und ausländische Gesellschaften im indischen Staatshaushalt 1997, IStR 1998, 361; *Govind,* Das neue deutsch-indische DBA – die indische Perspektive, IStR 1997, 652; *Kramer,* APA-Vorabverständigungsverfahren und Vorabzusagen über Verrechnungspreise, IStR 2007,174; *Ossola-Haring/Ruh,* Wachstumsmarkt Indien, München 2008; *Oepen/Münch,* Die Gewerbesteuer als Türöffner zum DBA-Schutz? Zur Abkommensberechtigung deutscher Personengesellschaften unter dem DBA-Indien, IStR 2009, 55; *Ruh/Beyer,* Überblick über internationale Aspekte des indischen Körperschaftsteuerrechts: IWB Nr. 17 v. 9.9.2009; *Ruh/Beyer,* Sonderwirtschaftszonen und andere Steuervergünstigungen in Indien, IWB 2009 F.6 Indien Gr.2 S. 113; *Schrickel/Schein,* Verrechnungspreisgesetzgebung in Indien – Ein Überblick IStR 2001, 597; *Strauß,* Indien in Debatin/Wassermeyer Doppelbesteuerungabkommen, Band III.

I. Steueränderung in Indien und Auswirkung auf deutsche Investitionen

Eine in Deutschland ansässige Kapitalgesellschaft (M-AG) plant, den nach wie vor sehr attraktiven Markt in Indien zu nutzen. Zu diesem Zweck möchte sie eine (Tochter-) Kapitalgesellschaft (T-PLC) in Indien gründen. Es wird erwartet, dass die Tochtergesellschaft in den nächsten Jahren kontinuierlich einen Gewinn von 1 Million Euro vor Steuern erzielen wird. In den Aufwendungen ist für die Nutzung von Patenten der F&E KG, einer weiteren Tochtergesellschaft der M-AG, eine Lizenzgebühr in Höhe von 50.000 Euro p.a. enthalten. Eine Thesaurierung des Gewinns bei der T-PLC ist nicht geplant.

Wie erfolgt die steuerliche Behandlung?

1. Besteuerung deutscher Investments in Indien

Die typische Rechtsform für die Gründung einer ausländisch investierten Gesellschaft in Indien ist die einer **privaten indischen Kapitalgesellschaft (Private Limited Company)**.

---

[154] Den Herren Dipl.-Kfm. Florian Kaiser und Dipl. Betriebswirt (BA) Günther Claß bin ich für die Mitwirkung am Manuskript zu großem Dank verpflichtet. Ebenfalls möchte ich mich bei den Kollegen der Niederlassung Rödl & Partner in Delhi, insbesondere bei Herrn Tilmann Ruppert für die gute Zusammenarbeit zu Fragen des indischen Steuerrechts herzlich bedanken.

Sie ähnelt der deutschen GmbH. Daneben gibt es als weitere Rechtsform die public limited company, die in etwa der deutschen AG entspricht. Die Private Limited Company bietet gegenüber den Gesellschaftern eine weitgehende Haftungsabschottung. Das indische Recht kennt im Prinzip nur eine Form der Personengesellschaft, die Limited Partnership, vergleichbar mit der deutschen OHG. Eine Personengesellschaftsform, die für einen Teil ihrer Gesellschafter eine Haftungsabschottung gewährt, ist dem indischen Recht fremd. Personengesellschaften werden in Indien, abweichend von der deutschen Sichtweise, als eigene Steuersubjekte angesehen (Intransparent).[155]

Das indische **Fiskaljahr** reicht abweichend vom Kalenderjahr **vom 1. April bis zum 31. März** des Folgejahres. Diese Laufzeit kann generell nicht geändert werden, eine Anpassung des Steuerjahres der indischen Gesellschaft an das Finanzjahr der deutschen / ausländischen Muttergesellschaft ist daher nicht möglich.

a. **Unbeschränkte Steuerpflicht indischer Unternehmen**

Unternehmen mit Sitz in Indien unterliegen mit ihren weltweit erzielten Einkünften der Besteuerung. Als in Indien ansässig gilt ein Unternehmen dann, wenn entweder sein Sitz in Indien liegt **oder** Geschäftsführung und Unternehmenskontrolle vollständig in Indien ausgeübt werden.

aa. *Körperschaftssteuer*

Die gesetzliche Grundlage für die Besteuerung in Indien bildet der **Income Tax Act (ITA)**, welcher die Steuerpflicht natürlicher und juristischer Personen regelt. Daneben existieren Verwaltungsvorschriften (**Income Tax Rules, ITR**). Der Körperschaftsteuersatz beträgt effektiv **33,99 %**. Hierin enthalten ist ein Zuschlag in Höhe von 10 %, der ab einem Einkommen von INR 10 Mio (ca. € 150.000) anfällt. Der Zuschlag ist vergleichbar mit dem deutschen Solidaritätszuschlag. Des Weiteren beinhaltet der Steuersatz die Ausbildungssteuer („Education Cess") in Höhe von 3 %, die ebenfalls als Annexsteuer ausgestaltet ist.

		Steuersatz
1.	Körperschaftsteuer	30 %
2.	Aufschlag auf das Ergebnis aus (1)	10 %
3.	Ausbildungsabgabe auf das Ergebnis aus (1) und (2)	3 %
	Rechnerische Gesamtbelastung:	33,99 %

---

[155] Vgl. *Strauß* in Debatin/Wassermeyer, DBA-Indien, Art. 1, Rn. 22, 23, Art. 3 Rn. 10, 11.

=> Durch den Gesetzentwurf **Direct Taxes Code Bill 2009**[156] ist geplant, den Körperschaftsteuersatz ab dem 1.4.2011 auf 25 % zu senken.

bb. *Dividendenbesteuerung*

In Indien wird seit dem 1.4.2007 auf Dividenden eine Steuer in Höhe von effektiv **16,995 %** (Körperschaftsteuer i. H. v. 15 % zzgl. Annexsteuern) auf den ausgeschütteten Dividendenbetrag erhoben. Dies ist **keine Quellensteuer** zu Lasten des Dividendenempfängers, sondern vielmehr handelt es sich um eine **zusätzliche indische Körperschaftsteuer**, die von der ausschüttenden indischen Gesellschaft zu tragen ist.

Der Dividendenempfänger kann die Dividenden steuerfrei vereinnahmen. Diese Verteilung der **Steuerlast** führt dazu, dass die zusätzliche Steuer **nicht auf Ebene des Gesellschafters** entsteht und damit auch **keine Reduktion** der **Quellensteuer** aufgrund eines **Doppelbesteuerungsabkommens** möglich ist (vgl. dazu ausführlich Abschnitt c).

Die indische Kapitalgesellschaft ist zudem verpflichtet, einen Betrag von bis zu 10 % des Jahresüberschusses der Gesellschaft in die Gewinnrücklage einzustellen, bevor sie eine Dividende ausschütten kann. Der jeweilige Betrag, welcher der Gewinnrücklage zuzuführen ist, ist von der Dividendenquote (Verhältnis zwischen eingezahltem Stammkapital und beschlossener bzw. ausgeschütteter Dividende) abhängig, so dass eine vollständige Ausreichung des Jahresüberschusses nicht möglich ist. Die Zuführung zur Gewinnrücklage ergibt sich aus der nachfolgenden Tabelle:

Höhe der Dividende in Prozent des Stammkapitals	Zuführung zur Gewinnrücklage in Prozent des Jahresüberschusses
10 bis 12.5	2.5
12.5 bis 15 5	5
15 bis 20	7.5
Über 20	10

Für Gewinnausschüttungen steht der Gesellschaft somit nur der Gewinn nach Abzug der Pflichtzuführung zu den Rücklagen in Höhe von max. 10 % zur Verfügung.

---

[156] Direct Taxes Code Bill 2009, erlassen durch das indische Finanzministerium am 12.8.2009.

cc. *Vermögenssteuer*

Indien erhebt sowohl von natürlichen als auch von juristischen Personen eine jährliche Vermögenssteuer (**Wealth Tax**) auf bestimmte nicht produktive Vermögensgegenstände (wie z. B. nicht vermietetes Land, Autos usw.). Stichtag ist der 31. März eines jeden Jahres. Nicht besteuert wird hingegen produktives Vermögen wie Aktien oder gewerblich genutzte Gebäude. Der Steuersatz der Wealth Tax liegt bei **1 %**. Besteuert wird nur Vermögen **über INR 1,5 Mio.** (ca. € 20.000) und Barbestände von Privatpersonen ab einer Höhe von INR 50.000 (ca. € 800).

=> Mit dem Gesetzentwurf **Direct Tax Code Bill 2009** ist geplant den Begriff „Vermögen" auszudehnen auf alle Wirtschaftsgüter, mit wenigen Ausnahmen. Die Steuerfreigrenze soll auf **INR 500 Mio.** (ca. € 7 Mio.) steigen und der Steuersatz soll künftig **0,25 %** des Netto-Vermögens betragen.

dd. *Steuervergünstigungen*

Mit einem effektiven Steuersatz von über 40 % für beschränkt steuerpflichtige (ausländische) Kapitalgesellschaften zählt Indien zwar nicht zu den Niedrigsteuerländern, gewährt aber umfangreiche Steuervergünstigungen.[157]

▶ In **Sonderwirtschaftszonen (Special Economic Zones, SEZ)** wird Investoren in einem Zeitraum von bis zu zehn Jahren völlige Steuer- und Abgabenfreiheit („tax holidays") gewährt.

▶ Zudem existieren **branchenabhänige Steuervergünstigungen**, v. a. für exportorientierte Unternehmen, die derzeit für einen Zeitraum von fünf Jahren steuerbefreit agieren können. Für manche Branchen besteht auch die Möglichkeit aufgrund fiktiver Gewinne besteuert zu werden (diese ermitteln sich in Relation zum Umsatz).

Neben Produktionsunternehmen können sich auch Dienstleistungsunternehmen in Sonderwirtschaftszonen niederlassen. Hierzu gehören z. B. Forschung- und Entwicklungsleistungen, Computer Software Services und Call Center–Aktivitäten. Ausländische Unternehmen können in Sonderwirtschaftszonen auch Zweigniederlassungen gründen. Von einem Unternehmen in einer Sonderwirtschaftszone wird erwartet, dass es die hergestellten Produkte bzw. erbrachten Dienstleistungen nahezu vollständig exportiert. Die Frage, ob ein Unternehmen in einer Sonderwirtschaftszone gegründet werden soll, ist somit entscheidend davon abhängig, wie hoch der Exportanteil des Unternehmens sein wird.

---

[157] Vgl. hierzu *Ruh/Beyer*, IWB 2009 F. 6 Indien Gr. 2 S. 103; *Arnold/Winkler* in Mennel/Förster, Indien 2.5 Investitionsvergünstigungen Rn. 78ff.

ee.   *Minimum Alternate Tax (MAT)*

Unter Ausnutzung von Steuervorteilen und Verlustvorträgen können viele in Indien aktive Unternehmen bzw. Tochtergesellschaften ihre zu versteuernden Einkünfte bis auf nahezu Null reduzieren. In diesen Fällen unterliegen die Erträge der
Gesellschaft einer **alternativen Mindestbesteuerung, Minimum Alternate Tax
(MAT)**. Ansatzpunkt sind Differenzen zwischen dem in der Jahresbilanz nach dem
indischen Gesellschaftsgesetz ausgewiesenen Gewinn und den tatsächlich gezahlten Steuern. Keine Anwendung findet die MAT auf Einkommen aus Sonderwirtschaftszonen.[158]

Das im Juli 2009 verabschiedete Finanzgesetz (**Finance Bill 2009**)[159] führt mit Wirkung für das Fiskaljahr 2009/2010 zu einer Erhöhung von Schwellenwert und
Steuersatz um 5 Prozentpunkte auf jeweils 15 %. Das bedeutet: Sofern der Betrag
der tatsächlich gezahlten Steuern weniger als **15 %** (bislang 10 %) des Buchgewinns ausmacht, gilt dieser Teil des Buchgewinns als zu versteuernder Gewinn
des Unternehmens. Dieser ist mit einem Steuersatz von derzeit effektiv **16,995 %**
(bislang 11,33 %) zu versteuern (15,45 % soweit der zu versteuernde Gewinn
INR 10 Mio. (ca. € 150.000) nicht übersteigt).

=> Geplant (**Direct Tax Code Bill 2009**) ist, bei Beibehaltung des Schwellenwertes
von 15 % den Steuersatz und die Bemessungsgrundlage zu ändern. Die Steuer
soll demnach ab dem 1.4.2011 für Banken **0,25 %** und für die anderen Gesellschaften **2 % des Bruttovermögens** betragen.

b.   **Beschränkte Steuerpflicht**

Der beschränkten Steuerpflicht in Indien unterliegen i. d. R. (ausländische) Kapitalgesellschaften, die in Indien eine Niederlassung gründen oder einen Vertreter ein-
schalten. Der Steuersatz beträgt effektiv **42,23 %** (Körperschaftsteuer i. H. v. 40 %
zuzüglich Zuschlag i. H. v. 2,5 % und Ausbildungssteuer i. H. v. 3 %).

Den Begriff der Betriebsstätte kennt das indische Steuerrecht in diesem Zusammenhang nicht. Die Erfassung der Einkünfte erfolgt im Rahmen des Begriffs „business connection". Die „business connection" ähnelt dem Betriebsstättenbegriff, ist
aber weiter gefasst. Dieser durch die indische Rechtsprechung konkretisierte Begriff
ist gleichzusetzen mit engen und auf Dauer angelegten gewinnbringenden Geschäftsaktivitäten von nicht in Indien ansässigen Unternehmen.[160] Infolge einer

---

[158] Vgl. hierzu *Ruh/Beyer*, IWB 2009 F. 6 Indien Gr. 2 S. 103.
[159] Finance Bill 2009 verabschiedet vom Unterhaus am 27.7.2009.
[160] Vgl. hierzu *Ruh/Beyer*, IWB 2009 F. 6 Indien Gr. 2 S. 103.

Vielzahl an Anknüpfungsmerkmalen unterfallen der „business connection" im Prinzip alle Einkünfte aus indischen Quellen.

►   Da im Falle des Vorliegens einer Betriebsstätte die auf Indien entfallenden Gewinnanteile höher werden und damit mehr Steuereinnahmen zugunsten Indiens fließen, wendet die Finanzverwaltung häufig **auch für Tochtergesellschaften die Grundsätze der Betriebsstättenbesteuerung** an.

►   In Indien gilt der Grundsatz des Vorrangs des internationalen Rechts, so dass im Verhältnis zu Deutschland die Regelungen des **Art. 5 Abs. 5 DBA Indien** einschlägig sind. Werden in einer Niederlassung in Indien lediglich Hilfsarbeiten geleistet, liegt grundsätzlich keine Betriebsstätte vor. Allerdings führt praktisch jede Tätigkeit eines abhängigen Vertreters zur Annahme einer Betriebsstätte (Vertreterbetriebsstätte).

►   Zu beachten ist weiterhin, dass durch die Annahme einer Betriebsstätte **entsandte Mitarbeiter** (entgegen der 183-Tage-Regelung) bereits ab Tag eins ihrer Tätigkeit in Indien **beschränkt steuerpflichtig** sein können.

Für entsandte Mitarbeiter mit unbeschränkter Steuerpflicht in Deutschland gilt, dass sie mit ihren Einkünften aus nichtselbständiger Arbeit in Indien erst dann steuerpflichtig werden, wenn sie sich mehr als 183 Tage im laufenden indischen Finanzjahr (1. April bis 31. März) in Indien aufhalten. Dieses Privileg entfällt jedoch, wenn ihre Einkünfte von einer Vertreterbetriebstätte getragen werden. Dies ist der Fall, wenn die Löhne auch vor Ort in Indien ausbezahlt werden oder von einem indischen Bankkonto stammen. Es genügt, dass die Personalaufwendungen der Vertreterbetriebstätte wirtschaftlich zuzurechnen sind – was naturgemäß der Fall ist. Eine unerkannte Vertreterbetriebstätte kann daher zu einer Reihe von Problemen führen, die im Nachhinein schwer zu korrigieren sind (u. a. fehlender Freistellungsantrag).

=> Die Rechtsprechung tendiert gegen die extensive Anwendung der Betriebsstättenbesteuerung durch die indische Finanzverwaltung. Ein **beträchtliches Steuerrisiko** bleibt beim Einsatz von Vertretern oder von Mitarbeitern in einer Tochtergesellschaft in Indien dennoch bestehen. Qualifikationskonflikte mit der Gefahr einer Doppelbesteuerung sind nicht auszuschließen.

c.   DBA Deutschland-Indien

aa.   Abkommensberechtigung von Personengesellschaften

In Indien werden Personengesellschaften als Körperschaftsteuersubjekte behandelt. Fraglich ist daher, ob sie damit selbst oder ihre Gesellschafter abkommensberechtigt sind. Für die Abkommensberechtigung ist entscheidend, ob die Personengesellschaft als Steuersubjekt gilt. Dies bestimmt sich grundsätzlich nach dem

Recht des Ansässigkeitsstaates.[161] Im Outbound-Fall ist dies somit für eine mögliche Quellensteuerreduktion in Indien anhand der deutschen Qualifikation zu beurteilen. Nach bisherigem deutschem Verständnis sind Personengesellschaften als transparent zu qualifizieren und wären folglich nicht abkommensberechtigt.

In seiner Entscheidung vom 4.7.2008[162] hat das indische Income Tax Appellate Tribunal (ITAT) in Mumbai eine deutsche Kommanditgesellschaft jedoch hiervon abweichend als abkommensberechtigte Person i. S. d. DBA Deutschland-Indien angesehen. Das ITAT argumentierte, dass die deutsche Personengesellschaft Steuersubjekt der Gewerbesteuer sei, welche eine vom Abkommen umfasste Ertragsteuer ist.

=> **Dieser Präzedenzfall bietet jedoch wohl noch keine ausreichende Planungssicherheit und eine höchstrichterliche Stellungnahme in Indien bleibt abzuwarten.**

Oepen und Münch sehen die Argumentation des ITAT als nicht überzeugend an. Nach ihrer Meinung werde verkannt, dass es sich bei der Gewerbesteuer um eine Objektsteuer handle. Steuergegenstand seien die vom inländischen Gewerbebetrieb erzielten Einkünfte. Ein personeller Bezug, wie für die Definition der ansässigen Person gefordert, bestehe gerade nicht. Im Ergebnis handele es sich nur um eine Steuer i. S. v. Art. 4 Abs. 1 Satz 2 DBA Deutschland-Indien, die keine Abkommensberechtigung vermitteln kann.[163]

bb. *Dividendeinkünfte (Art. 10)*

Nach dem Doppelbesteuerungsabkommen zwischen Deutschland und Indien ist ein Quellensteuereinbehalt auf Dividenden i.h.v. maximal 10 % zulässig. Eine weitergehende Reduktion bei einer qualifizierten Beteiligung (Schachtelprivileg) ist nicht vorgesehen.

Seit dem 1.6.1997 hat Indien jedoch die vorher geltende Quellensteuer abgeschafft und durch eine Steuer auf Dividendenausschüttungen (*dividend distribution tax*), die *zusätzlich* zur normalen indischen Steuer erhoben wird, ersetzt (siehe oben).

Zwar beträgt die effektive Steuerbelastung der Dividende 16,995 % bei Ausschüttung. Es handelt sich hierbei aber um keine Quellensteuer zu Lasten des Dividen-

---

[161] So zumindest die h.M. Umfassende Ausführungen hierzu bei *Wassermeyer* in Debatin/Wassermeyer Art. 1 OECD-MA Rn 27a ff. der selbst für eine autonome Auslegung eintritt.

[162] Entscheidung des Income Tax Appellate Tribunal, Mumbai Benches „L" Mumbai in der Rechtssache ASSTT Director of Income Tax, International Taxation – 1 (2), Mumbai vs. M/s Chiron Behring GmbH & Co, Aktenzeichen: ITA No. 4633/Mum/2006; dargestellt von Oepen/Münch IStR 2009, 55.

[163] Vgl. *Oepen/Münch*, IStR 2009, 55, 57.

denempfängers, sondern zu Lasten der ausschüttenden Gesellschaft.[164] Daher findet auch die im DBA vorgesehene Beschränkung der Quellensteuer auf 10 % keine Anwendung. Dies wird in Art. 10 Abs. 2 Satz 2 DBA Deutschland-Indien nochmals ausdrücklich bestätigt. Im Ergebnis geht für den Outbound-Fall die Quellensteuerreduktion nach Art. 10 DBA Deutschland-Indien ins Leere.

Deutschland ist abkommensrechtlich verpflichtet, Dividenden von der Besteuerung **freizustellen,** wenn die Beteiligungsquote der deutschen Kapitalgesellschaft an der indischen Kapitalgesellschaft **unmittelbar mindestens 10 %** beträgt und diese ausschließlich oder fast ausschließlich aktiven Tätigkeiten nachgeht (sog. internationales Schachtelprivileg gem. Art. 23 Abs. 1 lit. a und e DBA). Die abkommensrechtliche Freistellung wird durch nationale Normen wie § 8b Abs. 5 KStG nicht i. S. eines treaty override verdrängt. Die in der Literatur teilweise vertretene sog. aliud-These, nach der die außerbilanzielle Hinzurechnung fiktiver nichtabzugsfähiger Betriebsausgaben der abkommensrechtlichen Freistellung nicht entgegen steht und somit im Ergebnis stets 5 % der Auslandsdividenden der deutschen Besteuerung unterliegen, ist insoweit abzulehnen.[165] Zu den erforderlichen *aktiven* Tätigkeiten im Sinne des Abkommens gehören die in Indien ausgeübte

► Herstellung und Verkauf von Gütern oder Waren,

► technische Beratung und technische Dienstleistung,

► Bank und Versicherungsgeschäfte.

Der Tatbestand „ausschließlich oder fast ausschließlich" gilt nach herrschender Meinung bei Einnahmen aus oben genannten Tätigkeiten in Höhe von mindestens 90 % als erfüllt.[166]

Andernfalls oder bei Personengesellschaften als Anteilseigner kommt die **Anrechnungsmethode** zur Anwendung (Art. 23 Abs. 1 lit. b DBA). Die Anrechnung geht jedoch faktisch ins Leere, da -wie bereits dargestellt- keine anrechenbare Quellensteuer vorhanden ist. Dann sind nach nationalem deutschem Steuerrecht die Dividenden nach § 8b KStG im Ergebnis zu 95 % von der **Körperschaftsteuer** und der **Gewerbesteuer** (soweit die Voraussetzungen des gewerbesteuerlichen Schachtelprivilegs erfüllt sind gem. § 8 Nr. 5 i. V. m. § 9 Nr. 7 GewStG) befreit. 5 %

---

[164] *Strauß* in Debatin/Wassermeyer, DBA-Indien, Art. 10, Rn. 32, 33

[165] Vgl. BFH v. 14.1.2009, I R 47/08, BFH/NV 2009, 854; *Hageböke* IStR 2009, 473, 476 m.w.N.; *Lorenz* IStR 2009, 437, 440.

[166] Vgl. BFH, Urt. v. 13.2.2008, I R 75/07, DStR 2008, 1326; *Strauß*, in: Debatin/Wassermeyer, DBA Indien, Art. 23, Rn. 32.

unterliegen gem. § 8b Abs. 5 KStG der Steuerbelastung mit Gewerbesteuer, Körperschaftsteuer und Solidaritätszuschlag (sog. Dividendenstrafe).

cc. *Zinsen und Lizenzen (Art. 11 und 12 DBA)*

Das Besteuerungsrecht für **Zinsen** und **Lizenzeinkommen** steht grundsätzlich dem **Ansässigkeitsstaat** zu. Der **Quellenstaat** darf jedoch eine **Quellensteuer** in Höhe von **10 %** einbehalten.

Die **Quellensteuer** für Zins- und Lizenzeinkünfte aus Indien wird im Wege der **Anrechnungsmethode** auf die deutschen Steuern angerechnet.

dd. *Informationsaustausch*

Art. 26 DBA Indien enthält nur eine sog. **kleine Auskunftsklausel**, wonach nur Auskünfte erbeten oder erteilt werden können, die zur Durchführung des DBA selbst notwendig sind. Kürzlich wurde eine **Erweiterung des Informationsaustauschs** vereinbart.[167] Entsprechend Ziff. 7 des Protokolls zum DBA wurde eine Gegenseitigkeitsvereinbarung nach § 117 Abs. 3 AO getroffen, die einen umfassenden Informationsaustausch erlaubt. In diesem Zusammenhang ist auf die Ausführungen zum Steuerhinterziehungsbekämpfungsgesetz (SteuerHBekG) im *Länderteil Russland* hinzuweisen.

d. **EXIT-Strategie**

Gewinne aus der Veräußerung von Anteilen an einer indischen Gesellschaft durch einen ausländischen Anteilseigner sind in Indien grundsätzlich steuerpflichtig. Der Steuersatz beträgt 22,66 %, wenn die Anteile langfristig (über 12 Monate) oder 42,23 %, wenn die Anteile nur kurzfristig gehalten wurden. Dies gilt auch, wenn Veräußerer und Erwerber außerhalb Indiens ansässig sind. Im DBA zwischen Deutschland und Indien wird Indien das Besteuerungsrecht zugewiesen (Art. 13 Abs. 4 DBA Deutschland/Indien). Mithin würde bei unmittelbarer Beteiligung an einer indischen Kapitalgesellschaft ein späterer Veräußerungsgewinn in Indien besteuert werden. Die abkommensrechtlich vorgesehene Anrechnungsmethode (Art. 23 Abs. 1 Buchst. b iv) DBA Deutschland/Indien) läuft im Wesentlichen leer, da auf Ebene der deutschen Mutterkapitalgesellschaft der Veräußerungsgewinn im Ergebnis zu 95 % körperschaft- und gewerbesteuerfrei ist (§ 8b Abs. 2 KStG).

Als Alternative könnte sich daher eine mittelbare Beteiligung über eine Holdinggesellschaft in **Singapur** anbieten.

---

[167] BMF-Schreiben vom 24.6.2008, IV B 4 – S 1301 – IND/07/10001, BStBl. I S. 680.

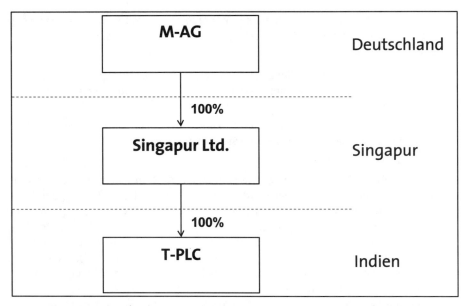

Durch das DBA Indien/Singapur wird das Besteuerungsrecht Indiens für Veräußerungs-gewinne eingeschränkt. Gemäß Art. 13 Abs. 4 DBA Indien/Singapur sind Gewinne aus der Veräußerung von Anteilen an Gesellschaften grundsätzlich nur in dem Land steu-erbar, in dem der **Veräußerer** seinen Sitz hat. Da Singapur keine Steuer auf Veräuße-rungsgewinne von Gesellschaftsanteilen erhebt, sind Gewinne aus einer Veräußerung der Anteile an einer indischen Kapitalgesellschaft durch eine zwischengeschaltete Gesellschaft in Singapur **steuerfrei.**[168]

Voraussetzung ist jedoch nach dem Protokoll von 2005 zum DBA Indien/Singapur, dass die Zwischengesellschaft in Singapur nicht maßgeblich der Erlangung von Steuervortei-len dient und aktiv tätig ist. Eine aktive Tätigkeit wird vermutet, wenn die Zwischenge-sellschaft in Singapur entweder an der Börse in Singapur gelistet ist **oder** in den der Veräußerung vorangegangenen 24 Monaten Ausgaben („expenditures") von jährlich mindestens SGD 200.000 hatte.

Exkurs: Laufende Besteuerung von Gewinnausschüttungen über Singapur

Während die Zwischenschaltung einer Holding in Singapur für einen späteren Exit aus Indien durchaus vorteilhaft ist, stellt sich die Frage nach der Vorteilhaftigkeit für die laufende Besteuerung von Gewinnrepatriierungen.

---

[168] Zur Ausreichung des Veräußerungserlöses als Dividende nach Deutschland vgl. den nachfolgenden *Exkurs*.

Für die Besteuerung in Indien wird das bereits Gesagte verwiesen. Singapur besteuert nach dem sog. „Territorialitätsprinzip", d. h. Einkommen wird nur dann in Singapur besteuert, wenn es in Zusammenhang mit dem Territorium von Singapur steht. Einkommen ausländischen Ursprungs wird grundsätzlich erst in Singapur besteuert, wenn es nach Singapur überwiesen wird oder dort bezogen wurde.

Der Körperschaftsteuersatz beträgt in Singapur einheitlich 18 %. Seit dem Veranlagungszeitraum 2008 (Steuerjahr 2007) sind die ersten SGD 300.000 zum Teil von der Körperschaftsteuer freigestellt („partial tax exemption").

Dividenden, welche die Zwischengesellschaft aus der Beteiligung an einer ausländischen Gesellschaft (Enkelgesellschaft) erzielt, unterliegen in Singapur grundsätzlich keiner Besteuerung, sofern die folgenden Voraussetzungen erfüllt sind (IRAS Circular vom 21.3.2003).

▶ Der Körperschaftsteuer-Höchstsatz beträgt in dem Land, aus dem die Dividenden stammen, mindestens 15 % und

▶ die Dividenden wurden in dem Land, aus dem sie stammen, besteuert (nicht jedoch notwendigerweise mit einem Steuersatz von mindestens 15 %).

Als Besteuerung im Sinne der zweiten Voraussetzung gilt sowohl die Belastung gezahlter Dividenden mit einer Ausschüttungssteuer als auch die Besteuerung der Gewinne, aus der die Dividenden gezahlt werden („underlying tax").

Bei der Durchreichung von Dividendeneinkünften aus Gesellschaftsbeteiligungen nach Singapur, d.h. wenn vorliegend durch die T-PLC Dividenden von einer dritten indischen Gesellschaft empfangen und weiter nach Singapur ausgeschüttet werden, wird nach singapurischem Steuerrecht die von der dritten Gesellschaft gezahlte Körperschaftsteuer nicht als Besteuerung im Sinne der zweiten Vorschrift anerkannt. Dies ist ggfs. zu beachten, wenn die T-PLC als Holding fungieren sollte.

Bei einer Weiterausschüttung der Dividenden an die deutsche Muttergesellschaft (M-AG) **erhebt Singapur bereits nach nationalem Recht keine Quellensteuer.**

In Deutschland sind die Gewinnausschüttungen im Rahmen des internationalen Schachtelprivilegs von der deutschen Besteuerung freizustellen, wenn die Beteiligungsquote an der Singapur-Ltd. unmittelbar mindestens 10 % beträgt und diese ausschließlich oder fast ausschließlich aktiven Tätigkeiten iSd § 8 Abs. 1 Nr. 1-6 AStG nachgeht (Art. 24 Abs. 1 lit. a und c DBA Deutschland/Singapur). Ansonsten kommt die Anrechnungsmethode zur Anwendung

Die Dividenden sind in Deutschland nach § 8b KStG zwar auch dann zu 95 % von der Körperschaftsteuer befreit (§ 8b Abs. 1 i. V. m. Abs. 5 KStG). Im Rahmen der Gewerbesteuer kann es jedoch bei Weiterausschüttung der Dividende einer Enkelgesellschaft (T-

PLC) zu einer vollen Hinzurechnung und somit zu einer vollumfänglichen Gewerbesteuerpflicht der Einkünfte bei der M-AG kommen, wenn die Voraussetzungen des internationalen Schachtelprivilegs nicht erfüllt sind (§ 8 Nr. 5 i. V. m. § 9 Nr. 7 S. 4 ff. GewStG):

► Die M-AG muss seit Beginn des Wirtschaftsjahrs, in dem die betroffene Dividende zufließt, **ununterbrochen mindestens 15 %** der Anteile an der Singapur-Ltd. halten.

► Die M-AG ist **mittelbar zu mindestens 15 %** an der Enkelgesellschaft (T-PLC) beteiligt.

► Die Singapur-Ltd. muss selbst zu mindestens **15 % unmittelbar** am Nennkapital der T-PLC beteiligt sein. Diese Beteiligung muss **ununterbrochen** seit Beginn des Wirtschaftsjahrs, in dem die betroffene Dividende zufließt, bestehen.

► **Bezüglich der Enkelgesellschaft (T-PLC)** sind zudem die **Aktivitätsklausel** (Funktions- oder Landesholding) und die sogenannte **Phasengleichheit der Gewinnausschüttung** zu berücksichtigen.

► Die erforderlichen Nachweispflichten des § 9 Nr. 7 S. 7 Nr.1-3 GewStG sind zu erbringen.

Liegen **alle** Voraussetzungen vor, kann die von der T-PLC über die Singapur-Ltd. an die M-AG ausgeschüttete Dividende **auf Antrag** ebenfalls zu 95 % von der Gewerbesteuer befreit sein (die Dividendenstrafe i. H. v. 5 % unterliegt der Gewerbesteuer).

Gestaltung über Zypern

Aufgrund der Gewerbesteuerthematik könnte alternativ die Errichtung einer Holdinggesellschaft in Zypern in Erwägung gezogen werden, da im Hinblick auf die Veräußerung von Anteilen an einer indischen Gesellschaft ebenfalls das Besteuerungsrecht Indiens eingeschränkt und ausschließlich Zypern zugewiesen wird (Art. 14 Abs. 4 DBA Zypern/Indien). Eine zypriotische Holdinggesellschaft hätte insbesondere im Hinblick auf laufende Gewinnausschüttungen gegenüber Singapur als Holdingstandort den Vorteil, dass das internationale Schachtelprivileg für EU-Gesellschaften deutlich weniger restriktive Anforderungen vorsieht (§ 8 Nr. 5 i. V. m. § 9 Nr. 7 GewStG).

Beispielrechnung Singapur-Struktur

Ermittlung der Steuern in Indien

Ergebnis der **T-PLC** vor Steuern	100,00
steuerliche Bemessungsgrundlage	100,00
./. Körperschaftsteuer Indien (34 %)	-34,00
Ergebnis der **T-PLC** nach Steuern	66,00
Gewinnverwendungsbeschluß mit Ausschüttung an **Singapur Ltd.**	66,00
./. Dividend Distribution Tax auf Ausschüttungen Indien 16,995%[1]	-11,22
Erträge aus Beteiligungen bei **Singapur Ltd.**	54,78

Ermittlung der Steuern in Singapur

Körperschaftsteuer Singapur (0 %)	0,00
Bruttodividende	54,78
Quellensteuer Singapur (0% nach nat. Recht, max 5% nach DBA)	0,00

Ermittlung der Steuern in Deutschland

KSt. Deutschland (§ 8b Abs. 1, 5 KStG, § 9 Nr. 7 GewStG)		-0,82
Körperschaftsteuer + SolZ	0,43	
Gewerbesteuer	0,38	
Einnahmen der **M-AG** nach Steuern		53,97

1)Die verpflichtende Zuführung in die Gewinnrücklage wurde aus Vereinfachungsgründen vernachlässigt.

Hinzurechnungsbesteuerung

Die von der T-PLC generierten Gewinne unterliegen zunächst nur in Indien der Besteuerung. Gleiches gilt für die Singapur Ltd. Eine Steuerpflicht in Deutschland entsteht grundsätzlich erst dann, wenn die Gewinne der Gesellschaft als Dividende nach Deutschland fließen. Insoweit schirmt die ausländische Kapitalgesellschaft die generierten Gewinne vor dem deutschen Fiskus ab. Der deutsche Gesetzgeber durchbricht diese Abschirmwirkung für bestimmte Fälle mit Hilfe der sog. **Hinzurechnungsbesteuerung** (§§ 7 – 14 AStG) und unterwirft die Gewinne der ausländischen Kapitalgesellschaft auf Ebene der Gesellschafter einer Besteuerung **auch ohne eine entsprechende Gewinnausschüttung.**

Voraussetzung für das Eingreifen der Hinzurechnungsbesteuerung ist

► Inländerbeherrschung einer ausländischen Gesellschaft

► Erzielen von passiven Einkünften

► Keine EU/EWR-Gesellschaft (sonst Entlastungsmöglichkeit)

► Niedrige Besteuerung der passiven Einkünfte

► Überschreitung der Freigrenze.[169]

Wenn alle Voraussetzungen erfüllt sind, fingiert der Gesetzgeber eine Dividende, welche jedoch nicht dem § 8b KStG und damit einer lediglich 5 %-igen Besteuerung unterworfen wird, sondern voll besteuert wird.

Für Singapur ist von einem Niedrigsteuergebiet i. S. d. AStG auszugehen. Dividenden zählen jedoch stets zu den aktiven Einkünften (§ 8 Abs. 1 Nr. 8 AStG), Zinsen hingegen nur unter bestimmten Voraussetzungen (§ 8 Abs. 1 Nr. 7 AStG). Soweit mithin Darlehenszinsen an die Singapur-Ltd. fließen, kann der Anwendungsbereich der Hinzurechnungsbesteuerung eröffnet sein.

Da das AStG eine tätigkeitsbezogene Sichtweise vorsieht, ist es durchaus möglich, dass die ausländische Kapitalgesellschaft sowohl aktive als auch passive Einkünfte erzielt. In diesem Fall würde nur für den passiven Teil (bei Vorliegen der übrigen Voraussetzungen) eine Dividende fingiert. Für den Fall, dass nach einer solchen fingierten Dividende tatsächlich eine Dividende ausgeschüttet wird, ist diese steuerfrei.

Eine Gegenbeweismöglichkeit, nach der dem Steuerpflichtigen die Möglichkeit gegeben wird, eine tatsächliche wirtschaftliche Tätigkeit der Holdinggesellschaft nachweisen und somit die Hinzurechnungsbesteuerung vermeiden zu können, hat der deutsche Gesetzgeber nur bei Gesellschaften in EU-Mitgliedstaaten eingeräumt. Bei einer Holding in Singapur ist dies nicht möglich – ein weiteres Argument für eine zypriotische Holdinggesellschaft.

---

[169] Vgl. im Einzelnen die Ausführungen zur Hinzurechnungsbesteuerung im Länderteil *Brasilien*.

e. Lösung des Eingangsfalles

Übersicht– Sachverhalt

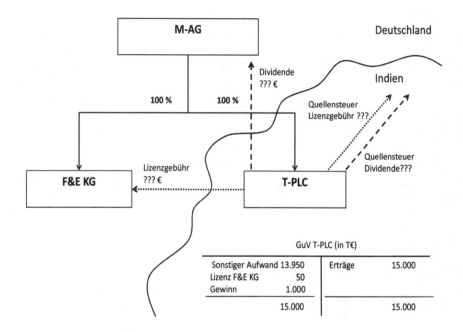

aa) *Besteuerung T-PLC in Indien*

Die T-PLC hat einen Gewinn vor Steuern in Höhe von 1 Million Euro erzielt. Dieser unterliegt der **indischen Körperschaftsteuer (339.900 €)**. Somit verbleibt ein Gewinn nach Steuern in Höhe von 660.100 €.

bb) *Besteuerung Dividendenausschüttung an M-AG*

Betrachtung Indien

▶ Unterstellt, die Dividende ist höher als 20 % des Stammkapitals der T-PLC, ergibt sich daraus eine **gesetzliche Ausschüttungssperre** in Höhe von **66.010 €** (10 %). Somit können von dem ursprünglichen Gewinn nur noch ein Betrag i. H. v. 594.090 € an die M-AG ausgeschüttet werden.

▶ Auf die **Gewinnausschüttung** wird bei der T-PLC zusätzlich die *dividend distribution tax* i. H. v. **100.966 €** erhoben (16,995 %).

▶ Die M-AG unterliegt in Indien keiner Besteuerung. Eine zusätzliche Quellensteuer auf Dividendeneinkünfte existiert nicht.

Betrachtung Deutschland

▶ Die M-AG erfüllt annahmegemäß die Voraussetzungen des abkommensrechtlichen Schachtelprivilegs und Deutschland ist folglich verpflichtet, die Gewinnausschüttung von der deutschen Besteuerung freizustellen (**Freistellungsmethode**). Es fällt auf Ebene der M-AG somit keine weitere Besteuerung an. Die abkommensrechtliche Freistellung wird durch nationale Normen wie § 8b Abs. 5 KStG nicht i. S. eines *treaty override* verdrängt (s. o.).[170]

Exkurs: Die Beteiligung an der T-PLC beträgt lediglich 5 % (gilt entsprechend auch bei passiven Einkünften im Sinne des Abkommens).

*Dann würde die Anrechnungsmethode zur Anwendung kommen. Allerdings wurde auf die Dividende keine Quellensteuer einbehalten, so dass auch keine Anrechnung möglich ist. Die in Indien einbehaltene Steuer auf die Gewinnausschüttung (dividend distribution tax) ist **nicht** auf die deutsche Steuer anrechenbar.*

Nach nationalem deutschem Steuerrecht sind die Dividenden nach § 8b KStG im Ergebnis zu 95 % von der Körperschaftsteuer befreit. 5 % unterliegen gem. § 8b Abs. 5 KStG der Steuerbelastung mit Körperschaftsteuer und SolZ (sog. Dividendenstrafe).

Die Behandlung der Dividenden im Rahmen der Gewerbesteuer ist weiterhin davon abhängig, ob die Voraussetzungen des gewerbesteuerlichen Schachtelprivilegs erfüllt sind (§ 8 Nr. 5 i. V. m. § 9 Nr. 7 GewStG). Die Anforderungen an das gewerbesteuerliche Schachtelprivileg sind höher als die des DBA und somit käme das gewerbesteuerliche Schachtelprivileg vorliegend nicht zur Anwendung. Die Dividende unterläge mithin in voller Höhe der Gewerbesteuer.

▶ Bei einer Weiterausschüttung von der M-AG an deren Gesellschafter (natürliche Person) unterliegt diese Dividende der Abgeltungsteuer in Höhe von 25 %, sofern die Gesellschaftsanteile im Privatvermögen gehalten werden.

---

[170] Vgl. BFH v. 14.01.2009, I R 47/08, BFH/NV 2009, 854; *Hageböke* IStR 2009, 473, 476 m.w.N.; *Lorenz* IStR 2009, 437, 440.

Zusammenfassende Beispielrechnung

Beispielsrechnung Vollausschüttung		Steuer Deutschland		
		Freistellung DBA[1]	national	*Anrechnung Exkurs*
T-PLC				
bilanzieller Gewinn	1.000.000			
./. Körperschaftsteuer (33,99%)		339.900	339.900	*339.900*
Nettogewinn	**660.100**			
Gesetzliche Rücklage	66.010			
Ausschüttbare Dividende T-PLC	**594.090**			
Dividendenbesteuerung (16,995%)		100.966	100.966	*100.966*
Deutsche KapG				
Dividendeneinnahmen	**594.090**			
./. 95% der Dividende, § 8b KStG	564.386			
zuzurechnende Einkünfte KSt	29.705			
./. KSt		0	4.456	*4.456*
./. SolZ		0	223	*223*
./. GewSt		0	4.159	*83.173*
Steuerbelastung -Thesaurierung-		**440.866**	**449.703**	**528.717**
Nettogewinn M-AG		**594.090**	**585.253**	**506.239**
Weiterausschüttung an Gesellschafter				
ausschüttbarer Betrag		594.090	585.253	506.239
./. Est (Abgeltungssteuer, 25%)		148.523	146.313	126.560
./. SolZ		7.426	7.316	6.328
Nettozufluss Gesellschafter		**438.141**	**431.624**	**373.351**
Steuerbelastung -Vollausschüttung-		**596.815**	**603.332**	**661.605**
darin enthaltene Substanzbesteuerung T-PLC[2]		**34.956**	**34.956**	**34.956**

[1] BFH-Urteil v. 14.1.2009 BFH/NV 09,854; Lorenz IStR 2009, 437,441; Hageböke IStR 2009, 473ff.
[2] Differenz (6,995 %) zwischen Dividendenbesteuerung und Gesetzlicher Rücklage

► Wie die Beispielsrechnung zeigt, sind im Hinblick auf eine mögliche Hinzurechnungsbesteuerung im Sinne des AStG keine Probleme zu erwarten. **Indien ist (offensichtlich) kein Niedrigsteuerland.**

Exkurs: Betrachtung Sonderwirtschaftszonen

Etwas anderes könnte sich aufgrund der in Sonderwirtschaftszonen gewährten Steuervergünstigungen ergeben. Die Tatbestandsvoraussetzungen und steuerlichen Folgen der Hinzurechnungsbesteuerung wurden bereits im Länderteil Brasilien dargestellt. Es sei aber an dieser Stelle noch erwähnt, dass bereits die Eröffnung eines Call-Centers oder die Auslagerung der Software-Entwicklung aufgrund des nicht mehr zeitgemäßen Tätigkeitskatalogs in § 8 Abs. 1 AStG die Gefahr von passiven Einkünften birgt und eine zwingende Einzelfallprüfung erforderlich macht.

► Eine Vollausschüttung der Gewinne der indischen T-PLC ist, wie gezeigt, auf Dauer nicht möglich. Um eine Substanzbesteuerung aufgrund der zusätzlichen Dividendenbesteuerung zu vermeiden, dürfen **maximal 85,47 %** des Nettogewinns ausgeschüttet werden.

cc) *Besteuerung Lizenzgebühr F&E KG*

Betrachtung Indien

► Die Lizenzgebühr wird in der Gewinn und Verlustrechnung der T-PLC als Aufwand berücksichtigt. Weitere Besonderheiten ergeben sich nicht.

► Auf Lizenzgebühren wird nach nationalem indischen Steuerrecht eine Quellensteuer i. H. v. **10.000 €** (20 %) erhoben.

► Nach Art 12 Abs. 2 DBA Deutschland-Indien wird die Quellensteuer auf **5.000 €** (10 %) begrenzt. Folgt man der indischen Rechtsprechung ist die F&E KG unmittelbar selbst abkommensberechtigt.

Exkurs: Die KG ist nicht abkommensberechtigt

Sofern man die Abkommensberechtigung der F&E KG verneint, ergeben sich hier vermeintlich keine Abweichungen, da auch die M-AG als alleinige Gesellschafterin der F&E KG ihren Sitz in Deutschland hat und als juristische Person ebenfalls abkommensberechtigt ist. Somit ist ebenfalls das DBA Deutschland-Indien anwendbar. Unterschiede können sich aber immer dann ergeben, wenn die Gesellschafter der KG ihren (Wohn)Sitz in einem anderen Land haben.

Neben der grundsätzlichen Anwendbarkeit des Abkommens (Abkommensberechtigung), kommt eine Reduktion der Quellensteuer nach Art. 12 DBA Deutschland-Indien nur für den Nutzungsberechtigten der Lizenz in Betracht. Fraglich ist daher, wer Nutzungsberechtigter ist. Nach einer wirtschaftlichen Be-

trachtungsweise ist entscheidend, wer den zugrunde liegenden Vermögenswert zur Nutzung überlässt.[171] Entgegen dem OECD-MA ist das Merkmal der ansässigen Person in Art. 12 Abs. 2 DBA Deutschland-Indien nicht genannt. Als Nutzungsberichtigter kommt folglich nur die F&E KG in Frage, da diese den Vermögenswert, für den die Lizenzgebühr bezahlt wird, der T-PLC überlässt. Somit hätte die M-AG als ansässige Person, trotz Abkommensberechtigung keine Möglichkeit, eine Reduktion der Quellensteuer zu erreichen.

Aber auch sofern auf die Ansässigkeit abgestellt wird und damit grundsätzlich (in der Theorie) ein Gleichklang zwischen Abkommensberechtigung und Nutzugsberechtigter Person hergestellt wird, erscheint es doch fraglich, ob eine Reduktion der internationalen Praxis entspricht. Es sei bedacht, dass ein Staat wie beispielsweise Indien, dem das Transparenzprinzip völlig unbekannt ist, nicht die dahinterstehenden Gesellschafter sondern die vertragschließende Personengesellschaft als Nutzungsberechtigten ansehen könnte und dann trotz Abkommensberechtigung der Gesellschafter mangels Nutzungsberechtigung die Reduktion verweigert.

Im Ergebnis fließen vorliegend **45.000 €** der F&E KG als Nettolizenzeinnahmen zu.

Betrachtung Deutschland

► Die Lizenzgebühren sind gewerbliche Einkünfte der F&E KG und werden entsprechend dem Transparenzprinzip für steuerliche Zwecke der M-AG zugerechnet. Deutschland vermeidet die Doppelbesteuerung im Rahmen der Anrechnungsmethode (Art. 23 Abs. 1 Buchst. b DBA). Somit ist die in Indien auf die Lizenzgebühren einbehaltene Quellensteuer auf die deutsche Körperschaftsteuer der M-AG anrechenbar, soweit sie auf die indischen Einkünfte entfällt.

---

[171] Vgl. *Wassermeyer* in Debatin/Wassermeyer, OECD-MA, Art. 12, Rn. 33.

II. Aktuelles zu Transfer Pricing und Kapitaldotation

1. Transfer Pricing in Indien

Die indischen Verrechnungspreisvorschriften orientieren sich im Wesentlichen an den Verrechnungspreisrichtlinien der OECD. Bei Verrechnungspreisprüfungen (die seit dem Fiskaljahr 2004/2005 stattfinden) nimmt die Finanzverwaltung eine restriktive Haltung gegenüber den Steuerpflichtigen ein.[172]

a. Verbundene Unternehmen

Die indischen Verrechnungspreisregelungen sind lediglich auf grenzüberschreitende Sachverhalte anwendbar. Sie gelten ausschließlich für verbundene Unternehmen.

Verbundene Unternehmen liegen nach indischem Recht (Sec. 92 A ITA) u. a. vor, wenn **eines** der folgenden Tatbestandsmerkmale[173] an einem beliebigen Zeitpunkt des vorangegangenen Wirtschaftsjahres gegeben war:

- ► Beteiligung an mind. 26 % des stimmberechtigten Kapitals eines anderen Unternehmens,

- ► Gewährung eines Darlehens, das 51 % oder mehr der Aktiva des Schuldners beträgt,

- ► wirtschaftliche Abhängigkeit z. B. von Rohstoffen (zu mehr als 90 %) oder Lizenzen bzw. Know-how eines anderen Unternehmens,

- ► Abhängigkeit des Managements: Ernennung von mehr als der Hälfte der Mitglieder der Geschäftsführung oder des Aufsichtsrates (board of directors) des anderen Unternehmens oder sonstiger Exekutivorgane,

- ► eine natürliche Person oder eine verwandte dieser natürlichen Person kontrollieren zusammen oder getrennt zwei unterschiedliche Unternehmen,

- ► gegenseitige Beteiligung (mutual interest) zweier Unternehmen von 10 % und mehr.

Diese weite Begriffsdefinition kann dazu führen, dass auch unabhängige Unternehmen, die **lediglich rein schuldrechtliche Vertragsbeziehungen** unterhalten, als verbundene Unternehmen anzusehen sind.[174] Im Verhältnis zu Deutschland hat aber wohl nach h. M. die **engere Definition des Art. 9 Abs. 1 DBA Indien Vorrang.**[175]

---

[172] *Ruh/Beyer*, IWB 2009, F6 Indien Gr. 2 S.101, 106.

[173] Ausführlich dazu: *Brem/Tucha*, IStR 2006 S. 391 (392).

[174] Vgl. *Schrickel/Schein*, IStR 2001 S. 597.

[175] *Andresen*, IWB 2001, F. 6 Indien Gr. 2 S. 87, 88f.

b. Fremdvergleichsgrundsatz

Detaillierte Regelungen für die Ermittlung der Verrechnungspreise sind den Verwaltungsvorschriften ITR (income tax rules) zu entnehmen. Es gilt der international anerkannte **Fremdvergleichsgrundsatz** (vgl. Art. 9 OECD-MA).

aa. Ermittlungsmethoden

Zur Ermittlung des Fremdvergleichspreises muss der Steuerpflichtige die **am besten geeignete Methode** („most appropriate method") wählen (Sec. 92 C (2) ITA, Sec. 10 C ITR): Zulässig sind die

► sog. **Standardmethoden**:

  – Preisvergleichsmethode (CUP, comparable uncontrolled price method)

  – Wiederverkaufspreismethode (RPM, resale price method)

  – Kostenaufschlagsmethode (CPM, cost plus method)

► Transaktionsbezogene Nettomargenmethode (TNMM, transactional net margin method)

► Gewinnaufteilungsmethode (PSM, profit split method)

Entsprechend den deutschen Regelungen sollen die transaktionsbezogenen Standardmethoden vorrangig vor den beiden gewinnbezogenen Methoden anzuwenden sein. In der Praxis ist die **TNMM** die am häufigsten angewendete Methode.[176] Nicht zulässig ist wohl die (v. a. in den USA verbreitete) globale Gewinnvergleichsmethode.

Die indische Finanzverwaltung akzeptiert zwar ausländische Vergleichsdaten, bevorzugt allerdings Werte aus indischen Datenbanken und greift dabei in umstrittener Weise auch auf nicht öffentlich zugängliche Vergleichsdaten aus Prüfungen bei Wettbewerbern zurück.[177]

bb. Toleranzgrenze

Lässt sich aus Vergleichswerten kein punktgenauer Wert ermitteln, ist das arithmetische Mittel der Stichprobe mit einer Toleranz von 5 % des Mittelwertes zugrunde zu legen (vgl. Sec. 92 C (2) ITA).

► Die Toleranzgrenze wurde bislang von der Rechtsprechung in der Weise interpretiert, dass unabhängig vom angesetzten Verrechnungspreis ein genereller Abschlag von 5 % auf den Mittelwert zu gewähren sei.

---

[176] *Ruh/Beyer*, IWB 2009, F6 Indien Gr. 2 S.101, 106.
[177] *Ruh/Beyer*, IWB 2009, F6 Indien Gr. 2 S.101, 107.

► Im Rahmen des im Juli 2009 verabschiedeten **Finance Bill 2009** hat der Gesetzgeber nun klargestellt, dass die Toleranzgrenze nur Anwendung findet, wenn der vom Steuerpflichtigen gewählte Preis um nicht mehr als 5 % vom Mittelwert abweicht.

cc. *Verfahrensrecht*

(1) In Indien obliegt die **Beweislast** für die Angemessenheit des Verrechnungspreises dem Steuerpflichtigen. Eine Korrektur wurde bislang unmittelbar Teil des Steuerbescheids. Durch den **Finance Bill 2009** wurde mit dem „Alternate Dispute Resolution Mechanism" ein Forum zur Überprüfung von Verrechnungspreisanpassungen infolge von Betriebsprüfungen geschaffen. Bei fehlender Akzeptanz durch den Steuerpflichtigen fällt ein Gremium aus drei Vertretern der Finanzverwaltung eine für die Finanzverwaltung bindende Entscheidung, gegen die dem Steuerpflichtigen der Rechtsweg offen steht.

Alternativ kann auch (innerhalb einer Frist von drei Jahren) ein **Verständigungsverfahren nach Art. 25 DBA Indien** eingeleitet werden. Im Gegensatz zu den DBA mit anderen EU-Staaten und den USA, besteht jedoch nach dem DBA Indien **kein Einigungszwang** zur Beseitigung der Doppelbesteuerung.

(2) Die indischen Verrechnungspreisvorschriften sehen **keine „Advanced Pricing Agreements" (APA)** vor.

► Im Rahmen des **Finance Bill 2009** wurden keine APA, sondern sog. "safe-harbor-Regelungen" eingeführt. Dabei handelt es sich um unilaterale Vereinfachungsregeln zur Bestimmung unbedenklicher Verrechnungspreise für einen bestimmten Kreis von Steuerpflichtigen, z. B. in Form von Freigrenzen und Bandbreiten (ähnliche Regelungen existieren z. B. in den USA, Mexiko, Australien, Brasilien und der Schweiz).

► Allerdings wurde im August durch den Gesetzentwurf **Direct Tax Code Bill 2009** mit Wirkung für das Steuerjahr 2011/2012 ein System zu **vorherigen Preisabsprachen (APA)** geplant. Die vorab vereinbarten Verrechnungspreise sollen für 5 aufeinanderfolgende Steuerjahre gültig und bindend sowohl für den Steuerzahler als auch für die Finanzbehörden sein.

d. **Dokumentationspflichten**

In Indien unterliegen Unternehmen, die internationale Geschäfte mit verbundenen Unternehmen abwickeln, bestimmten, den OECD-Grundsätzen entsprechenden Dokumentationsvorschriften (Sec. 92 D ITA). Die Dokumentation kann in der englischen Amtssprache erfolgen.

Die bereit zuhaltenden Dokumente werden unterteilt in:

▶ allgemeine Informationen,

▶ transaktionsspezifische Informationen und

▶ zusätzliche Informationen und Dokumente.

Die Dokumente müssen ab Ende des relevanten VZ **8 Jahre** aufbewahrt werden. Sie sind innerhalb einer 30-tägigen Frist, welche maximal um weitere 30 Tage verlängert werden kann, nach Aufforderung der Finanzverwaltung vorzulegen.

Größenabhängige Erleichterungen bestehen für Unternehmen, welche ein Transaktionsvolumen mit verbundenen Unternehmen von weniger als INR 10 Mio. (ca. 150.000 €) aufweisen. Diese Unternehmen müssen nur Dokumente bereithalten, die im Rahmen der ordnungsmäßigen Buchführung dokumentiert werden müssen. Aufgrund der Beweislast des Steuerpflichtigen empfiehlt sich aber auch hier eine klare und saubere Dokumentation.

e. **Verstöße und Sanktionsmechanismen**

Verrechnungspreisanpassungen können zu einer Strafe von 100-300 % des Anpassungsbetrags führen. **Verstöße gegen die Dokumentationspflichten** können mit einer Strafe in Höhe von 2 % des Umsatzwertes der betreffenden Transaktion geahndet werden.

In den Finanzgerichtsprozessen der vergangenen Jahre bezüglich Verrechnungspreisanpassungen, orientierte sich die indische Rechtsprechung zunehmend an internationalen Verrechnungspreisstandards. Infolgedessen hatten viele **Verrechnungspreisanpassungen vor Gericht keinen Bestand**. Nach *Ruh/Beyer* existieren jedoch bislang lediglich erstinstanzliche Urteile und eine höchstrichterliche Entscheidung steht noch aus.[178]

2. **Kapitaldotation**

Aufgrund der (dargestellten) Substanzbesteuerung bei der T-PLC, bedingt durch die *dividend distribution tax*, sieht sich der Vorstand der M-AG zum Handeln gezwungen. Zur Stärkung und Finanzierung weiterer Investitionen der T-PLC soll diese ein Darlehen über 3 Millionen Euro erhalten. Der Zinssatz beträgt 3 1/3 % p.a. Die M-AG verfügt selbst nicht über genug liquide Mittel, so dass unterschiedliche Finanzierungsalternativen zur Auswahl stehen.

▶ Finanzierung über die F&E KG (Darlehen F&E KG an T-PLC)

▶ Refinanzierung über Kapitalerhöhung M-AG (Finanzierung aus Eigenkapital)

---

[178] Vgl. *Ruh/Beyer*, IWB 2009, F6 Indien Gr. 2 S.101, 110.

► Refinanzierung über Bank (Finanzierung aus Fremdmitteln)

Wie kann eine steuergünstige Finanzierung erfolgen?

a. Stammkapital

Das einzuzahlende **Mindestkapital ("Paid-up Share Capital")** zur Gründung einer privaten Kapitalgesellschaft mit beschränkter Haftung in Indien beträgt INR 100.000 (ca. € 1.500).

Zu beachten ist jedoch, dass zur Finanzierung der Gesellschaft des Weiteren ein höheres sogenanntes **autorisiertes Stammkapital ("Authorized Share Capital")** festzulegen ist. Dieses unterscheidet sich von dem tatsächlich eingezahlten Stammkapital. Das autorisierte Stammkapital bezeichnet den Betrag, den die Gesellschaft maximal in Form von Anteilen ausgeben kann (daher „autorisiertes Stammkapital"). Eine Kapitalerhöhung über den Betrag des autorisierten Stammkapitals hinaus erfordert einen gewissen formalistischen Aufwand, bleibt jedoch stets möglich.

b. Fremdkapital/ Darlehen

Eine Fremdkapitalfinanzierung erfolgt durch Aufnahme inländischer Darlehen in INR oder ausländischer Devisendarlehen („External Commercial Borrowings", ECB).

aa. Auslandsdarlehen

Auslandsdarlehen („External Commercial Borrowings", ECB) sind nur in einem engen Rahmen zulässig. Sie unterliegen sowohl in ihrer Ausgestaltung als auch in ihrer Herkunft strengen Beschränkungen des indischen Devisenrechts bezüglich Mittelherkunft und Mittelverwendung.

(1) Mittelherkunft

Als Darlehensgeber kommen in Betracht („recognized lender") unter anderem **ausländische Anteilseigner, die mindestens 25 % der Anteile an der indischen Gesellschaft halten.**

Nur ausländische Anteilseigner welche diese Mindestbeteiligungsquote erfüllen, dürfen an ihre indische Gesellschaft ein Auslandsdarlehen ausreichen. Unternehmen, die derselben Gruppe angehören, aber nicht zu mindestens 25 % an der indischen Gesellschaft beteiligt sind, sind keine Anteilseigner i. S. d. Vorschriften. Sie können Auslandsdarlehen nur u. U. im Rahmen vertraglicher Beziehungen an die indische Gesellschaft ausreichen.

(2) Mittelverwendung

Eingeschränkt ist insbesondere auch der Verwendungszweck. Die Aufnahme von Auslandsdarlehen ist nur zur Finanzierung des Anlagevermögens oder zur

Modernisierung und Ausweitung der Produktion sowie zur Realisierung neuer Projekte zulässig.

Nicht zulässig ist die Verwendung der Auslandsdarlehen insbesondere für

► die Vergabe von Darlehen auf dem Kapitalmarkt,

► den Erwerb einer indischen Gesellschaft oder von Anteilen hieran,

► den Erwerb von Grundvermögen; eine Ausnahme stellt nach gegenwärtiger Auslegung des Gesetzes der Erwerb von Grundvermögen für die Zwecke (z. B. Produktion/Verwaltung/Lagerhaltung) der indischen Gesellschaft dar. Die Gesetzeslage befindet sich hier jedoch im Fluss, so dass eine Klärung im Einzelfall notwendig ist, und

► die Finanzierung des Umlaufvermögens, allgemeine Betriebsausgaben oder die Rückzahlung von INR Darlehen.

Aufgrund vorgenannter Einschränkungen scheiden Auslandsdarlehen in vielen Fällen zur Überbrückung von Liquiditätsbedarf aus.

Sollten die vorgenannten Einschränkungen im konkreten Fall kein Hindernis darstellen, so ist das nachfolgende Verfahren einzuhalten vor Überweisung der Geldmittel.

(3) Genehmigung im automatisierten Verfahren

Bei Einhaltung der nachfolgenden Parameter wird eine Genehmigung im **automatischen Verfahren** erteilt:

Bei Auslandsdarlehen **bis insgesamt USD 5 Millionen**:

► Der ausländische Gesellschafter muss zu mindestens 25 % an der indischen Gesellschaft beteiligt sein (bereits zwingende Voraussetzung, s. o.)

Bei Auslandsdarlehen **über insgesamt USD 5 Millionen**:

► Der ausländische Gesellschafter muss zu mindestens 25 % an der indischen Gesellschaft beteiligt sein (zw. Voraussetzung, s. o.)

► Einhaltung einer maximalen Fremdkapital/Eigenkapital – Relation von 4:1. Dies bedeutet, dass das auszureichende Auslandsdarlehen den Wert der direkt gehaltenen Anteile nicht um mehr als das vierfache übersteigen darf.

Darlehenshöhe

Auslandsdarlehen dürfen bis zu einer Höhe von **maximal USD 500 Millionen pro Finanzjahr** (1.4. bis 31.3. des Folgejahres) aufgenommen werden.

Laufzeit

Für Auslandsdarlehen sind folgende durchschnittliche Mindestlaufzeiten vorgegeben:

▶ Darlehen bis **USD 20 Mio.** im Finanzjahr: 3 Jahre

▶ Darlehen **über USD 20 Mio. bis USD 500 Mio.** im Finanzjahr: 5 Jahre

Zinssatz

Zahlungen in Form von Zinsen und sonstiger Darlehenskosten müssen sich innerhalb der nachfolgenden Beträge gemessen am 6-Monats LIBOR (London Interbank Exchange Rate) bewegen. Die Vorgaben werden regelmäßig angepasst, zuletzt mit RBI Circular 26 vom 22.10.08:

Durchschnittliche Laufzeit	Maximalbetrag über 6M LIBOR (Zinsen und Kosten)
3-5 Jahre	300 Basispunkte
Über 5 Jahre	500 Basispunkte

Der Maximalbetrag umfasst Zinszahlungen und sonstige Gebühren und Kosten in ausländischer Währung mit Ausnahme einer Bereitstellungsprovision, einem Ausgleich für eine vorzeitige Ablöse sowie Gebühren in INR. Ebenso ausgenommen ist eine bei Zinszahlung anfallende Quellensteuer.

Bereitstellung der Mittel in Indien

Eine Erlaubnis der Reserve Bank of India (RBI) ist notwendig für den tatsächlichen Transfer der Auslandsdarlehen nach Indien.

Auslandsdarlehen von über USD 20 Mio. dürfen grundsätzlich nicht nach Indien transferiert werden. Sie sind für Aufwendungen in ausländischer Währung zu verwenden. Lediglich ein Betrag von bis zu USD 20 Mio. im Finanzjahr kann nach Indien transferiert und für Aufwendungen in INR verwendet werden. Voraussetzung ist stets, dass eine vorherige Genehmigung der RBI zum Transfer des Auslandsdarlehens vorliegt. Für Industrieunternehmen wurde die Grenze von USD 20 Mio. auf jetzt USD 50 Mio. angehoben (RBI Circular vom 29.5.2008).

Bis zu ihrer Verwendung in Indien sind im Ausland geparkte Mittel nach indischem Devisenrecht wie folgt anzulegen:

▶ Guthaben, verbriefte Bankeinlagen oder andere Bankprodukte von Banken mit einem Rating von mindestens AA (-) Standard and Poor/Fitch IBCA oder Aa3 Moody's.

► Guthaben bei ausländischen Niederlassungen indischer Banken mit der Anerkennung als „Authorized Dealer" (Zulassung des indischen Staates zur Abwicklung des Devisenhandels).

► Schuldverschreibungen („treasury bills") und andere Wertpapiere („monetary instruments") mit einer Laufzeit von einem Jahr und entspechendem Mindest-Rating (siehe oben). Die Mittel sind so zu investieren, dass sie zur Verfügung stehen sobald sie in Indien verwendet werden müssen. Mit RBI Circular 26 vom 22.10.08 wurden die Bestimmungen gelockert. Auslandsdarlehen können nun bis zu ihrer Verwendung (im Rahmen der zulässigen Verwendungszwecke) auch auf INR Konten der indischen Darlehensnehmer in Indien eingezahlt werden. Voraussetzung ist, dass die Konten bei einer Bank mit der Anerkennung als Authorized Dealer der Kategorie I (z. B. State Bank of India) liegen.

(4) Ergänzend: Verfahren bei Einzelgenehmigung

Werden die für ein automatisches Verfahren geltenden Parameter (siehe oben) überschritten, ist vor Aufnahme des Darlehens eine Einzelgenehmigung der Reserve Bank of India (indische Zentralbank) einzuholen.

Dies gilt insbesondere in folgenden Fällen:

► Überschreiten der maximalen Zahlungen über 6M LIBOR,

► Überschreitung der Mindestlaufzeit,

► Verwendung von Auslandsdarlehen mit einem Betrag von über USD 20 Mio. (USD 50 Mio. bei Industrieunternehmen) im Finanzjahr in Indien, und

► Überschreitung der maximalen Fremdkapital/Eigenkapital-Relation von 4:1.

Ferner können im Rahmen der Einzelgenehmigung Auslandsdarlehen bis zu einer Höhe von maximal USD 750 Mio. pro Finanzjahr aufgenommen werden. Die durchschnittliche Mindestlaufzeit des Darlehens beträgt in diesem Fall zehn Jahre.

Im Rahmen der Einzelgenehmigung wird die RBI eine detaillierte Prüfung des Einzelfalls vornehmen. Ist unklar, ob das automatisierte Verfahren greift oder eine Einzelgenehmigung einzuholen ist, kann bei der RBI eine Klärung dieser Frage beantragt werden.

> => Aufgrund regulativer staatlicher Eingriffe sind die Möglichkeiten zur Aufnahme von Auslandsdarlehen durch ausländisch investierte Gesellschaften in Indien stark eingeschränkt. Insbesondere ist eine Finanzierung des Umlaufvermögens über Auslandsdarlehen unzulässig.

bb. INR Darlehen

Indische Banken stellen Kredite in indischen Rupien (INR) zur Verfügung. Sowohl langfristige Kredite als auch Kontokorrentkredite und kurzfristige Kredite mit einer Laufzeit von bis zu einem Jahr können jederzeit aufgenommen werden. In der Praxis werden die Darlehen an die indische Tochtergesellschaft oft von der Muttergesellschaft mit einer Garantie abgesichert. Dabei ist zu beachten, dass die indische Gesellschaft keine Gegenleistung für die Stellung der Garantie erbringen darf.

c. Hybride Finanzierungsinstrumente

Sollten nach der Marktsituation die Zinssätze für INR Darlehen sehr hoch und damit unattraktiv sein, kann alternativ in Betracht gezogen werden, hybride Finanzierungsinstrumente zu verwenden.

Hierbei stehen **wandelbare Vorzugsaktien („convertible preference shares")** sowie **Wandelschuldverschreibungen („convertible debentures")** zur Verfügung. Beide Instrumente geben dem Zeichner die Option der Wandlung in reguläre Anteile an der Gesellschaft, welche die Papiere begeben hat.

aa. Vorzugsanteile

Nach indischem Gesellschaftsrecht erhalten Vorzugsanteile eine **Vorzugsdividende**. Der Dividendenanspruch wird vor etwaigen Ausschüttungen an andere Gesellschafter erfüllt. Im Falle einer Insolvenz werden Vorzugsanteile vorrangig bedient. Hingegen sind die Stimmrechte von Vorzugsanteilen stark beschränkt.

► **Nicht/optional/teilweise wandelbare Vorzugsanteile** geben ihrem Inhaber keine eigentümerähnlichen Rechte. Sie stehen daher in der Nähe zu **Fremdkapital** und unterliegen deshalb den einschränkenden Bestimmungen zu Auslandsdarlehen (ECB).

► **Zwingend wandelbare Vorzugsanteile** werden mit Ablauf einer bestimmten Frist oder bei Erreichen eines bestimmten Kalenderdatums in Stammanteile umgewandelt. Sie gelten daher als **Eigenkapital** (PIB Press Note BSC/BY/GN-229/07 vom August 2007). Deshalb greifen für sie die Beschränkungen zu Auslandsdarlehen **nicht**.

=> Dividendenzahlungen sind aber nach indischem Recht bei der ausschüttenden Gesellschaft nicht steuerlich abzugsfähig. Daher sind steuerliche Vorteile gegenüber einer regulären Eigenkapitalfinanzierung gegen Stammanteile nicht ersichtlich. Im Ergebnis sind wandelbare Vorzugsanteile somit für Auslandsfinanzierungen wenig attraktiv.

bb. *Wandelschuldverschreibungen*

Durch die Ausgabe von Wandelschuldverschreibungen kann eine Gesellschaft Fremdkapital aufnehmen und die **Zinslast grundsätzlich als Betriebsausgabe** abziehen. Erst bei Wandlung werden Wandelschuldverschreibungen in Eigenkapital umgebucht. Ab diesem Zeitpunkt ist ein steuerlicher Abzug der dann in Form von Dividenden geleisteten Zahlungen nicht mehr möglich.

► Für **nicht/optional/teilweise wandelbare Wandelschuldverschreibungen** gelten die rechtlichen Beschränkungen zu Auslandsdarlehen (ECB).

► **Zwingend wandelbare Wandelschuldverschreibungen (Pflichtwandelanleihen)** sind von den Regelungen für Auslandsdarlehen ausgenommen (RBI Circular 74 vom 8.6.07). Für sie bestehen keine devisenrechtlichen Beschränkungen in Verwendungszweck etc.

Die Freiheit von Beschränkungen ist insbesondere wichtig für die freie Verwendung der Mittel aus der Kapitalaufnahme und für die Frage, ob die Papiere nur durch Gesellschafter oder auch durch dritte Personen gezeichnet werden dürfen.

=> **Zinszahlungen auf Pflichtwandelanleihen** sind durch die indische Gesellschaft grundsätzlich **als Aufwand abzugsfähig**. Dies macht sie als Finanzierungsform vergleichsweise attraktiv.

Die Mittel aus Pflichtwandelanleihen können durch einen Anteilsrückkauf seitens der ausgebenden indischen Gesellschaft an die deutsche Muttergesellschaft zurückgeführt werden. Zu beachten ist aber, dass ein Veräußerungsgewinn einer Gewinnbesteuerung („Capital Gains Tax") in Indien unterliegt.

3. Lösung des Beispielfalls

Übersicht– Sachverhalt

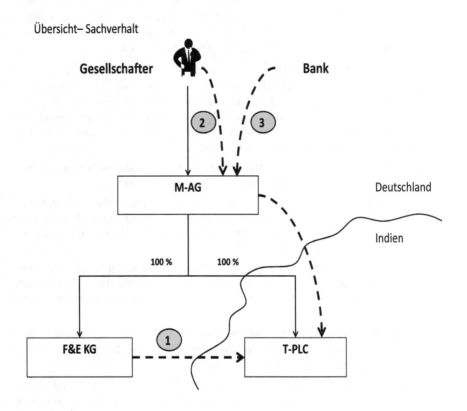

Finanzierungsalternative 1:

Aufgrund der restriktiven indischen Regelungen für ausländische Darlehen kommt diese Alternative nicht in Betracht. Die F&E KG verfügt **nicht unmittelbar über 25 %** an der T-PLC. Eine Stellung als Schwestergesellschaft reicht trotz Gruppenzugehörigkeit nicht aus. Somit **scheidet Alternative 1 aufgrund schädlicher Mittelherkunft aus.**

Finanzierungsalternative 2:

Die M-AG käme grundsätzlich als Darlehensgeberin in Betracht, da sie unmittelbar über 25 % der Anteile an der T-PLC hält und somit keine schädliche Mittelherkunft gegeben ist. Auch die Mittelverwendung für die Investition in Anlagevermögen widerspricht nicht den indischen Regelungen zum Devisenrecht. Da die Darlehenssumme weniger als 5 Millionen US-Dollar beträgt, erfolgt die Genehmigung im automatisierten Verfahren.

Exkurs: Die M-AG kann die devisenrechtlichen Auflagen nicht einhalten

Sofern eine Finanzierung durch Auslandsdarlehen aufgrund der Restriktionen im Verwendungszweck nicht zulässig ist, kann die indische Gesellschaft Fremdkapital in Form von garantiegesicherten INR Darlehen indischer Banken oder in Form von Auslandsdarlehen gegen Begebung von Pflichtwandelanleihen aufnehmen. In den genannten Fällen besteht grundsätzlich die Möglichkeit des steuerlichen Abzugs von Zinszahlungen als Betriebsausgaben.

Daneben steht auch die Aufnahme von Eigenkapital gegen Ausgabe regulärer Stimmanteile zur Verfügung.

Steuerliche Beurteilung:

Durch die Gewährung von Fremdkapital entstehen auf Ebene der empfangenden T-PLC Zinsaufwendungen und auf Ebene der finanzierenden M-AG Zinserträge in Höhe von jeweils 100.000 Euro.

Betrachtung Indien

► Die **Zinsaufwendungen** der T-PLC sind grundsätzlich in der indischen Gewinn- und Verlustrechnung als **Betriebsausgaben** abziehbar.

► Die Zinserträge an die M-AG unterliegen nach nationalem indischen Steuerrecht einer Quellensteuer in Höhe von 21,115 %.

► Zinszahlungen dürfen nach Art. 11 Abs. 1 und 2 DBA Deutschland-Indien jedoch nur im Ansässigkeitsstaat besteuert werden. Der Quellenstaat darf maximal 10 % Quellensteuer auf die Zinsen erheben. Somit erfolgt durch das Abkommen eine **Reduktion** der **Quellensteuer** auf **10.000 € (10 %)**.

Betrachtung Deutschland

► Zur Vermeidung der drohenden Doppelbesteuerung wendet Deutschland die **Anrechnungsmethode** an (Art. 23 Abs. 1 Buchst. a DBA). Somit ist die in Indien einbehaltene Quellensteuer auf Zinserträge auf die deutsche Körperschaftsteuer anrechenbar (§ 26 Abs. 6 KStG i. V. m. § 34c Abs. 1 EStG).

► Zinserträge sind voll steuerpflichtige Einnahmen bei der M-AG. Somit ergibt sich (vereinfacht) eine **Gesamtsteuerbelastung** i. H. v. rd. **29.825 €** (29,825 %). Wobei unter Berücksichtigung der anrechenbaren indischen Quellensteuer lediglich 19.825 € vom deutschen Fiskus festgesetzt wird.

Finanzierungsalternative 3:

Unterschiede zu Finanzierungsalternative 2 ergeben sich nur auf Ebene der M-AG. Hier stellt sich die Frage, ob sich die zusätzlichen Refinanzierungsaufwendungen an die Bank auf die steuerliche Bemessungsgrundlage der M-AG auswirken.

► Grundsätzlich sind Zinsaufwendungen als Betriebsausgaben abzugsfähig.

► Die **Abzugsfähigkeit** unterliegt aber ggf. den Restriktionen der sog. **Zinsschranke** nach § 4h EStG. Demnach sind Zinsaufwendungen grundsätzlich nur bis zur Höhe des jeweiligen Zinsertrags steuerlich abziehbar (§ 4h Abs. 1 EStG). Darüber hinaus ist die Abziehbarkeit des Zinsaufwands auf 30 % des steuerlichen EBITDA begrenzt, wenn die Freigrenze i. S. d. § 4h Abs. 2 Buchst. a EStG überschritten ist. Dazu muss der Zinssaldo als Differenz zwischen Zinsaufwendungen und Zinserträgen (zeitlich befristet) mind. 3 Millionen Euro betragen Die Zinsschranke hat Auswirkung sowohl für die Körperschaft- als auch für die Gewerbesteuer. Für Zwecke der Gewerbesteuer ist zusätzlich die gewerbesteuerlichen Hinzurechnung i. H. v. 25 % der Zinsaufwendungen nach § 8 Nr. 1 Buchst. a GewStG zu beachten.

► Die Fremdfinanzierung des Gesellschaftsdarlehens führt zu einer Minderung der Steuerlast und wäre damit grds. der Finanzierungsalternative 2 vorzuziehen, soweit die Zinsschranke nicht greift. **Ob daher Finanzierungsalternative 2 oder Finanzierungsalternative 3 gewählt wird, wird mithin entscheidend von den bereits bestehenden Zinsaufwendungen der M-AG abhängen.**

4. China

Von Dr. Huili Wang, Steuerberaterin, München

1. Qualifikationskonflikte bei Betriebsstätten in China und deren Vermeidung

Fall 21:

Ein in Deutschland ansässiges Unternehmen D-AG hat eine Tochtergesellschaft C-Ltd in China. Im Jahr 2009 wurde in der chinesischen Tochtergesellschaft eine neue Produktionslinie, die in China entwickelt wurde, errichtet. Die Errichtung der neuen Produktionslinie hatte zwar keine unmittelbare Auswirkung auf die deutsche Produktion (d. h. keine Technologie- und Funktionsverlagerung von Deutschland nach China), wurde jedoch zum Teil durch Ingenieure der deutschen Muttergesellschaft unterstützt.

Im Jahr 2009 sind drei Ingenieure (X, Y und Z) mehrmals nach China eingereist und haben dort die chinesische Tochtergesellschaft technisch unterstützt. Ihre Aufenthalte in China werden in der nachfolgenden Übersicht dargestellt:

Monate	Ingenieure	Tage in China
01.2009	X	10
02.2009	X	5
03.2009	Y	10
04.2009	Z	5
05.2009	X	10
06.2009	Y	5
07.2009	Z	5
		$\sum 50$

Für die technische Unterstützung wurde im Rahmen eines Dienstleistungsvertrags, der zwischen der deutschen Mutter- und der chinesischen Tochtergesellschaft abgeschlossen wurde, eine Vergütung in Höhe von 100.000 Euro vereinbart, die annahmegemäß der Höhe nach dem Fremdvergleichsgrundsatz entsprach. Für die Erbringung der technischen Dienstleistungen sind für die D-AG Aufwendungen (wie z. B. Personal- und Reisekosten) in Höhe von 80.000 Euro entstanden.

Lösungshinweise:

Schrifttum: *Pfaar*, VR China: Steuerliche Behandlung von Technologietransfer und damit zusammenhängenden Dienstleistungen, IStR 2003, 340 ff.; *Wang*, Steuereffiziente Gestaltung deutscher Investitionen in China unter Berücksichtigung der chinesischen Unternehmenssteuerreform, IStR 2008, 242 ff.; *Wang*, Besteuerung deutscher Direktinvestitionen in China – Laufende Besteuerung, Unternehmenskauf, -veräußerung und -umstrukturierung, nwb, 2006, 51 ff.

I. Betriebsstättendefinition und mögliche Qualifikationskonflikte

1. Chinesisches nationales Recht

Begründet ein deutsches Unternehmen in China durch seine wirtschaftliche Tätigkeit eine Betriebsstätte, wird das deutsche Unternehmen mit den Einkünften, die der Betriebsstätte nach dem Prinzip der wirtschaftlichen Zugehörigkeit zuzurechnen sind, in China beschränkt steuerpflichtig.[179]

Der Betriebsstättenbegriff im chinesischen nationalen Steuerrecht ist sehr weit gefasst.[180] Für die Betriebsstättenbegründung ist aus chinesischer Sicht nicht zwingend notwendig, dass eine feste Geschäftseinrichtung vorliegt.

Als Besonderheit des chinesischen Steuerrechts kann eine Betriebsstätte auch lediglich durch die Erbringung von Dienstleistungen begründet werden (sog. Dienstleistungsbetriebsstätte). Für die betriebsstättenbegründenden Tatbestände ist eine zeitliche Mindestgrenze nicht vorgesehen, sodass nach nationalem chinesischen Recht auch eine nicht dauerhafte Tätigkeit zu Betriebsstätten führen kann.

2. Doppelbesteuerungsabkommen

Bei Geschäftsaktivitäten, die durch ein deutsches Unternehmen in China ausgeübt werden, muss zugleich auf die Betriebsstättendefinition des Doppelbesteuerungsabkommens zwischen Deutschland und China (im Folgenden „DBA-China") abgestellt werden, wodurch dem vergleichsweise sehr weit gefassten chinesischen Betriebsstättenbegriff Schranken gesetzt werden. Nach Art. 5 DBA-China kann eine Betriebsstätte durch die Erbringung von Dienstleistungen nur dann begründet werden, wenn die Tätigkeiten für das gleiche oder ein damit zusammenhängendes Projekt insgesamt länger als sechs Monate innerhalb eines beliebigen 12-Monats-Zeitraums andauern.

---

[179] Art. 2 und 3 Chinese Enterprise Income Tax Law. Die Betriebsstätteneinkünfte enthalten auch nach chinesischem Steuerrecht nicht die Gewinne, die das Stammunternehmen in China durch Direktgeschäfte erzielt; solche Einkünfte können allerdings von einer chinesischen Quellensteuer erfasst werden (z. B. für Zinsen oder Lizenzgebühren). Die Betriebsstättenbesteuerung in China erfolgt unabhängig von der Rechtsform des ausländischen Stammunternehmens.

[180] Zu einem ausführlichen Vergleich der Betriebsstättenbegriffe im chinesischen und deutschen nationalen Steuerrecht sowie im DBA-China vgl. *Wang*, Besteuerung deutscher Direktinvestitionen in China, 2006, S. 61 ff.

3. Mögliche Qualifikationskonflikte

Wenngleich die Abkommensregelung zur Vermeidung der Doppelbesteuerung auf eine übereinstimmende Betriebsstättenqualifikation in beiden Vertragsstaaten gerichtet ist, kann es in der Praxis durchaus vorkommen, dass es in Deutschland und in China aufgrund unterschiedlicher Auslegung bzw. Anwendung der abkommensrechtlichen Regelung zu verschiedenen Ergebnissen bei der Betriebsstättenqualifikation kommt.

Die Begründung einer Dienstleistungsbetriebsstätte im Sinne des DBA setzt zwar voraus, dass die Tätigkeiten für ein Projekt insgesamt länger als sechs Monate innerhalb eines beliebigen 12-Monats-Zeitraums andauern; die maßgebliche Tätigkeitsdauer wird aber aus deutscher und chinesischer Sicht unterschiedlich ermittelt. Dies führt häufig zu dem Ergebnis, dass die Erbringung der Dienstleistung bei einem Projekt aus chinesischer Sicht zu einer Betriebsstätte in China führt, aus deutscher Sicht eine chinesische Betriebsstätte jedoch aufgrund des Unterschreitens der 6-Monats-Frist nicht vorliegt.

II. Lösung des Falls

1. Betrachtung aus chinesischer Sicht

Aus chinesischer Sicht ist die maßgebliche Tätigkeitsdauer aus der Gesamtdauer des betreffenden Projektes abzüglich der Unterbrechungen zu berechnen.[181]

Bei der Bestimmung der Gesamtdauer des Projektes werden die jeweils angefangenen Monate stets als volle Monate gezählt. In dem vorliegenden Fall beträgt die Gesamtdauer des Projektes sieben Monate.

Bei der Berechnung der Unterbrechungen werden jeweils 30 Tage als ein Monat gerechnet, d. h., von der Gesamtdauer des Projektes kann ein Monat als Unterbrechung nur dann abgezogen werden, wenn die Tätigkeit für einen zusammenhängenden Zeitraum von 30 Tagen unterbrochen wird. In dem vorliegenden Fall gibt es somit keine Unterbrechungen, die bei der Fristberechnung zu berücksichtigen sind. Durch eine solche Berechnungsweise wird der abkommensrechtliche Begriff der Dienstleistungsbetriebsstätte aus chinesischer Sicht weitestmöglich ausgelegt.

Im Ergebnis beträgt die maßgebliche Tätigkeitsdauer im vorliegenden Fall sieben Monate. Aus chinesischer Sicht wird somit eine Betriebsstätte in China begründet, obwohl die tatsächliche Dauer der Tätigkeit in China nur 50 Tage betragen hat.

---

[181] Vgl. State Administration of Taxation of People's Republic of China ("PRC"), 04.04.2007, Guoshuihan [2007] No. 403. Die Gesamtdauer des Projekts beginnt mit dem Zeitpunkt, in dem der erste Mitarbeiter, der für das Projekt eingesetzt wird, in China eintrifft, und endet mit dem Zeitpunkt, in dem das Projekt abgeschlossen wird und der letzte Mitarbeiter des Projekts China verlässt.

2. Betrachtung aus deutscher Sicht

In Deutschland wird dagegen üblicherweise eine tagesgenaue Berechnung der Tätigkeitsdauer vorgenommen. Mit 50 Tagen, in denen eine wirtschaftliche Tätigkeit in China ausgeübt wird, wird aus deutscher Sicht keine Betriebsstätte in China begründet.

3. Folgen des Qualifikationskonfliktes

Es kommt zu dem Ergebnis, dass die Erbringung der Dienstleistung bei dem vorliegenden Projekt aus chinesischer Sicht zu einer Betriebsstätte in China führt, aus deutscher Sicht eine chinesische Betriebsstätte jedoch aufgrund des Unterschreitens der 6-Monats-Frist nicht gegeben ist. Das bedeutet in diesem Fall, dass der Betriebsstättengewinn in China der Ertragsbesteuerung unterworfen wird, während aus deutscher Sicht die in China erzielten Einkünfte mangels Vorliegen einer chinesischen Betriebsstätte nicht freigestellt, sondern in die deutsche Steuerbemessungsgrundlage einbezogen werden.

Die chinesische Steuer ist in diesem Fall auch nicht auf die deutsche Steuer anrechenbar, sondern allenfalls nur als Betriebsausgaben des deutschen Unternehmens abzugsfähig,[182] da ausländische Einkünfte im Sinne des § 34d Nr. 2 Buchstabe a) EStG nicht vorliegen. Im Ergebnis wird trotz des Bestehens des Abkommens eine – zumindest partielle – Doppelbesteuerung der chinesischen Einkünfte im Wohnsitz- und Quellenstaat ausgelöst.

In solchen Fällen ist der Steuerpflichtige zwar dazu berechtigt, nach Art. 26 DBA-China einen Abkommensverstoß zu rügen und ein zwischenstaatliches Verständigungsverfahren anzurufen. Ein solches Verfahren ist aber i. d. R. so zeitaufwendig, dass der Steuerpflichtige in den meisten Fällen trotz der Doppelbesteuerung auf die Beantragung eines Verständigungsverfahrens verzichtet.

4. Besonderheiten der Betriebsstättenergebnisermittlung

Zwar besteht nach dem chinesischen Recht zur Ermittlung des Betriebsstättenergebnisses grundsätzlich die Möglichkeit der Buchführung bzw. Bilanzierung. Zur Steuervereinfachung wird der Betriebsstättengewinn in China jedoch meistens durch eine Schätzung festgestellt, die anhand der sog. Deemed-Profit-Methode oder der Kostenaufschlagsmethode durchgeführt wird.[183] Während der Gewinn einer projektbezogenen Betriebsstätte im Rahmen der Deemed-Profit-Methode abhängig von den tatsächlichen Einnahmen pauschal festgestellt wird, wird das Ergebnis bei Repräsentanzbüros ausländischer Unternehmen, sofern sie als Betriebsstätten in China qualifiziert werden, meistens basie-

---

[182] S. § 34c Abs. 3 EStG.

[183] Vgl. State Administration of Taxation of PRC, 12.3.2003, Guoshuifa [2003] No. 28.

rend auf den tatsächlich angefallenen Aufwendungen mit der Kostenaufschlags-methode geschätzt.

Durch die Anwendung dieser Schätzungsmethoden kommt es regelmäßig zu einer beträchtlichen Abweichung des in China pauschal festgestellten Betriebsstättenge-winns von dem nach den deutschen Vorschriften ermittelten Betriebsstättenergebnis. Für die Fälle, in denen eine chinesische Betriebsstätte sowohl aus deutscher Sicht als auch aus chinesischer Sicht vorliegt, führt der oben dargestellte Unterschied in der Ergebnisermittlung meistens zu einer Doppelbesteuerung des (anteiligen) Betriebsstät-tengewinns in China und Deutschland, da in China der nach dem dortigen Recht pau-schal festgestellte Betriebsstättengewinn (der i. d. R. höher ist als der buchhalterisch ermittelte Gewinn) besteuert wird, während in Deutschland der nach deutschem Recht ermittelte (und damit i. d. R. niedrigere) Betriebsstättengewinn von der Besteuerung freigestellt wird.[184]

5. Besteuerung in China

In dem vorliegenden Fall werden die chinesischen Steuern wie folgt ermittelt:

5.1 Unternehmenseinkommensteuer

Betriebseinnahmen bei der Betriebsstätte: 100.000 Euro

Deemed-Profit-Satz (annahmegemäße): 40 %

Betriebsstättengewinn nach der
pauschalen Feststellung: 100.000 * 40 % = 40.000 Euro

Unternehmenseinkommensteuersatz: 25 %

Unternehmenseinkommensteuer: 40.000 * 25 % = 10.000 Euro

5.2 Business Tax

Die Business Tax ist eine Umsatzsteuer, die in China auf Umsätze aus der Erbringung von Dienstleistungen erhoben wird.[185] Der Steuersatz variiert je nach Art der Dienstleis-tungen und beträgt in dem vorliegenden Fall 5 %.

---

[184] Die Anwendung der Freistellungsmethode nach dem DBA-China setzt voraus, dass in der chinesischen Betriebsstätte aktive Tätigkeiten i. S. d. Abkommens ausgeübt werden. In den selten vorkommenden Fällen, in denen die abkommensrechtliche Anrechnungsmethode anzuwenden ist, wird der nach dem deutschen Recht ermittelte Betriebsstättengewinn für die Ermittlung des Höchstbetrags der in Deutschland anrechen-baren Steuer zugrunde gelegt.

[185] Die chinesische Umsatzsteuer unterscheidet drei Steuerarten, nämlich die Mehrwertsteuer (Value Added Tax, VAT), die Business Tax und die Konsumsteuer (Consumption Tax). Bei der Mehrwertsteuer handelt es sich um eine Allphasen-Nettoumsatzsteuer mit Vorsteuerabzug. Davon erfasst sind in erster Linie Umsätze aus Warenlieferungen und Einfuhren. Umsätze aus der Erbringung von Dienstleistungen sowie der Übertra-gung von immateriellen Vermögensgegenständen und Immobilien (Landnutzungsrecht und Gebäude) unter-liegen der Business Tax. Die Höhe der Business Tax ist abhängig von der Art der Dienstleistungen, beträgt meistens aber 5 %. Die Konsumsteuer wird zusätzlich zur Mehrwertsteuer auf bestimmte Konsumgüter er-hoben.

Business Tax: 100.000 * 5 % = 5.000 Euro

Für Business Tax besteht keine Möglichkeit zum Vorsteuerabzug.

5.3   Gesamtsteuerbelastung in China

10.000 + 5.000 = 15.000 Euro

6.   Besteuerung in Deutschland

Aus deutscher Sicht liegt keine chinesische Betriebsstätte und damit keine ausländischen Einkünfte im Sinne des § 34d Nr. 2 Buchstabe a) EStG vor. Die chinesischen Steuern können in Deutschland nicht nach den Vorschriften des § 34c Abs. 1 EStG bzw. des § 26 KStG angerechnet werden. Nach § 34c Abs. 3 EStG ist es jedoch möglich, die in China angefallenen Steuern als Betriebsausgaben abzuziehen.

7.   Berechnung der KSt/GewSt

Betriebseinnahme:	100.000 Euro
Betriebsausgaben ohne Berücksichtigung der Steuern (= Personal-, Reisekosten etc.):	80.000 Euro
Gewinn vor Steuern:	20.000 Euro
Abzug der in China angefallenen Steuern als Betriebsausgaben:	15.000 Euro
In Deutschland steuerpflichtiger Gewinn:	5.000 Euro
Steuerbelastung aus der deutschen KSt/GewSt (annahmegemäß):	30 %
Deutsche KSt/GewSt:	5.000 * 30 % = 1.500 Euro

8.   Gesamtsteuerbelastung

Gesamtsteuerbelastung in China und Deutschland:

15.000 + 1.500 = 16.500 Euro

Steuerbelastungsquote (= Steuerbelastung / Gewinn vor Steuern):

16.500 / 20.000 = 82,5 %

9.   Einkommensteuer/Lohnsteuer der Mitarbeiter

Da aus chinesischer Sicht eine Betriebsstätte vorliegt und die Gehaltskosten der betreffenden Ingenieure wirtschaftlich der chinesischen Betriebsstätte zuzuordnen sind, werden die Einkünfte, die bei den Ingenieuren jeweils auf die in China ausgeübte Tätigkeit entfallen, nach Art. 15 Abs. 2 DBA-China der chinesischen Einkommensteuer unterworfen. Dies gilt unabhängig davon, ob die betreffenden Ingenieure während des Kalenderjahres jeweils länger als 183 Tage in China tätig waren. Für die D-AG ergibt sich eine Pflicht, die in diesem Zusammenfang angefallenen Lohnsteuern in China anzumelden und abzuführen.

10. Vermeidung von Qualifikationskonflikten und der Doppelbesteuerung

Soweit bei einem Projekt aus operativer Sicht eine gewisse Flexibilität hinsichtlich der Zeiträume besteht, in denen die deutschen Mitarbeiter in China tätig werden, könnte das Risiko einer Dienstleistungsbetriebsstätte durch eine gezielte Projektplanung bzw. ein entsprechendes Projektmanagement reduziert werden.

Lässt sich die Begründung einer chinesischen Betriebsstätte nicht vermeiden, ist es zur Minimierung der Gesamtsteuerbelastung ratsam, durch Verhandlungen mit den zuständigen chinesischen Behörden vorab einen möglichst niedrigen Deemed-Profit-Satz für die Betriebsstättengewinnermittlung festzulegen.

2. Einsatz von Holdinggesellschaften

Fall 22:

Ein in Deutschland ansässiges Unternehmen M-AG möchte eine Produktionsgesellschaft (T-Ltd) in China gründen. M-AG plant, ein Patent für die Herstellung eines Spezialproduktes zu entwickeln. Die Forschung und Entwicklung soll entweder bei der M-AG oder bei einer europäischen Tochtergesellschaft stattfinden. Das Produkt soll künftig in China produziert werden. Für die M-AG stellt sich die Frage, wie die Beteiligungsstruktur (unter Berücksichtigung der Finanzierung und Lizenzierung) durch Einsatz von Holdinggesellschaften steuerlich optimiert werden kann.

Lösungshinweise:

Schrifttum: *Becker/Hölscher*, Steuerplanung für deutsche Investoren in China, PIStB 2006, 16 ff.; *Bongart/Prautzsch*, Chinesische Körperschaftsteuerreform, IStR 2007, 531 ff.; *Schnitger*, Änderungen der grenzüberschreitenden Unternehmensbesteuerung sowie des § 42 AO durch das geplante Jahressteuergesetz 2008 (JStG 2008), IStR 2007, 729 ff.; *Vogt*, in Blümich, Kommentierung zu § 8 AStG, 2009; *Wang*, Steuereffiziente Gestaltung deutscher Investitionen in China unter Berücksichtigung der chinesischen Unternehmenssteuerreform, IStR 2008, 242 ff.

I.   Direkte Beteiligung der deutschen Muttergesellschaft

1.   Gewinnausschüttung

Vor 2008 wurde auf Dividenden, die von einer chinesischen Tochtergesellschaft an ihre ausländische Muttergesellschaft ausgeschüttet wurden, nach dem chinesischen nationalen Steuerrecht keine chinesische Quellensteuer erhoben. Durch die chinesische Unternehmenssteuerreform 2008 ist aber auf solche Dividenden eine 10 %ige chinesische Quellensteuer eingeführt worden.

Nach dem DBA zwischen Deutschland und China wird die Quellensteuer auf Dividenden auf 10 % begrenzt. Diese Begrenzung hat jedoch keine faktische Bedeutung.

Die 10 %ige Quellensteuer, die bei der Gewinnausschüttung an eine deutsche Mutterkapitalgesellschaft anfällt, ist bei dieser aufgrund der Freistellung der Dividenden nach § 8b Abs. 1 KStG nicht anrechenbar und führt damit zu einer Definitivbelastung.

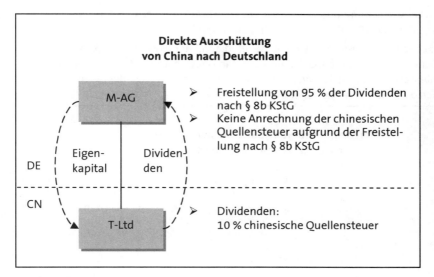

**Direkte Ausschüttung
von China nach Deutschland**

M-AG

➤ Freistellung von 95 % der Dividenden nach § 8b KStG
➤ Keine Anrechnung der chinesischen Quellensteuer aufgrund der Freistellung nach § 8b KStG

DE

Eigen-kapital   Dividenden

CN

T-Ltd

➤ Dividenden:
10 % chinesische Quellensteuer

2. Finanzierung

Wenn die deutsche Muttergesellschaft der chinesischen Tochtergesellschaft ein Gesellschafterdarlehen gewährt, können die Zinsaufwendungen in China steuerlich unter Berücksichtigung der chinesischen "Thin Capitalization Rule" abgezogen werden.[186] Zinsaufwendungen sind nach dem chinesischen Steuerrecht nicht abzugsfähig, soweit eine chinesische Gesellschaft von einem Anteilseigner Fremdkapital erhält und eine bestimmte Quote vom Fremdkapital zu Eigenkapital (in der Regel 2 : 1) überschritten wird.[187]

Die Zinszahlungen von China nach Deutschland unterliegen in China einer Quellensteuer von 10 % und einer Business Tax von 5 %.

In Deutschland stellen die Zinserträge Betriebseinnahmen dar und unterliegen der deutschen Körperschaft- und Gewerbesteuer. Die chinesische Quellensteuer kann in Deutschland im Rahmen einer fiktiven Anrechnung in Höhe von 15 % berücksichtigt werden, obwohl in China tatsächlich nur eine Quellensteuer in Höhe von 10 % erhoben

---

[186] Art. 46 Chinese Enterprise Income Tax Act; Art. 119 Implementation Rules of the Chinese Enterprise Income Tax Act.

[187] Vgl. Ministry of Finance / State Administration of Taxation of PRC, 19.09.2008, Guoshuihan [2008] No. 121.

wird.[188] Die Anrechnung unterliegt aber der Einschränkung der Vorschriften des § 34c EStG bzw. des § 26 KStG ("Anrechnungshöchstbetrag").

Die chinesische Business Tax ist keine Steuer, die mit der deutschen Einkommen- bzw. Körperschaftsteuer vergleichbar ist, und somit in Deutschland nicht anrechenbar;[189] sie kann allenfalls als Betriebsausgabe der M-AG berücksichtigt werden, wenn sie wirtschaftlich durch die M-AG getragen wird.

Darlehensgewährung durch die deutsche Mutter- an die chinesische Tochtergesellschaft

M-AG

DE Darlehen Zins- zahlungen

CN

T-Ltd

➤ Belastung der Zinserträge mit KSt/GewSt
➤ Fiktive Anrechnung der chinesischen Quellensteuer in Höhe von 15 % unter Anwendung des § 34c EStG bzw. § 26 KStG

➤ Zinszahlungen:
  • 10 % chinesische Quellensteuer
  • 5 % Business Tax
  • Zinsabzug in China unter Beschränkung der chinesischen Thin Capitalization Rule

3. Lizensierung

Wenn das Patent für das Spezialprodukt durch die deutsche Muttergesellschaft im Rahmen eines Lizenzvertrags der chinesischen Tochtergesellschaft zur Verfügung gestellt wird, unterliegen die Lizenzgebühren, die von China nach Deutschland gezahlt werden, in China regelmäßig einer Business Tax von 5 % und einer Quellensteuer von 10 %. Eine Befreiung der Lizenzgebühren von der chinesischen Business Tax ist nur unter strengen Voraussetzungen möglich.

In Deutschland stellen die Lizenzgebühren Betriebseinnahmen dar und unterliegen – nach Abzug der zusammenhängenden Betriebsausgaben – der deutschen Körperschaft- und Gewerbesteuer. Die chinesische Quellensteuer kann in Deutschland im

---

[188] S. Art. 24 Abs. 2 Buchstabe c) DBA-China.
[189] S. § 34c EStG i. V. m. § 26 KStG.

Rahmen einer fiktiven Anrechnung in Höhe von 15 % berücksichtigt werden.[190] Die Anrechnung unterliegt aber der Einschränkung der Vorschriften des § 34c EStG bzw. des § 26 KStG („Anrechnungshöchstbetrag"), wodurch es nicht selten zu einem Anrechnungsüberhang kommt.

Die chinesische Business Tax ist in Deutschland nicht anrechenbar;[191] sie kann aber als Betriebsausgabe der M-AG berücksichtigt werden, wenn sie wirtschaftlich durch die M-AG getragen wird.

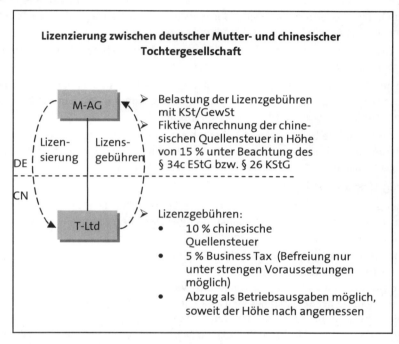

Lizenzierung zwischen deutscher Mutter- und chinesischer Tochtergesellschaft

M-AG

Lizensierung   Lizensgebühren

DE

CN

T-Ltd

➢ Belastung der Lizenzgebühren mit KSt/GewSt
➢ Fiktive Anrechnung der chinesischen Quellensteuer in Höhe von 15 % unter Beachtung des § 34c EStG bzw. § 26 KStG

➢ Lizenzgebühren:
  • 10 % chinesische Quellensteuer
  • 5 % Business Tax (Befreiung nur unter strengen Voraussetzungen möglich)
  • Abzug als Betriebsausgaben möglich, soweit der Höhe nach angemessen

II. Einsatz einer Holdinggesellschaft in Hong Kong

1. Grundsatz

Wie oben dargestellt, führt die 2008 eingeführte 10 %ige chinesische Quellensteuer, die bei der direkten Ausschüttung von einer chinesischen Tochtergesellschaft an eine deutsche Mutterkapitalgesellschaft anfällt, bei dieser mangels einer Möglichkeit zur

---

[190] S. Art. 24 Abs. 2 Buchstabe c) DBA-China.
[191] S. § 34c EStG i. V. m. § 26 KStG.

Anrechnung stets zu Kosten. Aus diesem Grund stellt die Reduzierung der Quellensteuer ein wichtiges Ziel der Steuergestaltung dar.

Zu diesem Zweck kann beispielsweise eine Zwischenholding in einem Drittstaat eingeschaltet werden, die die chinesischen Dividenden empfängt und an die deutsche Muttergesellschaft weiterleitet. Als potenzielle Holdingstandorte kommen Länder in Betracht, die folgende Merkmale erfüllen:

a) Zwischen dem Holdingstaat und China muss ein DBA bestehen, das einen günstigeren Quellensteuersatz für Dividenden vorsieht als der 10 %ige Quellensteuersatz nach dem DBA zwischen Deutschland und China,

b) die Dividendenerträge unterliegen bei der Holdinggesellschaft keiner Belastung mit Körperschaftsteuer des Holdingsitzstaates und

c) bei der Weiterausschüttung von der Holdinggesellschaft an die deutsche Muttergesellschaft wird im Holdingsitzstaat keine Quellensteuer im Rahmen der beschränkten Steuerpflicht der Muttergesellschaft erhoben.

Durch die Merkmale b) und c) wird sichergestellt, dass der steuerliche Vorteil aus der Reduzierung der chinesischen Quellensteuer nicht durch andere Steuerbelastungen im Holdingsitzstaat zunichte gemacht oder sogar überkompensiert wird.

2. Hong Kong als Holdingstandort

Hongkong verfügt als Sonderverwaltungszone Chinas über eine eigene Steuerhoheit und ein anderes Steuersystem als Mainland China. Das DBA zwischen Deutschland und China findet keine Anwendung für Hongkong.

Zwischen Hong Kong und Mainland China besteht ein DBA, nach dem der Quellensteuersatz für Dividendenausschüttung von China nach Hong Kong – bei einer Mindestbeteiligungsquote von 25 % – auf 5 % begrenzt wird.[192] Die Dividendenerträge unterliegen in Hong Kong bei der Holdinggesellschaft keiner Belastung mit Körperschaftsteuer. Bei der Weiterausschüttung von der Hong Kong-Holdinggesellschaft an die deutsche Muttergesellschaft wird in Hong Kong keine Quellensteuer im Rahmen der beschränkten Steuerpflicht der Muttergesellschaft erhoben.

Aus einer Hong Kong-Holdingstruktur ergibt sich – im Vergleich zur direkten Gewinnausschüttung von China nach Deutschland – ein Steuervorteil in Höhe von ca. 5 % der chinesischen Dividenden.[193]

---

[192] Art. 10 Abs. 2 DBA China-Hongkong.

[193] Aufgrund der unterschiedlichen Bemessungsgrundlage für die Pauschalbesteuerung nach § 8b Abs. 5 KStG – bei der direkten Ausschüttung 5 % der chinesischen Dividenden (vor der Erhebung der chinesischen Quellensteuer) und bei der Holdingstruktur 5 % der Dividenden der Hong Kong-Holding (nach der Erhebung der 5 %igen chinesischen Quellensteuer) – beträgt der Steuervorteil bei der Holdingstruktur etwas mehr als 5 % der chinesischen Dividenden.

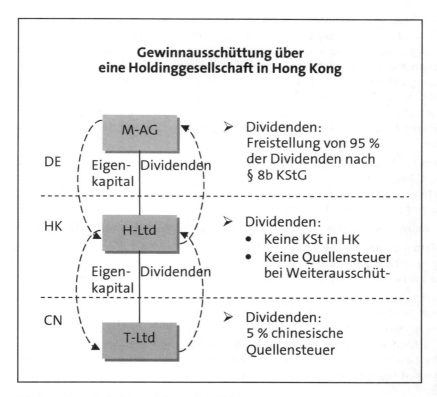

**Gewinnausschüttung über
eine Holdinggesellschaft in Hong Kong**

DE

> Dividenden:
Freistellung von 95 %
der Dividenden nach
§ 8b KStG

HK

> Dividenden:
- Keine KSt in HK
- Keine Quellensteuer
bei Weiterausschüt-

CN

> Dividenden:
5 % chinesische
Quellensteuer

3. Missbrauchsvorbehalt aus chinesischer Sicht

Durch die Unternehmensteuerreform 2008 ist im chinesischen Steuerrecht erstmals eine allgemeine Missbrauchsbekämpfungsregelung eingeführt worden, nach der die Steuerbehörden bei missbräuchlichen Gestaltungsmaßnahmen des Steuerpflichtigen berechtigt sind, eine Ergebniskorrektur bzw. eine Steuerberichtigung vorzunehmen.

Eine missbräuchliche Steuergestaltung im Sinne des Gesetzes liegt vor, wenn die Handlungen des Steuerpflichtigen nicht durch vernünftige wirtschaftliche Gründe zu rechtfertigen sind und der Steuervermeidung, -minderung oder -verschiebung als Hauptzweck dienen.[194]

---

[194] Art. 47 Chinese Enterprise Income Tax Act; Art. 120 Implementation Rules of the Chinese Enterprise Income Tax Act.

Im Rahmen der Steuerplanung mit Einsatz von Holdinggesellschaften ist darauf zu achten, dass die eingeschalteten Holdinggesellschaften über ausreichende Substanz verfügen und eine eigene wirtschaftliche Tätigkeit ausüben müssen. Für den Zweck der Steueroptimierung durch eine Zwischenholding genügt eine bloße rechtmäßige Registrierung der Zwischenholding bzw. die Errichtung einer „Briefkastenfirma" seit 2008 nicht mehr. In solchen Fällen könnten die oben dargestellten Gestaltungsmöglichkeiten durch die chinesischen Finanzbehörden als missbräuchliche Steuergestaltungen betrachtet werden, mit der Folge, dass die angestrebte Steuerentlastung nicht gewährt wird.

Auch zur Vermeidung einer steuerlichen Doppelansässigkeit der Holdinggesellschaft muss diese über Büroräume vor Ort verfügen, in denen der Geschäftsführer die für den laufenden Betrieb maßgebenden Entscheidungen trifft und die zur gewöhnlichen Verwaltung gehörenden Maßnahmen ergreift bzw. anordnet.

4.   Betrachtung der Hong Kong-Holdingstruktur aus deutscher außensteuerlicher Sicht

Sofern die Hong Kong-Holdinggesellschaft nur Dividenden aus der chinesischen Beteiligung erzielt, greift die deutsche Hinzurechnungsbesteuerung nicht, da Dividenden aus deutscher Sicht nach § 8 Abs. 1 Nr. 8 AStG aktive Einkünfte darstellen.

Soweit aber die Hong Kong-Holdinggesellschaft auch Zinseinkünfte erzielt, kann die deutsche Hinzurechnungsbesteuerung zur Anwendung kommen, wenn bei der Finanzierung nicht nachgewiesen werden kann, dass die verwendeten Finanzmittel ausschließlich auf ausländischen Kapitalmärkten aufgenommen werden und die chinesische Gesellschaft, der die Finanzmittel zur Verfügung gestellt werden, ausschließlich oder fast ausschließlich aktive Tätigkeiten im Sinne des § 8 Abs. 1 Nr. 1 bis 6 AStG ausübt.[195]

Bei einer Lizenzierung der Hong Kong-Gesellschaft an die chinesische Gesellschaft muss zur Vermeidung der deutschen Hinzurechnungsbesteuerung nachgewiesen werden, dass die Hong Kong-Gesellschaft die Ergebnisse eigener Forschungs- und Entwicklungsarbeit auswertet, die ohne Mitwirkung der deutschen Muttergesellschaft unternommen worden ist.[196]

---

[195] S. § 8 Abs. 1 Nr. 7 AStG.
[196] S. § 8 Abs. 1 Nr. 6 Buchstabe a) AStG.

III. Einsatz einer Holdinggesellschaft in Belgien

1. Abschluss eines neuen DBA zwischen Belgien und China

Im Oktober 2009 wurde zwischen Belgien und China ein neues DBA abgeschlossen, das demnächst nach der Ratifizierung in Kraft treten wird.

Das neue DBA zwischen Belgien und China enthält folgende wesentliche Änderungen gegenüber dem bisherigen DBA, das im Jahr 1985 abgeschlossen wurde:

► Reduzierung des Quellensteuersatzes auf Dividenden von 10 % auf 5 % unter bestimmten Voraussetzungen;

► Reduzierung des Quellensteuersatzes auf Lizenzgebühren von 10 % auf 7 %;

► Engere Betriebsstättendefinition;

► Befreiung der Gewinne aus der Veräußerung von börsennotierten Anteilen unter bestimmten Voraussetzungen von der Quellenbesteuerung.

2. Dividendenausschüttung über eine belgische Holding

Werden die chinesischen Dividenden über eine belgische Holdinggesellschaft nach Deutschland ausgeschüttet, lässt sich unter der Anwendung des neuen DBA zwischen Belgien und China ein Quellensteuervorteil von 5 % im Vergleich zu einer direkten Ausschüttung von China nach Deutschland erzielen.

Jedoch muss bei einer solchen Struktur beachtet werden, dass 5 % der chinesischen Dividenden in Belgien nach einer der deutschen Vorschrift des § 8b KStG vergleichbaren Regelung der belgischen Körperschaftsteuer von 33,99 % unterliegen, was in Belgien zu einer effektiven Steuerbelastung von ca. 1,7 % führt. Insoweit mindert sich der gesamte Steuervorteil der belgischen Holdingstruktur im Hinblick auf eine Gewinnausschüttung.

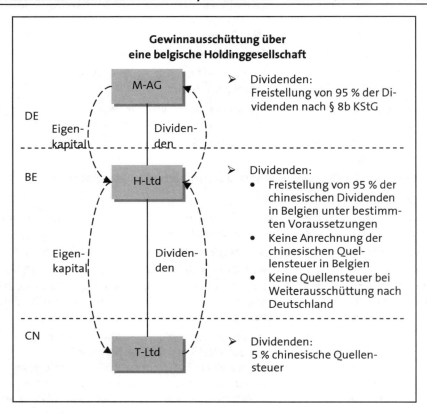

Gewinnausschüttung über eine belgische Holdinggesellschaft

DE

Eigen-kapital

Dividen-den

M-AG

> Dividenden:
Freistellung von 95 % der Dividenden nach § 8b KStG

BE

H-Ltd

> Dividenden:
• Freistellung von 95 % der chinesischen Dividenden in Belgien unter bestimmten Voraussetzungen
• Keine Anrechnung der chinesischen Quellensteuer in Belgien
• Keine Quellensteuer bei Weiterausschüttung nach Deutschland

Eigen-kapital

Dividen-den

CN

T-Ltd

> Dividenden:
5 % chinesische Quellensteuer

3. Finanzierung über eine belgische Holding

Bei der Einschaltung einer belgischen Holdinggesellschaft kann für die konzerninterne Finanzierung die belgische Steuervergünstigung in Form der sog. Notional Interest Deduction in Anspruch genommen werden. Dabei handelt es sich um einen fiktiven steuerlichen Zinsabzug bei der belgischen Gesellschaft, d. h. die belgische Gesellschaft kann auf Basis ihrer Eigenkapitalausstattung[197] einen fiktiven Zinsabzug nach einem bestimmten Zinssatz ("Notional Interest Deduction Rate") steuerlich geltend machen.

---

[197] Die Bemessungsgrundlage für die Notional Interest Deduction ermittelt sich nach dem Grund- oder Stammkapital der belgischen Gesellschaft, zuzüglich der Gewinnrücklagen, abzüglich der Beteiligungen, die die belgische Gesellschaft in ihren Tochtergesellschaften hält, und der Vermögenswerte, die die belgische Gesellschaft in einer ausländischen Betriebsstätte hat, soweit zwischen Belgien und dem Betriebsstättenstaat ein DBA besteht.

Gewährt die belgische Gesellschaft an die chinesische Gesellschaft ein Darlehen, können die Zinsaufwendungen in China steuerlich unter Berücksichtigung der chinesischen "Thin Capitalization Rule" abgezogen werden.[198]

Die Zinszahlungen von China nach Belgien unterliegen einer chinesischen Quellensteuer in Höhe von 10 % und einer Business Tax von 5 %. Die chinesische Quellensteuer kann auf die belgische Steuer, die auf die Zinserträge entfällt, angerechnet werden.

Die Zinserträge sind in Belgien körperschaftsteuerpflichtig. Obwohl der Körperschaftsteuersatz 33,99 % beträgt, unterliegen die Zinserträge aufgrund der Notional Interest Deduction in Belgien einer effektiv niedrigen Besteuerung. Zu den deutschen außensteuerlichen Aspekten wird auf Tz. 12 verwiesen.

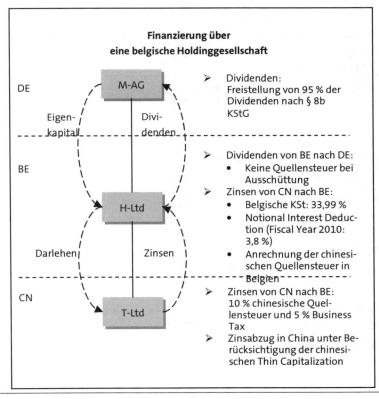

Finanzierung über eine belgische Holdinggesellschaft

DE — M-AG

Eigenkapital / Dividenden

➢ Dividenden:
  Freistellung von 95 % der Dividenden nach § 8b KStG

BE — H-Ltd

➢ Dividenden von BE nach DE:
  • Keine Quellensteuer bei Ausschüttung
➢ Zinsen von CN nach BE:
  • Belgische KSt: 33,99 %
  • Notional Interest Deduction (Fiscal Year 2010: 3,8 %)
  • Anrechnung der chinesischen Quellensteuer in Belgien

Darlehen / Zinsen

CN — T-Ltd

➢ Zinsen von CN nach BE: 10 % chinesische Quellensteuer und 5 % Business Tax
➢ Zinsabzug in China unter Berücksichtigung der chinesischen Thin Capitalization

---

[198] Art. 46 Chinese Enterprise Income Tax Act; Art. 119 Implementation Rules of the Chinese Enterprise Income Tax Act. Vgl. Ministry of Finance / State Administration of Taxation of PRC, 19.09.2008, Guoshuihan [2008] No. 121.

4. Lizenzierung über eine belgische Holding

In Belgien sind Aktivitäten im Bereich der Forschung und Entwicklung sowie der Besitz von Intellectual Property Rights (IP Rights) steuerlich begünstigt. Grundsätzlich werden 80 % der Einkünfte, die aus der Lizenzierung von in Belgien entwickelten Patenten erzielt werden, von der Besteuerung freigestellt, wodurch sich in Belgien eine effektive Steuerbelastung in Höhe von ca. 6,8 % ergibt. Zu den deutschen außensteuerlichen Aspekten wird auf Tz. 5 verwiesen.

Die Lizenzgebühren, die von China nach Belgien gezahlt werden, unterliegen nach dem neuen DBA zwischen Belgien und China einer chinesischen Quellensteuer in Höhe von 7 %. Die chinesische Quellensteuer kann auf die belgische Steuer, die auf die Lizenzerträge entfällt, angerechnet werden.

Die 5 %ige chinesische Business Tax, die regelmäßig auf Lizenzgebühren erhoben wird, führt mangels Anrechenbarkeit für das betreffende Unternehmen stets zu Kosten. Eine Befreiung der Lizenzgebühren von der chinesischen Business Tax ist nur unter strengen Voraussetzungen möglich.

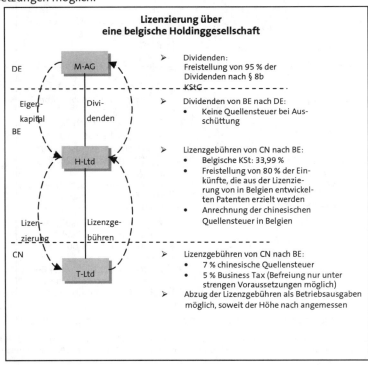

5. Hinzurechnungsbesteuerung aus deutscher Sicht

Sofern die belgische Holdinggesellschaft nur Dividenden aus der chinesischen Beteiligung erzielt, greift die deutsche Hinzurechnungsbesteuerung nicht, da Dividenden aus deutscher steuerlicher Sicht nach § 8 Abs. 1 Nr. 8 AStG aktive Einkünfte darstellen.

Soweit die belgische Holdinggesellschaft Zins- oder Lizenzeinnahmen durch Darlehensgewährung oder Lizenzierung an die chinesische Gesellschaft erzielt, könnte die deutsche Hinzurechnungsbesteuerung zur Anwendung kommen.

Hinsichtlich der belgischen Zins- und Lizenzeinnahmen liegt aus deutscher Sicht eine niedrige Besteuerung i. S. d. § 8 Abs. 3 AStG vor, da die Ertragsteuerbelastung in Belgien aufgrund der dortigen Steuervergünstigungen unter 25 % liegt.

Die Zinserträge, die die belgische Gesellschaft durch Darlehensgewährung an die chinesische Gesellschaft erzielt, fallen unter die passiven Einkünften i. S. d. § 8 Abs. 1 Nr. 7 AStG, wenn bei der Finanzierung nicht nachgewiesen werden kann, dass die verwendeten Finanzmittel ausschließlich auf ausländischen Kapitalmärkten aufgenommen werden.

Die Lizenzzahlungen, die die belgische Gesellschaft von der chinesischen Gesellschaft erhält, führen zu passiven Einkünften i. S. d. § 8 Abs. 1 Nr. 6 Buchstabe a) AStG, wenn die belgische Gesellschaft keine Ergebnisse eigener Forschungs- und Entwicklungsarbeit, sondern die Forschungsergebnisse der deutschen Muttergesellschaft auswertet.

Nach der Regelung des § 8 Abs. 2 AStG, durch deren Einführung die Grundsätze des EuGH-Urteils vom 12. September 2006 in der Rechtssache C-196/04 ("Cadbury Schweppes") umgesetzt wurden, ist eine ausländische Gesellschaft mit Sitz oder Geschäftsleitung in einem Mitgliedstaat der EU oder einem Vertragsstaat des EWR-Abkommens nicht als Zwischengesellschaft zu qualifizieren, wenn der Steuerpflichtige nachweist, dass die Gesellschaft eine tatsächliche wirtschaftliche Tätigkeit ausübt, und der ausländische Staat, in dem die Gesellschaft ansässig ist, aufgrund der Amtshilferichtlinie (RL 77/799/EWG) Auskünfte in Steuersachen erteilt.

Um die Anwendung der deutschen Hinzurechnungsbesteuerung im vorliegenden Fall zu vermeiden, muss der Steuerpflichtige nachweisen,

► dass bei einer Finanzierung die verwendeten Finanzmittel nicht durch die deutsche Muttergesellschaft oder eine ihr nahestehende Person zur Verfügung gestellt, sondern ausschließlich auf ausländischen Kapitalmärkten aufgenommen werden, und die chinesische Tochtergesellschaft ausschließlich oder fast ausschließlich aktive Tätigkeiten i. S. d. § 8 Abs. 1 Nr. 1 bis 6 AStG ausübt und

► dass bei einer Lizenzierung die belgische Gesellschaft die Ergebnisse eigener For-
schungs- und Entwicklungsarbeit auswertet, die ohne Mitwirkung der deutschen
Muttergesellschaft unternommen worden ist.

Andernfalls muss sich der Steuerpflichtige zur Vermeidung der deutschen Hinzurech-
nungsbesteuerung auf die "Cadbury Schweppes"-Grundsätze bzw. die Regelung des § 8
Abs. 2 AStG berufen und nachweisen, dass die belgische Gesellschaft mit ausreichender
Substanz ausgestattet wird und eine tatsächliche wirtschaftliche Tätigkeit i. S. d. § 8
Abs. 2 AStG ausübt.

Die Feststellung, ob eine tatsächliche wirtschaftliche Tätigkeit vorliegt, muss auf objektiven, von dritter Seite nachprüfbaren Anhaltspunkten beruhen, die sich u. a. auf das
Ausmaß des greifbaren Vorhandenseins der beherrschten ausländischen Gesellschaft
in Form von Geschäftsräumen, Personal und Ausrüstungsgegenständen beziehen.[199] An
einer tatsächlichen wirtschaftlichen Tätigkeit soll es fehlen, wenn die Kernfunktionen,
die die Gesellschaft hat, nicht von ihr selbst ausgeübt werden. Das gilt ebenso, wenn
sich die Funktionen der Gesellschaft in gelegentlicher Kapitalanlage oder in der Verwaltung von Beteiligungen ohne gleichzeitige Ausübung geschäftsleitender Funktionen
erschöpfen. Zur Begründung einer tatsächlichen wirtschaftlichen Tätigkeit muss die
ausländische Gesellschaft vielmehr in stabiler und kontinuierlicher Weise am Wirt-
schaftsleben in dem betreffenden Mitgliedstaat teilnehmen.[200]

IV. Einsatz einer Holdinggesellschaft in Luxemburg

1. DBA zwischen Hong Kong und Luxemburg

Das DBA zwischen Hong Kong und Luxemburg wurde im November 2007 abgeschlossen und im Dezember 2008 ratifiziert. Nach der Ratifikation ist das Abkommen rückwirkend für Luxemburg mit Wirkung zum 1.1.2008 und für Hong Kong mit Wirkung
zum 1.4.2008 in Kraft getreten.

Das DBA zwischen Hong Kong und Luxemburg sehen günstige Quellensteuersätze vor,
die im Vergleich zu der Situation vor dem Abschluss des Abkommens große steuerliche
Vorteile mit sich bringen. Die im Abkommen vorgesehenen Quellensteuersätze werden
in der folgenden Tabelle den nationalen Quellensteuersätzen von Hong Kong und Luxemburg gegenüber gestellt:

---

[199] Vgl. Gesetzesbegründung in BT-Drs. 16/6290, S. 92.

[200] Vgl. dazu *Vogt*, in Blümich, § 8 AStG, 2009, Rz. 153 ff.; *Schnitger*, IStR 2007, S. 729 ff.

	Quellensteuersätze nach DBA zwischen Hong Kong und Luxemburg	Quellensteuersätze nach dem nationalen Steuerrecht Luxemburgs	Quellensteuersätze nach dem Steuerrecht Hong Kongs
Dividenden	Unter bestimmten Voraussetzungen (Mindestbeteiligungsquote von 10 % oder Mindestbeteiligungswert von 1,2 Mio. Euro): 0 %; andernfalls 10 %	15 %	0 %
Zinsen	0 %	0 %	0 %
Lizenzgebühren	3 %	0 %	4,95 %

2. Steuerbegünstigung von IP Rights in Luxemburg

In Luxemburg sind Aktivitäten im Bereich der Forschung und Entwicklung sowie der Besitz von IP Rights steuerlich begünstigt. Unter die Steuerbegünstigung fallen u. a. Software Copyrights, Patente, Markenzeichen, Designe und Domains. Grundsätzlich werden 80 % der Einkünfte, die aus der Lizenzierung oder Veräußerung von IP Rights erzielt werden, von der Besteuerung freigestellt, wodurch sich in Luxemburg eine effektive Steuerbelastung in Höhe von ca. 5,9 % ergibt.

Im vorliegenden Fall ist hinsichtlich der Entwicklung des neuen Patentes der M-AG und die Produktion in China die folgende Struktur denkbar:

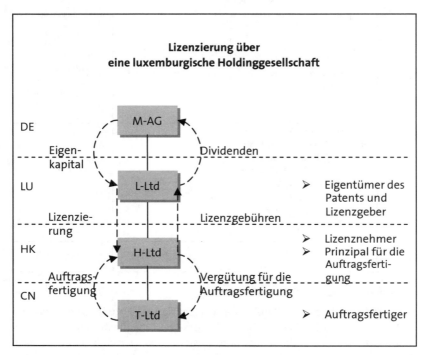

Lizenzierung über eine luxemburgische Holdinggesellschaft

Aus der obigen Struktur ergeben sich insbesondere folgende steuerliche Vorteile:

In Luxemburg kann die Steuervergünstigung für die Lizenzerträge (d. h. Befreiung von 80 % der Einkünfte) in Anspruch genommen werden.

Bei der Zahlung der Lizenzgebühren von Hong Kong nach Luxemburg kann der günstige Quellensteuersatz von 3%, der im DBA zwischen Hong Kong und Luxemburg vorgesehen wird, genutzt werden.

Durch die Auftragsfertigung der chinesischen Gesellschaft für die Hong Kong-Gesellschaft und die Vereinbarung einer Vergütung auf Cost-Plus-Basis kann ein Teil des Gewinns, der bei einem Produktionsunternehmen erzielt werden könnte, von Mainland China nach Hong Kong verlagert werden. Aufgrund des Steuergefälles zwischen Mainland China (Steuersatz 25 %) und Hong Kong (Steuersatz 16,5 %) kann die Gesamtsteuerquote im Konzern reduziert werden.

3. Deutsche Hinzurechnungsbesteuerung und chinesischer Missbrauchsvorbehalt

Hinsichtlich der möglichen Anwendung der deutschen Hinzurechnungsbesteuerung und deren Vermeidung sowie der chinesischen Missbrauchsvorschrift wird auf die obigen Ausführungen unter Tz. 6, 7 und 12 verwiesen.

4. Verrechnungspreise

Die Verrechnungspreise für die Lizenzierung und die Auftragsfertigung sind nach dem arm's length-Grundsatz zu bestimmen. Im diesem Zusammenhang sollte beachtet werden, dass aus chinesischer Sicht bei Unternehmen, die ausschließlich gegenüber verbundenen ausländischen Unternehmen als Auftragsfertiger tätig sind, eine verschärfte Verrechnungspreisprüfung durchgeführt wird. Zwar dürfte von den chinesischen Finanzbehörden i. d. R. akzeptiert werden, dass ein Auftragsfertiger aufgrund seines wenig ausgeprägten Funktions- und Risikoprofils nur Anspruch auf eine geringe, aber nachhaltige Marge hat. Unangemessen niedrige Vergütungen und vor allem Dauerverlustsituationen werden von der chinesischen Steuerverwaltung aber grundsätzlich nicht anerkannt.[201]

---

[201] Vgl. State Administration of Taxation of PRC, 07.03.2007, Guoshuihan [2007] No. 236; State Administration of Taxation of PRC, 08.01.2009, Guoshuifa [2009] No. 2.

3. Unternehmensumstrukturierung und steuerliche Verlustnutzung

Fall 23:

Ein in Deutschland ansässiges Unternehmen M-AG hat in China zwei Tochtergesellschaften A-Ltd und B-Ltd. A-Ltd hat im Jahr 2009 einen steuerlichen Gewinn von 500.000 Euro erzielt, während bei B-Ltd ein steuerlicher Verlust in Höhe von 300.000 Euro erwirtschaftet wurde. Der Verkehrswert des Nettovermögens der B-Ltd beträgt 400.000 Euro. Für die chinesischen Tochtergesellschaften stellt sich die Frage, ob und wie der Verlust steuerlich genutzt werden kann.

Lösungshinweise:

Schrifttum: *Bongart/Prautzsch*, Chinesische Körperschaftsteuerreform, IStR 2007, 531 ff.; *Wang*, Steuereffiziente Gestaltung deutscher Investitionen in China unter Berücksichtigung der chinesischen Unternehmenssteuerreform, IStR 2008, 242 ff.

I. Grundsätze der steuerlichen Verlustnutzung in China

Erwirtschaftet ein Unternehmen in China Verluste, können diese betragsmäßig uneingeschränkt, zeitlich jedoch begrenzt auf die folgenden fünf Jahre vorgetragen werden. Ein Verlustrücktrag ist nicht möglich.

Hat ein deutsches Unternehmen mehrere Tochtergesellschaften in China errichtet, ist eine Steuerkonsolidierung und damit ein Ausgleich von Gewinnen und Verlusten zwischen den Tochtergesellschaften grundsätzlich unzulässig. Die Bildung einer Organschaft ist nach dem chinesischen Steuerrecht nicht möglich.

Im Folgenden wird untersucht, ob und inwieweit durch eine Verschmelzung oder eine Vermögensübertragung die steuerliche Verlustnutzung erreichen werden kann.

II. Verschmelzung

Bei der Verschmelzung geht das Vermögen des übertragenden Rechtsträgers im Wege der Gesamtrechtsnachfolge auf den übernehmenden Rechtsträger über, während der übertragende Rechtsträger ohne Abwicklung erlischt. Ähnlich wie das deutsche Recht unterscheidet das chinesische Recht zwischen Verschmelzung durch Aufnahme (Übertragung des Vermögens eines Rechtsträgers oder mehrerer Rechtsträger auf einen bereits bestehenden Rechtsträger) und Verschmelzung durch Neugründung (Übertragung des Vermögens von mindestens zwei Rechtsträgern auf einen neu gebildeten Rechtsträger).

Nach dem Erlass zur steuerlichen Behandlung von Unternehmensumstrukturierungen, der durch das chinesische Finanzministerium am 30.4.2009 veröffentlicht wurde,[202] ist

---

[202] Ministry of Finance of the PRC, 30.04.2009, Notice Regarding Several Questions about Corporate Income Tax Treatments for Corporate Restructuring, Caishui [2009] No. 59.

bei einer Verschmelzung das übertragene Vermögen grundsätzlich mit dem Verkehrswert anzusetzen. Verlustvorträge der übertragenden Gesellschaft gehen grundsätzlich nicht auf die übernehmende Gesellschaft über.

Ein Buchwertansatz und damit eine steuerneutrale Verschmelzung ist nur möglich, wenn folgende Voraussetzungen kumulativ erfüllt sind:

a) Die Umstrukturierung ist durch beachtliche, wirtschaftliche Gründe gerechtfertigt und dient in erst Linie nicht der Steuerminderung, -vermeidung oder -verschiebung.

b) Die ursprünglichen Aktivitäten der an der Umstrukturierung beteiligten Unternehmen werden nach der Umstrukturierung in einem Zeitraum von mindestens 12 Monaten fortgeführt.

c) Die für die Vermögensübertragung erbrachte Gegenleistung, die nicht in der Gewährung von Anteilen besteht, darf 15 % der gesamten Gegenleistung nicht übersteigen.

d) Die im Rahmen der Verschmelzung durch die Anteilseigner der übertragenden Gesellschaft erhaltenen Anteile an der übernehmenden Gesellschaft dürfen innerhalb eines Zeitraums von 12 Monaten nicht veräußert werden.

In den Fällen, in denen die oben genannten Voraussetzungen für eine Buchwertfortführung erfüllt sind, gehen die Verlustvorträge, die zum Verschmelzungszeitpunkt bei der übertragenden Gesellschaft bestehen, auf die übernehmende Gesellschaft über, sofern die gesetzlich für den Verlustvortrag vorgesehene fünfjährige Frist noch nicht abgelaufen ist (vgl. oben Tz. 1). Die Verlustvorträge dürfen in dem verbleibenden Nutzungszeitraum jedoch nur insoweit mit künftigen Gewinnen der übernehmenden Gesellschaft verrechnet werden, als sie einen bestimmten Höchstbetrag nicht übersteigen. Der Höchstbetrag errechnet sich aus dem Verkehrswert des Nettovermögens des übertragenden Unternehmens, multipliziert mit dem Zinssatz, der zum Zeitpunkt der Verschmelzung für die chinesische Staatsanleihe mit der längsten Laufzeit anzuwenden ist.

Wenn im vorliegenden Fall eine erfolgsneutrale Verschmelzung der B-Ltd auf A-Ltd durchgeführt wird, kann der bei der B-Ltd bestehende Verlustvortrag mit übertragen werden.

Unter der Annahme, dass der maßgebliche Zinssatz für die chinesische Staatsanleihe 5 % beträgt, ergibt sich für die Verlustnutzung ein Höchstbetrag von

400.000 * 5 % = 20.000 Euro.

Der restliche Verlustbetrag von 380.000 Euro geht damit durch die Verschmelzung verloren.

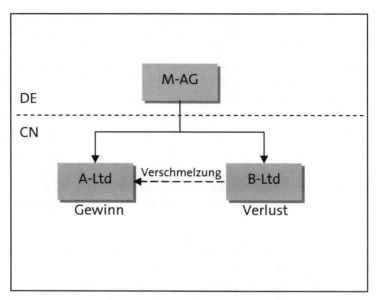

In den Vorschriften des Umwandungserlasses[203] vom 30.4.2009 ist keine explizite Regelung zu der Frage enthalten, inwieweit die Verlustvorträge steuerlich nutzbar sind, wenn eine bisherige Gewinngesellschaft auf eine bisherige Verlustgesellschaft verschmolzen wird.

---

[203] Vgl. Ministry of Finance of PRC, 30.04.2009, Notice Regarding Several Questions about Enterprise Income Tax Treatments for Corporate Restructuring, Caishui [2009] No. 59.

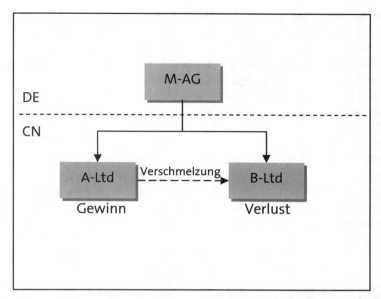

Nach dem Wortlaut des Umwandlungssteuererlasses vom 30.4.2009 soll die oben dargestellte betragsmäßige Einschränkung der Verlustnutzung nur für die Verlustvorträge der übertragenden Gesellschaft anwendbar sein, d. h., die Verlustvorträge der übernehmenden Gesellschaft sollten nach der Verschmelzung grundsätzlich weiterhin nutzbar sein, sofern die fünfjährige Frist für den Verlustvortrag noch nicht abgelaufen ist.

Für die Fälle, in denen Unternehmen, die an einer Verschmelzung beteiligt sind, in der Übergangsphase der chinesischen Steuerreform 2008[204] unterschiedlichen Steuersätzen unterliegen, stellt sich jedoch die Frage, ob eine Verrechnung von Gewinnen und Verlusten ohne Einschränkung möglich ist. Nach dem bisherigen Umwandlungssteuererlass vom 28.4.1997[205] war eine Verrechnung von Verlusten und Gewinnen nach der Verschmelzung nicht zulässig, wenn vor der Verschmelzung für die übertragende und

---

[204] Für die Einführung des neuen Unternehmenseinkommensteuergesetzes, das zum 1.1.2008 in Kraft getreten ist, ist ein fünfjähriger Übergangszeitraum vorgesehen. Unternehmen, die bereits vor der Verkündung des neuen Gesetzes gegründet wurden, dürfen die bisherigen Steuervergünstigungen wie Tax Holidays (d. h. zweijährige Steuerfreistellung und dreijährige Anwendung des Halbsteuersatzes) in dem Übergangszeitraum weiterhin in Anspruch nehmen. Hat ein Unternehmen vor der Steuerreform eine standortbezogene Steuersatzermäßigung in Anspruch genommen, wird der bisher angewendete Steuersatz innerhalb des fünfjährigen Übergangszeitraums sukzessive auf den neuen Regelsteuersatz von 25 % angehoben. Vgl. *Wang*, IStR, 2008, S. 248.

[205] Vgl. State Administration of Taxation of PRC, 28.04.1997, Guoshuifa [2007] No. 71.

die übernehmende Gesellschaft unterschiedliche Steuersätze zur Anwendung kamen, oder wenn Tax Holidays den beiden Gesellschaften nicht gleichermaßen gewährt wurden oder sich die beiden Gesellschaften zum Verschmelzungszeitpunkt in unterschiedlichen Steuervergünstigungsphasen befanden.[206] In solchen Fällen war es nach den bisherigen Regelungen notwendig, nach der Verschmelzung für die einzelnen Unternehmensteile eine gesonderte Gewinn- und Steuerermittlung vorzunehmen, um die jeweiligen Steuersätze separat fortzuführen. War eine getrennte Buchführung nach der Verschmelzung nicht mehr möglich, so musste das Gesamteinkommen der übernehmenden Gesellschaft für den Zweck der Fortführung der unterschiedlichen Steuervergünstigungen durch eine Schlüsselung auf die einzelnen Unternehmensteile aufgeteilt werden.

In dem neuen Umwandlungssteuererlass vom 30.4.2009 ist eine vergleichbare Einschränkung nicht explizit vorgesehen, da der neue Umwandlungssteuererlass losgelöst von den Übergangsvorschriften der Steuerreform 2008 entworfen wurde und sich nur mit dem Grundfall befasst, in dem der einheitliche Regelsteuersatz von 25 % zur Anwendung kommt. Im Hinblick auf Verschmelzungsfälle, in denen eine Gewinngesellschaft auf eine Verlustgesellschaft verschmolzen wird und die beteiligten Unternehmen in der fünfjährigen Übergangsphase der Steuerreform unterschiedlichen Steuersätzen unterliegen, bleibt es jedoch fraglich, ob eine uneingeschränkte Verrechnung von Gewinnen und Verlusten durch die Finanzverwaltung akzeptiert wird bzw. ob die Verlustnutzungsmöglichkeit künftig durch weitere Verwaltungsvorschriften eingeschränkt wird. Außerdem ist zu beachten, dass die allgemeine Missbrauchsbekämpfungsregelung zur Anwendung kommen kann, wenn eine Verschmelzung nur zum Zweck der Verlustnutzung durchgeführt wird und die Umstrukturierung nicht durch vernünftige wirtschaftliche Gründe zu rechtfertigen ist.[207]

III. Vermögensübertragung (Asset Deal)

Zur Generierung von Gewinnen bei der B-Ltd kommt die Möglichkeit in Betracht, die bei ihr in bestimmten Wirtschaftsgütern ruhenden stillen Reserven durch eine konzerninterne Vermögensübertragung aufzudecken. Zu diesem Zweck können Wirtschaftsgüter des Anlage- bzw. Umlaufvermögens von B-Ltd auf A-Ltd, die annahmegemäß diese Wirtschaftsgüter ebenfalls benötigt, im Wege des Verkaufs zum Marktpreis übertragen werden.

---

[206] Ausführlich dazu vgl. *Wang*, Besteuerung deutscher Direktinvestitionen in China, 2006, S. 251.

[207] Art. 47 Chinese Enterprise Income Tax Act; Art. 120 Implementation Rules of the Chinese Enterprise Income Tax Act.

Durch die Übertragung der Wirtschaftsgüter werden die bestehenden stillen Reserven realisiert; der daraus bei der B-Ltd entstehende Veräußerungsgewinn kann mit den vorhandenen Verlustvorträgen verrechnet werden.

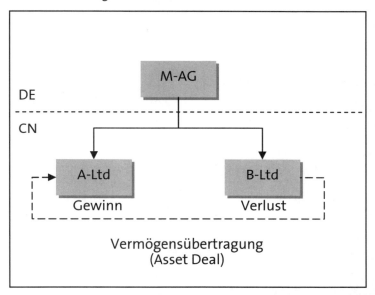

Die A-Ltd hat dabei den steuerlichen Vorteil, dass die erworbenen Wirtschaftsgüter bilanziell zu Anschaffungskosten (Marktpreis), die höher als der bisherige Buchwert sind, angesetzt werden, sodass ein zusätzliches Abschreibungspotenzial geschaffen wird und es tendenziell zu einer Steuerminderung in den Folgeperioden kommt.

Diesen Vorteilen stehen allerdings die verkehrsteuerlichen Belastungen gegenüber, die durch die Vermögensübertragung ausgelöst werden können.

Bei der Übertragung von materiellen, beweglichen Vermögensgegenständen ist die Mehrwertsteuer (Value Added Tax, VAT) zu erheben. Die Mehrwertsteuer kann bei der erwerbenden Gesellschaft A-Ltd grundsätzlich als Vorsteuer geltend gemacht werden, sofern A-Ltd nach dem chinesischen Recht ein "Normal VAT Payer" ist.

Die Übertragung von immateriellen Vermögensgegenständen und Immobilien (Landnutzungsrecht und Gebäude) unterliegt in China nicht der Mehrwertsteuer, sondern einer Business Tax in Höhe von 5 %. Die Business Tax führt mangels einer Möglichkeit zum Vorsteuerabzug für das erwerbende Unternehmen stets zu einem Kostenfaktor.

Im konkreten Fall sind die Vorteile aus der Verlustnutzung und dem zusätzlichen Abschreibungspotenzial stets gegen die verkehrsteuerlichen Belastungen abzuwägen.

VI. Internationale Vermögens- und Nachfolgeplanung

1. Deutsche Erbschaftsteuerreform, Auswirkungen auf das Auslandsvermögen

Von Dr. Dirk Pohl, Rechtsanwalt/Steuerberater, München

Schrifttum: *Hecht/von Cölln*: Auswirkungen des Erbschaftsteuerreformgesetzes auf die Bewertung von ausländischem Grundbesitz, BB 2009, S. 1212; *Fuhrmann*: Erbfälle mit Auslandsbezug, Erbschaftsteuerreform-Entwurf 2008, KÖSDI 2008, S. 16111; *Seitz*: EuGH und Erbschaftsteuer: Europarechtswidrigkeit der Bewertung des Auslandsvermögens, IStR 2008, S. 349; *Dehmer*: Einmal erleben, mehrfach zahlen – Gestaltungsansätze zur Vermeidung doppelter Erbschaftsteuerbelastung, IStR 2009, S. 454; *Gottschalk*: Internationale Unternehmensnachfolge: Qualifikation ausländischer Erwerbe und Bewertung von Produktivvermögen mit Auslandsberührung, ZEV 2009, S. 157.

a) Vorbemerkung

Von *Otto von Bismarck* ist das Zitat überliefert:

> *„Gesetze sind wie Würste, man sollte besser nicht dabei sein, wenn sie gemacht werden."*

Manchmal schmeckt aber auch das Ergebnis nicht recht. Trotz aller Kritik an der Erbschaftsteuerreform müssen sich die Steuerbürger und deren Berater auf das neue Recht einstellen. Vordergründig könnte man dabei annehmen, dass sich die Bundesrepublik Deutschland mit den Änderungen des Erbschaftsteuergesetzes auf das Niveau einer Steueroase begeben hat. Denn entsprechend dem Beschluss des BVerfG vom 7. November 2006 (1. BvL 10/12, BStBl. II 2007, S. 192) sollen auf

▶ die realitätsnahe Bewertung des erworbenen Vermögens auf den Bewertungsstichtag mit dem gemeinen Wert (1. Stufe),

▶ gezielte Verschonungsregeln im Hinblick auf außerfiskalische Förderungs- und Lenkungszwecke, insbesondere im Rahmen der Unternehmensnachfolge greifen (2. Stufe).

Für Betriebsvermögen kann die Erbschaftsteuer dadurch sogar ganz entfallen (Verschonungsabschlag 100 %) oder maximal 4,5 % des Verkehrswertes betragen (Verschonungsabschlag 85 %, Besteuerung des begünstigten Betriebsvermögens in der Steuerklasse I mit dem Höchststeuersatz von 30 %). Aber das gilt – nach den Änderungen durch das Wachstumsbeschleunigungsgesetzt – nur für den, der die dafür erforderlichen Voraussetzungen am Stichtag erfüllt und für die erforderlichen fünf bzw. sieben

Jahre zur Sicherung des Verschonungsabschlags durchhalten kann. Auch wenn der *„Fallbeileffekt"* für die nach bisherigem Recht geltenden Begünstigungen für Betriebsvermögen nach § 13a ErbStG a. F. (Freibetrag € 225.000, Bewertungsabschlag 35 %) zugunsten einer Abschmelzungsregelung aufgegeben wurde, kann es im neuen Recht zu extremen Steuerbelastungen für den Unternehmensnachfolger kommen.

Bei der Planung der Unternehmensnachfolge darf die internationale Perspektive nicht zu kurz kommen. Denn die Erbschaftsteuer ist auf Grund der hohen persönlichen Freibeträge in der Steuerklasse I eine Steuer, die vor allem die großen Familienunternehmen trifft. Hier muss die Unternehmens- und Vermögensnachfolgeplanung aber nicht nur ganzheitlich, sondern auch international strukturiert werden (s. auch *Gottschalk*, ZEV 2009, S. 157 ff.). Es mag insoweit sogar noch ein Defizit in der Aufarbeitung der Erbschaftsteuerreform geben, wohingegen man ansonsten befürchten muss, dass auf absehbare Zeit mehr Aufsätze, Broschüren, Handbücher und Kommentare erschienen sind bzw. noch erscheinen werden als über den persönlichen Freibeträgen liegende Erbfälle abzuwickeln sind.

Aus den Fragenkreisen

▶ Bewertung von Auslandsvermögen (siehe *Hecht/von Cölln*, BB 2009, S. 1212; *Gottschalk*, ZEV 2009, S. 157) sowie

▶ Unternehmensvergünstigung für Produktvermögen (Schädliches Verwaltungsvermögen, Behaltefristen, Lohnsummenklausel)

ist für internationale Strukturen, insbesondere auf Folgendes hinzuweisen:

b) Strukturierung des Vermögens

Mit der Erbschaftsteuerreform wurden die Begünstigungen für das Produktivvermögen – wie nach den Grundfreiheiten des EG- bzw. EWR-Vertrag geboten – ausgedehnt. Zum begünstigten Vermögen zählt nach § 13b Abs. 1 Satz 1 Nr. 2 ErbStG auch das Betriebsvermögen in einer Betriebsstätte eines Einzelunternehmers bzw. einer Mitunternehmerschaft in einem anderen EU- bzw. EWR-Staat. Nach § 13b Abs. 1 Nr. 3 ErbStG sind Anteile an Kapitalgesellschaften mit Sitz oder Geschäftsleitung in einem EU- bzw. EWR-Staat begünstigt.

Fall 24:

Der U mit Wohnsitz in Luzern/Schweiz ist Alleinaktionär einer Schweizer AG. Die AG unterhält eine Tochtergesellschaft, die U GmbH, in Deutschland, die in einer strukturschwachen Gegend ein bedeutender Arbeitgeber ist und von dem Sohn S geleitet wird. S hat seinen Wohnsitz in Deutschland. U verstirbt plötzlich. U und S sind keine Schweizer Staatsangehörige.

Lösungshinweise:

Deutschland hat das Besteuerungsrecht (siehe Art. 8 Abs. 2 ErbSt-DBA mit der Schweiz). In der Schweiz sind die direkten Nachkommen in den meisten Kantonen von der Erbschaftsteuer befreit (*Deininger*, Wegzug aus steuerlichen Gründen, Rn. 39), so dass keine schweizer Erbschaftsteuer anzurechnen sein wird.

Zur Bewertung ist in Abschnitt 24 der gleichlautenden Erlasse der obersten Finanzbehörden der Länder zur Anwendung der §§ 11, 95 bis 109 und 199 ff. BewG in der Fassung durch das ErbStRG (Stand 31. März) vorgesehen, dass zur Ermittlung des gemeinen Werts mit gewissen Modifikationen auch das vereinfachte Ertragswertverfahren herangezogen werden kann.

Die Begünstigung für Betriebsvermögen wird für die Beteiligung an der SUI AG (Drittstaat) nicht gewährt. Es wird nicht auf die Ebene der deutschen Tochtergesellschaft durchgegriffen. S muss sein Erbe ohne die Vergünstigung für Produktivvermögen der Erbschaftsteuer unterwerfen. Er könnte allenfalls vor das Bundesverfassungsgericht ziehen, Art. 3 Abs. 1 GG.

Fall 25:

Der U ist in Deutschland ansässig und vererbt die D GmbH an seinen ebenfalls in Deutschland ansässigen Sohn S. Die D GmbH hat eine Produktionsbetriebsstätte in der Schweiz.

Lösungshinweise:

Soweit eine Kapitalgesellschaft mit Sitz oder Ort der Geschäftleitung in Deutschland vererbt wird, fallen auch die Betriebsstätten bzw. Tochterkapitalgesellschaften mit Sitz und Geschäftleitung in Drittstaaten unter die Begünstigung für Produktivvermögen (ohne dass sie für die Lohnsummenklausel mitzählen). Vermögen der vererbten Kapitalgesellschaft in Drittstaaten ist auch nicht per se schädliches Verwaltungsvermögen. Auch in Drittstaaten allokiertes Vermögen ist nur dann Verwaltungsvermögen, wenn die in § 13b Abs. 2 Satz 2 ErbStG vorliegenden Voraussetzungen erfüllt sind (Dritten überlassene Grundstücke; Beteiligungen an Kapitalgesellschaften von 25 % und weniger; Beteiligungen an Gesellschaften, die ihrerseits beim Verwaltungsvermögen über der Schädlichkeitsgrenze liegen; Wertpapiere sowie vergleichbare Forderungen, Kunstgegenstände etc.).

Für Drittstaatenvermögen gilt also die bisherige generelle Empfehlung weiter, Auslandsvermögen nicht direkt sondern mittels einer (inländischen) Kapitalgesellschaft zu halten. Bisher erkannte es die Finanzverwaltung in R 51 Abs. 4 Satz 3 ErbStR sogar an, wenn eine Beteiligung an einer ausländischen Personengesellschaft zum Betriebsvermögen eines inländischen Gewerbebetriebs gehörte (siehe auch *Hübner*, in: Viskorf/Glier/Hübner/Knobel/Schuck, Erbschaftsteuer- und Schenkungsteuergesetz, Bewertungsgesetz, § 13a ErbStG, Rn. 47).

bb) Wegzugsfälle

Fall 26:

Ö ist österreichischer Staatsangehöriger mit Wohnsitz in Salzburg. Er ist an der P-SE mit Sitz und Ort der Geschäftsleitung in Deutschland zu 10 % beteiligt. Die P-SE ist eine Holdinggesellschaft, die im wesentlichen die Mehrheit an zwei deutschen Kapitalgesellschaften hält.

Lösungshinweise:

Der Ö unterliegt der beschränkten Erbschaftsteuerpflicht in Deutschland nach § 2 Abs. 1 Nr. 3 ErbStG. Nach § 121 Abs. 1 Nr. 4 BewG gehören zum Inlandsvermögen Anteile an Kapitalgesellschaften mit inländischem Sitz oder Ort der Geschäftsleitung, wenn der Gesellschafter allein oder mit nahestehenden Personen im Sinne von § 1 Abs. 2 AStG zu mindestens 10 % beteiligt ist.

Seit dem 1. August 2008 wird keine Erbschaft- bzw. Schenkungsteuer in Österreich mehr erhoben. Agenturen werben in Deutschland derzeit mit dem Slogan „Standort Österreich – Das bessere Deutschland!".

Aber zum 31. Dezember 2007 wurde das ErbSt-DBA mit Österreich von Deutschland gekündigt. Deshalb kann im Fall des Ö Deutschland seit dem 1. Januar 2008 sein Besteuerungsrecht wahrnehmen.

Zur Vermeidung der beschränkten Erbschaftsteuer müsste die P-SE Sitz und Ort der Geschäftsleitung nach Österreich verlegen. Dann entfällt der Anknüpfungspunkt für die inländische Besteuerung im Rahmen einer beschränkten deutschen Erbschaftsteuerpflicht. Die ertragsteuerlichen Folgen sind aber zu bedenken, insbesondere würde wegen der Entstrickung der Beteiligungen der P-SE aus der deutschen Besteuerung nach § 12 Abs. 1 KStG ein Veräußerungsgewinn ausgelöst, der aber nach § 8b Abs. 3 KStG nur zu 5 % steuerpflichtig ist.

c) Nachversteuerung: Verstoß gegen die Behaltensregelung

Die Nachversteuerungsregelungen sind im Prinzip aus dem bisherigen Recht bekannt. Zu den besonders hervorzuhebenden Neuerungen zählen:

► Bei Anteilen an Kapitalgesellschaften sind nunmehr Umwandlungen nicht mehr schädlich, § 13b Abs. 1 Satz 1 Nr. 4 Satz 2 ErbStG,

► Anpassungen der Entnahmebeschränkungen an die verlängerte Behaltefrist, § 13a Abs. 5 Nr. 3 ErbStG,

► neuer Nachsteuertatbestand „Aufhebung der Verfügungsbeschränkung oder der Stimmrechtsbündelung", § 13b Satz 1 Nr. 5 ErbStG,

► Reinvestitionsklausel innerhalb von 6 Monaten, § 13b Abs. 1 Satz 3 und 4 ErbStG;

▶ kein „Fallbeileffekt", sondern Abschmelzen über Behaltefrist

(siehe im Einzelnen *Hübner*, Erbschaftsteuerreform 2009, S. 451).

d) Lohnsummenklausel

Die Lohnsummenklausel ist eine weitere, gravierende Schwachstelle des neuen Erbschaftsteuerrechts. Um den Verschonungsabschlag I von 85 % zu behalten, muss die Gesamtlohnsumme über fünf Jahre mindestens 400 % der Ausgangslohnsumme erreichen bzw. beim Verschonungsabschlag II von 100 % sind es 700 % der Ausgangslohnsumme üner sieben Jahre. Ansonsten entfällt die Begünstigung anteilig. Abgerechnet wird aber erst nach fünf bzw. sieben Jahren und nicht pro Jahr. Aus Abschnitt 8 Abs. 7 des BMF-Schreibens vom 25. Juni 2009 zur Anwendung der geänderten Vorschriften des Erbschaftsteuer- und Schenkungsteuergesetzes (BStBl. I 2009, S. 713 ff.) folgt dabei, dass in der Lohnsumme nur Löhne aus begünstigtem Vermögen aus einer Betriebsstätte in einen EU- bzw. EWR-Staat, enthalten sind. Ein Verlagerung ist insoweit unschädlich (siehe auch *Reich/Voß/Striegel* in: Tiedtke, ErbStG § 13a ErbStG, Rn. 68 f. über § 13a Abs. 4 Satz 5 ErbStG zählen auch Lohnsummen aus mittelbaren und unmittelbaren Beteilungen innerhalb der EU/EWR von mehr als 25 %. Unklar erscheint nach dem Gesetzeswortlaut, ob bei dieser Zurechnung nur Arbeitsplätze im EU-/EWR-Raum zählen. Der Gesetzeswortlaut lautet:

> *„Gehören zum Betriebsvermögen des Betriebs, bei Beteiligungen an einer Personengesellschaft und Anteilen an einer Kapitalgesellschaft des Betriebs der jeweiligen Gesellschaft, unmittelbar oder mittelbar Beteiligungen an Personengesellschaften, die ihren Sitz oder ihre Geschäftsleitung im Inland, einem Mitgliedstaat der Europäischen Union oder in einem Staat des Europäischen Wirtschaftsraums haben, oder Anteile an Kapitalgesellschaften, die ihren Sitz oder ihre Geschäftsleitung im Inland, einem Mitgliedstaat der Europäischen Union oder in einem Staat des Europäischen Wirtschaftsraums haben, wenn die unmittelbare oder mittelbare Beteiligung mehr als 25 Prozent beträgt, sind die Lohnsummen dieser Gesellschaften einzubeziehen zu dem Anteil, zu dem die unmittelbare und mittelbare Beteiligung besteht."*

Es ist im Grundsatz einsichtig und auch verfassungsrechtlich geboten, die Verschonungssubvention an die Fortführung des Unternehmens zu knüpfen. Wer sein Unternehmen versilbert, löst sich von der besonderen Sozialgebundenheit des Unternehmens, das *„als Garant von Produktivität und Arbeitsplätzen insbesondere durch Verpflichtungen gegenüber den Arbeitnehmern, das Betriebsverfassungsrecht und durch die langfristigen Investitionen einer gesteigerten rechtlichen Bindung"* unterliegt (BVerfG vom 22.6.1995, DB 1995, S. 1745/1748). Aber in einem rohstoffarmen Land wie der

Bundesrepublik Deutschland ist die Kompetenz der Arbeitnehmer ein ganz entscheidender Standortfaktor. Entlassungen sind harte Maßnahmen, aber sie dienen dem Erhalt des Unternehmens. Das gilt im Übrigen auch für Verlagerungen von Arbeitsplätzen in Staaten außerhalb der EU/EWR zur Erhaltung der Wettbewerbsfähigkeit und damit auch der verbleibenden Arbeitsplätze im Inland.

Unstrittig ist, ob die Lohnsummenklausel durch eine Holdingstruktur ganz vermieden werden kann.

Fall 27:

Die A-AG ist das inländische Stammhaus eines mittelständischen Maschinenbaukonzerns. Sie hält alle Auslandsbeteiligungen. Im Rahmen eines Strategieprojekts schlägt eine Unternehmensberatung vor, den inländischen Unternehmensbereich in eine neue GmbH mit ca. 400 Arbeitnehmern auszugliedern und die A-AG als schlanke Führungsholding zur Steuerung von In- und Auslandtätigkeit zu nutzen. In der Holding werden acht Mitarbeiter (einschließlich des Vorstands) beschäftigt.

Lösungshinweise:

Nach § 13a Abs. 1 Satz 2 ErbStG ist Voraussetzung für die Gewährung des Verschonungsabschlags, dass die Summe der maßgebenden jährlichen Lohnsummen (Absatz 4) des Betriebs, bei Beteiligungen an einer Personengesellschaft oder Anteilen an einer Kapitalgesellschaft des Betriebs der jeweiligen Gesellschaft, innerhalb von fünf (bzw. sieben) Jahren nach dem Erwerb (Lohnsummenfrist) insgesamt 400 % (bzw. 700 %) der Ausgangslohnsumme nicht unterschreitet. Die Ausgangslohnsumme ist nach § 13a Abs. 1 Satz 3 ErbStG die durchschnittliche Lohnsumme der letzten fünf vor dem Besteuerungszeitpunkt endenden Wirtschaftsjahre.

Nach § 13a Abs. 1 Satz 4 ErbStG entfällt das Damoklesschwert der Lohnsummenklausel, wenn die Ausgangslohnsumme € 0 beträgt **oder der Betrieb nicht mehr als 20 Beschäftigte** hat. Hier stellen sich nunmehr aufgrund der neuen Holdingstruktur die folgenden Rechtsanwendungsprobleme:

► Auf welchen Zeitpunkt ist für die Ermittlung der Beschäftigtenzahl abzustellen? Nachdem die Erbschaftsteuer eine Stichtagsteuer ist, ist mangels abweichender gesetzlicher Anordnung auch auf den Besteuerungszeitpunkt abzustellen (so auch BMF-Schreiben vom 25. Juni 2009, a. a. O, Abschnitt 8 Absatz 2 Satz 2). Es ist also nicht etwa entscheidend, ob irgendwann innerhalb des Ermittlungszeitraums für die Ausgangslohnsumme die Mindestanzahl der Beschäftigten überschritten wurde.

► Ist nur auf die Beschäftigtenzahl der Holding selbst abzustellen? M. E. ist der Gesetzeswortlaut hier keiner erweiternden Auslegung zugänglich. Denn es wird ausdrücklich auf die Beschäftigten **des Betriebs** abgestellt (siehe dazu auch *Scholten/Korezkij*, DStR 2008, S. 253/254 ohne eigene Festlegung). Nur für die Ermittlung der Lohnsumme ist in § 13a Abs. 4 Satz 5 ErbStG vorgesehen, dass die Lohnsummen von Beteiligungen (anteilig) einzuberechnen sind. Es handelt sich zwar um eine planwidrige Regelungslücke des Gesetzes, diese kann aber nicht durch eine steuerverschärfende Analogie geschlossen werden. Anders sieht dies das BMF-Schreiben vom 25. Juni 2009, a. a. O, Abschnitt 8 Absatz 2 Satz 6, wonach die Arbeitnehmer nachgeordneter Gesellschaften einbezogen werden sollen. Deshalb ist zum einen mit einer baldigen Reparatur durch den Gesetzgeber zu rechnen und zum anderen die Gestaltung wohl nur im Gerichtswege durchzusetzen.

► Greift § 42 AO? Jedenfalls bei einem betriebswirtschaftlich begründeten neuen Führungsmodell liegen die erforderlichen außersteuerlichen Gründe vor.

2. Wegzug in die Schweiz, Schweizer Aufwandbesteuerung

Von Dr. Nico H. Burki, Rechtsanwalt, Zürich und

Dr. Dirk Pohl, Rechtsanwalt/Steuerberater, München

Fall 28:

Der verwitwete deutsche Staatsangehörige D ist im Jahre 2005 von München zu seiner einzigen Tochter in die Schweiz nach Luzern verzogen. Die Tochter war dorthin zwecks Heirat im Jahre 2000 gezogen und hatte die schweizerische Staatsbürgerschaft angenommen.

Im Jahre 2008 verstirbt der D. Alleinerbin wird seine Tochter. Der D hatte zum Zeitpunkt seines Todes folgendes Vermögen:

▶ ein Grundstück in Luzern sowie

▶ Guthaben bei einer Bank in Zürich.

Lösungshinweise:

I. Aufenthaltsbewilligung in der Schweiz

Seit dem Inkrafttreten der bilateralen Verträge zwischen der EU und der Schweiz wird nicht in der Schweiz erwerbstätigen EU-Staatsangehörigen ohne weiteres eine Aufenthaltsbewilligung in der Schweiz erteilt, soweit sie über genügende finanzielle Mittel und eine den schweizerischen Anforderungen entsprechende Krankenversicherung verfügen.

Eine Aufenthaltsbewilligung für erwerbstätige EU-Staatsangehörige wird im Zusammenhang mit einer Arbeitsbewilligung gewährt. Der Erhalt von Arbeits- und Aufenthaltsbewilligungen für hochqualifizierte EU-Staatsangehörige stellt seit dem Inkrafttreten der bilateralen Verträge kaum mehr Probleme dar.

Unter den bilateralen Verträgen zwischen der EU und der Schweiz ist für EU-Staatsangehörige auch eine Bewilligung für die selbstständige Erwerbstätigkeit in der Schweiz möglich.

Für die neueren EU-Staaten gelten gewisse Übergangsbestimmungen, auf welche vorliegend nicht näher einzugehen ist.

II. Erwerb von Liegenschaften in der Schweiz durch Ausländer

In der Vergangenheit bestanden äußerst strikte Beschränkungen für den Erwerb von Liegenschaften in der Schweiz durch Ausländer. Eine erste Lockerung erfolgte vor einigen Jahren, als der Erwerb von betrieblichen Liegenschaften auch Ausländern ohne Bewilligung offen stand. Inzwischen erfolgte eine weitere Lockerung für EU-Staatsangehörige mit Wohnsitz in der Schweiz, welche nun unbeschränkt Betriebsliegenschaften und Wohnliegenschaften erwerben können. Dabei gelten als Wohnliegenschaften nicht nur das eigene Haus, sondern auch Kapitalanlageliegenschaften.

III. Erbrecht

Für Personen mit Wohnsitz in der Schweiz gilt grundsätzlich unabhängig von der Staatsangehörigkeit schweizerisches Erbrecht. Für das Nachlassverfahren und erbrechtliche Streitigkeiten sind gemäß Art. 86 des Bundesgesetzes über das internationale Privatrecht (IPRG) die schweizerischen Gerichte oder Behörden am Wohnsitz des Erblassers zuständig.

Art. 9 Abs. 2 IPRG sieht vor, dass ein Ausländer durch letztwillige Verfügung oder Erbvertrag den Nachlass einem seiner Heimatrechte unterstellen kann. Dies bedeutet, dass ein deutscher Staatsangehöriger seinen Nachlass aus schweizerischer Sicht weiterhin dem deutschen Erbrecht unterstellen kann.

Aus Sicht des deutschen internationalen Privatrechts untersteht ein deutscher Staatsangehöriger immer dem deutschen Erbrecht. Diese Regel gilt auch bei Beachtung der Verweisungen des schweizerischen IPR und des deutschen IPR, da diese dazu führen, dass das deutsche IPR dem schweizerischen IPR vorgeht. Entsprechend ist jeweils vor Wohnsitznahme in der Schweiz eine Anpassung des Testamentes mit einer klaren Rechtswahl für deutsches Erbrecht notwendig. Sinnvollerweise wird gleichzeitig ein Ehevertrag mit Unterstellung des Güterrechtes unter deutschem Recht abgeschlossen.

IV. Einkommens- und Vermögenssteuern – Ordentliche Besteuerung

1. Einführung

Die direkten Steuern werden in der Schweiz auf Ebene des Bundes gestützt auf das Bundesgesetz über die Direkte Bundessteuer (DBG) und auf Ebene der Kantone und Gemeinden aufgrund von 26 verschiedenen kantonalen Steuergesetzen erhoben. Seit einigen Jahren sind die kantonalen Steuergesetze aufgrund des Bundesgesetzes über die Harmonisierung der direkten Steuern der Kantone und Gemeinden (StHG) formell harmonisiert. Dies bedeutet, dass die Art der erhobenen Steuern und die Grundsätze für die kantonale Gesetzgebung in allen Kantonen gleich gehandhabt werden müssen. Bis anhin besteht jedoch keine materielle Steuerharmonisierung zwischen den schweizerischen Kantonen. Dies bedeutet insbesondere, dass die Steuersätze und damit die Höhe der Besteuerung in den einzelnen Kantonen höchst unterschiedlich ist.

Auf Gemeindeebene sind üblicherweise die kantonalen Steuergesetze anwendbar. Die Gemeindesteuer wird dadurch ermittelt, dass von der Gemeinde ein so genannter Gemeindesteuerfuß, d. h. ein Vielfaches der kantonalen Steuer festgelegt wird. Durch Multiplikation des Gemeindesteuerfußes mit der einfachen kantonalen Steuer wird sodann die Höhe der Gemeindesteuer berechnet.

2. Steuerpflicht

a) Unbeschränkte Steuerpflicht

Eine natürliche Person wird in der Schweiz aufgrund persönlicher Zugehörigkeit unbeschränkt steuerpflichtig, wenn sie in der Schweiz ihren Wohnsitz oder steuerrechtlichen Aufenthalt hat. Ein Wohnsitz in der Schweiz liegt vor, wenn sich eine Person in der Schweiz mit der Absicht dauernden Verbleibens aufhält (zivilrechtliche Definition). Einen steuerrechtlichen Aufenthalt in der Schweiz hat eine Person, wenn sie in der Schweiz während mindestens 30 Tagen verweilt und eine Erwerbstätigkeit ausübt oder während mindestens 90 Tagen verweilt und keine Erwerbstätigkeit ausübt.

Eine Person, welche in der Schweiz unbeschränkt steuerpflichtig ist, bezahlt Einkommenssteuern auf Bundes-, Kantons- und Gemeindeebene auf ihr weltweites Einkommen. Ausgenommen von der schweizerischen Besteuerung unter Progressionsvorbehalt sind Grundstücke und Betriebsstätten (beispielsweise auch Beteiligungen an gewerblich tätigen Personengesellschaften) im Ausland. Im Weiteren wird auf Kantons- und Gemeindeebene auch eine Vermögenssteuer auf das weltweite Vermögen erhoben. Von der Vermögenssteuer werden Grundstücke und Betriebsstätten im Ausland unter Progressionsvorbehalt ausgenommen.

b) Beschränkte Steuerpflicht

Gemäß Art. 4 DBG sind natürliche Personen ohne steuerrechtlichen Wohnsitz oder Aufenthalt in der Schweiz aufgrund wirtschaftlicher Zugehörigkeit steuerpflichtig, wenn sie

► Inhaber, Teilhaber oder Nutznießer von Geschäftsbetrieben in der Schweiz sind,

► in der Schweiz Betriebsstätten unterhalten,

► an Grundstücken in der Schweiz Eigentum, dingliche oder diesen wirtschaftlich gleichkommende persönliche Nutzungsrechte haben,

► in der Schweiz gelegene Grundstücke vermitteln oder damit handeln.

Ähnliche Bestimmungen gelten auf kantonaler Ebene. Bei beschränkter Steuerpflicht in der Schweiz werden ausschließlich diejenigen Teile des Einkommens und Vermögens in der Schweiz besteuert, für welche eine beschränkte Steuerpflicht gemäß Gesetz besteht, wobei das gesamte Einkommen und Vermögen für die Berechnung des Steuersatzes maßgeblich ist.

3. Steuersätze

Die Direkten Bundessteuern sind stark progressiv ausgestaltet und weisen einen maximalen Steuersatz von 11,5 % auf. Die Vermögenssteuer wurde auf Bundesebene vor einigen Jahren abgeschafft.

In den Kantonen (inkl. Gemeinden) bewegen sich die Einkommensteuersätze zwischen etwa 7 bis 35 %. Die günstigste Gemeinde in der Schweiz ist zur Zeit Wollerau im Kanton Schwyz, während Orte wie Zürich, Genf und Lugano relativ teuer sind. Die Vermögenssteuern in den verschiedenen Kantonen liegen in der Größenordnung von 0.2 bis 1 %.

V. Einkommen- und Vermögenssteuern – Aufwandbesteuerung

1. Einführung

Die ersten gesetzlichen Bestimmungen über die Besteuerung nach dem Aufwand in der Schweiz sind im Interkantonalen Konkordat über den Ausschluss von Steuerabkommen vom 10. Dezember 1948 enthalten. Mit ihrem Beitritt zum Konkordat verpflichteten sich dabei die Kantone, keine Steuerabkommen mit Steuerpflichtigen mehr abzuschließen und von einer allfälligen durch Gesetz oder Verordnung eingeräumten Kompetenz zum Abschluss solcher Abkommen keinen Gebrauch mehr zu machen. Das Konkordat sieht aber auch vor, dass die Kantone bestimmten, im Konkordat eng umschriebenen Gruppen von Steuerpflichtigen gesetzlich geregelte Steuererleichterungen gewähren dürfen. Bei diesen Gruppen handelt es sich einerseits um Unternehmen, deren Niederlassung für den entsprechenden Kanton von wirtschaftlichem Interesse ist und andererseits um natürliche Personen, die nicht Schweizer Staatsbürger sind und in der Schweiz keine Erwerbstätigkeit ausüben.

Natürlichen Personen werden Steuererleichterungen in der Praxis in der Form der so genannten Aufwandbesteuerung eingeräumt. Eine generelle Regelung der Aufwandbesteuerung in der Schweiz erfolgte mit dem Erlass des Bundesgesetzes über die Direkte Bundessteuer und des Bundesgesetzes über die Harmonisierung der direkten Steuern der Kantone und Gemeinden am 14. Dezember 1990. Dabei wurde die Aufwandbesteuerung in Art. 14 DBG und Art. 6 StHG geregelt. Der Wortlaut von Art. 6 StHG wurde in der Folge in den Steuergesetzen sämtlicher Kantone sinngemäß übernommen. Zur Präzisierung der gesetzlichen Regeln wurde am 15. März 1993 die Verordnung über die Besteuerung nach dem Aufwand bei der direkten Bundessteuer erlassen. Sodann erließ die Eidgenössische Steuerverwaltung am 3. Dezember 1993 das Kreisschreiben Nr. 9 zur Verordnung über die Besteuerung nach dem Aufwand bei der direkten Bundessteuer, welches heute im Wesentlichen als Basis für die Durchführung der Aufwandbesteuerung dient.

Es ergibt sich, dass entgegen den üblichen Presseartikeln in der Schweiz und Deutschland keine willkürlichen Steuerabkommen zwischen den Kantonen und ausländischen Steuerpflichtigen abgeschlossen werden. Vielmehr besteht für die Aufwandbesteuerung eine klare gesetzliche Basis, welche in der Verordnung und im Kreisschreiben detailliert ausgeführt ist. Im Rahmen dieser Regelungen besteht dennoch ein gewisser Ermessensspielraum für den Wohnsitzkanton des Steuerpflichtigen, welcher sich auf die Festlegung des der Besteuerung zu Grunde liegenden Lebensaufwandes des Steuerpflichtigen bezieht.

Im Rahmen einer Volksabstimmung wurde im Februar 2009 die Besteuerung nach dem Aufwand überraschenderweise abgelehnt. Damit wurde die Aufwandbesteuerung im Kanton Zürich zum 1. Januar 2010 abgeschafft. Zu erwarten ist, dass ein größerer Teil der rund 135 Ausländer, welche im Kanton Zürich ihren Wohnsitz haben und der Aufwandbesteuerung unterliegen, ihren Wohnsitz in einen anderen Kanton oder ins Ausland verlegen werden. Um die ordentliche Besteuerung in der Schweiz zu vermeiden, muss der Wegzug ins Ausland spätestens zum 31. Dezember 2009 erfolgen, während der Wechsel des Wohnsitzes in einen anderen Kanton bis zum 31. Dezember 2010 zum gewünschten Ergebnis führt.

Das Ergebnis der Volksabstimmung im Kanton Zürich bewirkte, dass Linksparteien in verschiedenen Kantonen Initiativen mit dem Ziel starteten, die Besteuerung nach dem Aufwand ebenfalls abzuschaffen. Als weitergehende Maßnahme wird auch versucht, über das StHG die Abschaffung der Aufwandbesteuerung in der gesamten Schweiz durchzusetzen. Die Konferenz der kantonalen Finanzdirektoren, welche sich in den letzten Monaten mit dieser Frage befasste, kam zum Ergebnis, dass eine Abschaffung der Besteuerung nach dem Aufwand negative Auswirkungen in der Schweiz hätte. Angedacht wird nun, Mindestbeträge für die Aufwandbesteuerung festzulegen. Diskutiert werden auch die Einführung einer unteren Altersgrenze und die Frage, ob eine Erwerbstätigkeit im Ausland im Rahmen der Aufwandbesteuerung weiterhin zugelassen werde. Inzwischen hat die Finanzdirektorenkonferenz der Kantone die Kommission für die Harmonisierung der direkten Steuern des Bundes, der Kantone und der Gemeinden mit der Erarbeitung von Lösungen beauftragt. Es wird davon ausgegangen, dass Lösungsvorschläge bis Ende des Jahres 2009 vorliegen werden. Ein schnelles Vorgehen erscheint wesentlich für die rund 5'000 ausländischen Staatsangehörigen, welche in der Schweiz der Aufwandbesteuerung unterliegen sowie für Personen, welche sich mit einer künftigen Wohnsitznahme in der Schweiz mit Inanspruchnahme der Aufwandbesteuerung befassen.

2. Voraussetzungen für die Aufwandbesteuerung

Aufgrund von Art. 14 DBG und Art. 6 StHG haben natürliche Personen, die erstmals oder nach mindestens zehn jähriger Landesabwesenheit in der Schweiz steuerrechtlichen Wohnsitz oder Aufenthalt nehmen und in der Schweiz keine Erwerbstätigkeit ausüben, das Recht, bis zum Ende der laufenden Steuerperiode anstelle der ordentlichen Einkommen- und Vermögenssteuer eine Steuer nach dem Aufwand zu errichten.

Sofern die entsprechenden Personen nicht Schweizer Bürger sind, steht Ihnen das Recht auf Entrichtung der Steuer nach dem Aufwand auch weiterhin zu.

Wesentlich für die Gewährung der Aufwandbesteuerung ist, dass keine Erwerbstätigkeit in der Schweiz ausgeübt wird. Abgestellt wird dabei auf den Ausübungsort und nicht auf den Wirkungsort der Erwerbstätigkeit. Die Ausübung einer Erwerbstätigkeit in der Schweiz im Zusammenhang mit ausländischen Vermögenswerten (beispielsweise Beteiligungen) gilt entsprechend für die Aufwandbesteuerung als Erwerbstätigkeit in der Schweiz, sofern dafür eine Vergütung bezogen wird. Andererseits wäre die Ausübung einer Tätigkeit im Ausland mit Wirkung in der Schweiz nicht schädlich für die Gewährung der Aufwandbesteuerung.

In der Vergangenheit führten in diesem Zusammenhang vor allem Fälle von Künstlern und Sportlern, welche in der Schweiz gegen Entgelt auftraten, zu Diskussionen. Theoretisch wurde in diesem Zusammenhang festgehalten, dass Künstler und Sportler in der Schweiz nur auftreten dürfen, wenn sie für Ihre Auftritte kein Honorar entgegennehmen. In der Praxis wurde diese Bestimmung jedoch nicht allzu strikt gehandhabt, da sonst berühmteste Musiker (beispielsweise Herbert von Karajan, Tina Turner, Phil Collins) dem schweizerischen Publikum nur deshalb vorenthalten worden wären, weil sie in der Schweiz in den Genuss der Aufwandbesteuerung kamen.

Ein weiteres heikles Thema in diesem Zusammenhang ist die Ausübung von Verwaltungsratsmandaten bei einer schweizerischen Gesellschaft. In aller Regel wurde dies in der Vergangenheit toleriert, sofern für das Verwaltungsratsmandat keine Vergütung bezahlt wurde. Auf Grund einer strenger werdenden Praxis sollte jedoch heute vor allem dann auf die Ausübung von Verwaltungsratsmandaten verzichtet werden, wenn es sich um Gesellschaften der eigenen Unternehmensgruppe handelt.

Es ist weiter darauf hinzuweisen, dass ausschließlich ausländische Staatsangehörige auf unbestimmte Zeit in den Genuss der Aufwandbesteuerung gelangen. Sobald die schweizerische Staatsangehörigkeit angenommen wird, fällt dieses Recht dahin, auch wenn der Steuerpflichtige Doppelbürger ist. Andererseits ist es in verschiedenen Kantonen möglich, die Aufwandbesteuerung auch dann in Anspruch zu nehmen, wenn bei einem verheirateten Paar ein Ehegatte Schweizer Bürger ist.

3. Bemessungsgrundlagen

a) Lebensaufwand

Die Steuer nach dem Aufwand wird auf Grund der jährlichen Kosten der Lebenshaltung des Steuerpflichtigen und der von ihm unterhaltenen, in der Schweiz lebenden Personen berechnet. Dabei sind sämtliche Kosten zu berücksichtigen, unabhängig davon, ob sie im In- oder Ausland anfallen. Zu den Lebenshaltungskosten gehören dabei unter anderem:

► Kosten für Verpflegung und Bekleidung,

► Kosten für Unterkunft (einschließlich Nebenkosten),

► Aufwendungen für das Personal,

► Auslagen für Bildung, Kultur und Unterhaltung;

► Kosten der Haltung von aufwendigen Haustieren (Reitpferde etc.) ,

► Aufwendungen für Reisen, Ferien, Kuraufenthalte etc.,

► Kosten für den Unterhalt und den Betrieb von Automobilen, Motorbooten, Flugzeugen etc.,

► alle anderen Kosten der Lebenshaltung, einschließlich der direkten Steuern.

Die Summe dieser tatsächlichen Lebenshaltungskosten muss bei der Direkten Bundessteuer und den kantonalen Steuern für den einen eigenen Haushalt führenden Steuerpflichtigen mindestens dem fünffachen des Mietzinses bzw. des Mietwertes der Wohnung oder des Hauses entsprechen. Gemäß Praxis wird dabei der höchste Mietwert angesetzt, sofern mehrere Wohnungen oder Häuser im Eigentum des Steuerpflichtigen stehen. Die Mietwerte der übrigen Wohnungen oder Häuser werden bei der Berechnung der Lebenshaltungskosten berücksichtigt.

In der Praxis ist bei Vereinbarung der Höhe des steuerbaren Einkommens im Rahmen der Aufwandbesteuerung eine Liste mit den geschätzten Lebenshaltungskosten einzureichen. Auf Grund der Lebenshaltungskosten, des maßgeblichen Eigenmietwertes der Wohnung und der allgemeinen Vermögensverhältnisse des Steuerpflichtigen wird sodann in Verhandlungen mit den kantonalen Steuerbehörden die Höhe des steuerpflichtigen Einkommens festgelegt. Für die Ermittlung des steuerbaren Vermögens wird das so ermittelte steuerbare Einkommen in den meisten Kantonen mit einem Satz von 5 % kapitalisiert.

b) Kontrollrechnung

Ein Hauptgrund, welcher für die Gewährung des Privilegs der Aufwandbesteuerung an Ausländer genannt wird, liegt in deren geringen Beanspruchung der Infrastruktur in der Schweiz. Dies traf in der Vergangenheit sicher zu, da auf Grund der strengen Bestimmungen für die Erteilung einer Aufenthaltsbewilligung praktisch ausschließlich ausländische Staatsangehörige mit einem Alter von über 55 Jahren eine Aufenthaltsbewilligung in der Schweiz erhielten und die Aufwandbesteuerung in Anspruch nehmen konnten. Auch wenn dies heute für EU-Staatsangehörige nicht mehr gilt, blieb im Rahmen der Aufwandbesteuerung die Regelung erhalten, wonach die auf Grund des Lebensaufwandes ermittelte Steuer mindestens gleich hoch sein muss wie die ordentliche Steuer auf Einkünfte aus schweizerischen Quellen, Einkünfte mit DBA-Begünstigung und schweizerischen Vermögenswerte.

Konkret sieht Art. 6 StHG vor, dass die Steuer nach dem Aufwand des Steuerpflichtigen mindestens gleich hoch angesetzt werden muss, wie die nach dem ordentlichen Tarif berechneten Steuern vom gesamten Bruttobetrag:

► des in der Schweiz gelegenen unbeweglichen Vermögens und von dessen Einkünften,

► der in der Schweiz gelegenen Fahrnis und von deren Einkünften,

► des in der Schweiz angelegten beweglichen Kapitalvermögens mit Einschluss der grundpfändlich gesicherten Forderungen, und von dessen Einkünften,

► der in der Schweiz verwendeten Urheberrechte, Patente und ähnlichen Rechte und von deren Einkünften,

► der Ruhegehälter, Renten und Pensionen, die aus schweizerischen Quellen fließen,

► der Einkünfte, für die der Steuerpflichtige aufgrund eines von der Schweiz abgeschlossenen Abkommens zur Vermeidung der Doppelbesteuerung gänzliche oder teilweise Entlastung von ausländischen Steuern beansprucht.

Art. 14 DBG ist identisch mit Art. 6 StHG mit Ausnahme des Verweises auf das Vermögen, da die Direkte Bundessteuer keine Vermögenssteuer mehr kennt. Damit die Kontrollrechnung nicht zu einer höheren Steuer als die aufgrund des Lebensaufwandes festgesetzte Steuer führt, ist die Asset Allocation entsprechend auszugestalten. Nach Möglichkeit sind Einkünfte aus schweizerischen Quellen, DBA-begünstigte Einkünfte und schweizerische Vermögenswerte zu minimieren.

Es bleibt darauf hinzuweisen, dass ein Wertschriftendepot bei einer schweizerischen Bank nur in dem Umfange als schweizerischer Vermögenswert qualifiziert, als schweizerische Wertpapiere darin enthalten sind. Als schweizerische Wertpapiere gelten beispielsweise Aktien von schweizerischen Gesellschaften (Novartis, UBS, etc.) und Obligationen von schweizerischen Schuldnern. Dabei gilt eine Obligation, welche beispielsweise von Novartis AG, Schweiz, ausgegeben wird, als schweizerischer Vermögenswert. Demgegenüber gilt eine Obligation, welche von Novartis, Niederländische Antillen, ausgegeben wird, nicht als schweizerischer Vermögenswert, auch wenn die Obligation von der schweizerischen Muttergesellschaft garantiert wird. Es empfiehlt sich entsprechend vor allem für Zinstitel die Anlage in quellensteuerfreie Anleihen im Ausland.

4. Verfahren bei der Aufwandbesteuerung

Der Steuerpflichtige, welcher der Besteuerung nach dem Aufwand unterliegt, hat die entsprechende Steuererklärung inkl. Wertschriftenverzeichnis einzureichen, welche den vereinbarten Lebensaufwand ausweist und die notwendigen Angaben für die Kontrollrechnung enthält. Deklariert werden müssen jedoch ausschließlich die für die schweizerischen Steuern maßgeblichen Elemente. Zinsen aus einer quellensteuerfreien Anleihe, welche von einem Schuldner mit Sitz im Ausland bezahlt werden, müssen entsprechend nicht deklariert werden, sofern kein Doppelbesteuerungsabkommen beansprucht wird.

5. Steuertarife

Die Aufwandbesteuerung erfolgt nach den normalen Steuertarifen der Direkten Bundessteuer sowie der Kantons- und Gemeindesteuer. Die in der Steuererklärung korrekterweise nicht deklarierten Auslandseinkünfte werden für die Berechnung des Steuersatzes nicht berücksichtigt.

Gemäß Praxis ist ein Wechsel zwischen Aufwandbesteuerung und ordentlicher Besteuerung für jede Steuerperiode möglich. Das im Rahmen der Aufwandbesteuerung steuerbare Einkommen und Vermögen, welches mit den Steuerbehörden festgesetzt wird, ist grundsätzlich für eine Steuerperiode (1 Jahr) gültig. In der Praxis werden die vereinbarten Werte jedoch nur selten angepasst.

VI. Doppelbesteuerungsabkommen zwischen Deutschland und der Schweiz für die Einkommen- und Vermögenssteuern ("DBAD")

1. Bestimmung der Ansässigkeit und Doppelwohnsitz

Art. 4 Abs. 1 DBAD definiert eine in einem Vertragsstaat ansässige Person als eine Person, die nach dem in diesem Staat geltenden Recht dort unbeschränkt steuerpflichtig ist.

Art. 4 Abs. 2 DBAD befasst sich sodann mit den Fällen, in welchen eine Person gleichzeitig in Deutschland und der Schweiz ansässig ist. Dies kann sich beispielsweise daraus ergeben, dass der Mittelpunkt der Lebensinteressen in der Schweiz liegt, in Deutschland aber eine ständige Wohnung zur Verfügung steht, welche einen deutschen Wohnsitz begründet. In den Fällen des Doppelwohnsitzes wird auf Grund der in Art. 4 Abs. 2 DBAD genannten Kriterien festgestellt, zu welchem Staat nähere Beziehungen bestehen. Diesem Staat wird der Wohnsitz des Steuerpflichtigen gemäß DBA zugewiesen, was zur unbeschränkten Steuerpflicht im entsprechenden Staat führt.

2. Überdachende deutsche Steuerpflicht

Art. 4 Abs. 3 DBAD regelt die Situation, in welcher der Wohnsitz gestützt auf Art. 4 Abs. 1 und 2 DBAD der Schweiz zugewiesen wurde, in Deutschland jedoch eine ständige Wohnstätte oder ein gewöhnlicher Aufenthalt von mindestens sechs Monaten im Kalenderjahr vorliegt. In beiden Fällen kann Deutschland eine Person weiterhin nach den Regeln der unbeschränkten Steuerpflicht in Deutschland besteuern. Die Doppelbesteuerung wird in diesen Fällen dadurch vermieden, dass die schweizerische Steuer weitgehend auf die deutsche Steuer angerechnet wird.

3. Erweitert beschränkte Steuerpflicht in Deutschland

Art. 4 Abs. 4 DBAD sieht vor, dass Deutschland eine Person, welche in der Schweiz ansässig ist, in dem Jahr, in dem die unbeschränkte Steuerpflicht in Deutschland zuletzt geendet hat, und in den folgenden fünf Jahren für alle aus Deutschland stammenden Einkünfte besteuern darf. Auch unter dieser Bestimmung wird die Doppelbesteuerung dadurch vermieden, dass auf die schweizerischen Steuern, welche auf die entsprechende Einkünfte aus deutschen Quellen erhoben werden, weitgehend die deutschen Steuern angerechnet werden können.

4. Gewinne aus der Veräußerung von Vermögen

Gemäß Art. 13 Abs. 1 bis 3 DBAD werden Gewinne aus der Veräußerung von unbeweglichem Vermögen und Betriebsvermögen in Deutschland bei schweizerischem Wohnsitz des Steuerpflichtigen Deutschland zur Besteuerung zugewiesen. Demgegenüber unterliegen Gewinne aus der Veräußerung von beweglichem Vermögen den schweizerischen Steuern und sind von den deutschen Steuern befreit.

Diese generelle Regel wird in Art. 13 Abs. 4 DBAD insoweit relativiert, als Gewinne aus der Veräußerung einer wesentlichen Beteiligung an einer deutschen Gesellschaft in Deutschland besteuert werden dürfen, sofern der Veräußerer mit Wohnsitz in der Schweiz im Laufe der fünf Jahre vor der Veräußerung in Deutschland ansässig war und der Veräußerungsgewinn in der Schweiz keiner Steuer unterliegt. Eine wesentliche Beteiligung ist dabei gegeben, wenn der Veräußerer unmittelbar oder mittelbar zu mehr als einem Viertel am Kapital der Gesellschaft beteiligt war.

Art. 13 Abs. 5 DBAD befasst sich sodann mit der Wegzugsbesteuerung. Sofern in Deutschland eine Wegzugsteuer erhoben wurde, wird bei der späteren Besteuerung eines Kapitalgewinns in Deutschland der Betrag als Anschaffungskosten zugrunde gelegt, den Deutschland im Zeitpunkt des Wegzuges als Erlös angenommen hat.

Sofern beispielsweise im Zeitpunkt des Wegzuges der Verkehrwert einer Beteiligung von mehr als 25 % auf € 1 Mio. festgelegt wurde und die Differenz zum Anschaffungswert von € 500'000.-- in Deutschland besteuert wurde, wird im Falle eines Verkaufserlöses von € 2 Mio. ein Kapitalgewinn von € 1 Mio. in Deutschland steuerbar sein, sofern der Verkauf innerhalb von fünf Jahren seit dem Wegzug erfolgt. Diese Regelung setzt selbstverständlich voraus, dass Deutschland überhaupt noch eine Wegzugsteuer erheben darf.

5. Ansässigkeit unter dem DBAD

Gemäß Art. 4 Abs. 6 DBAD gilt als nicht in einem Vertragsstaat ansässig eine natürliche Person, die in dem Vertragsstaat, in dem sie nach den vorstehenden Bestimmungen ansässig wäre, nicht mit allen nach dem Steuerrecht dieses Staates allgemein steuerpflichtigen Einkünften aus dem anderen Vertragsstaat den allgemein erhobenen Steuern unterliegt.

Diese Bestimmung führt faktisch dazu, dass eine Person mit normaler Aufwandbesteuerung in der Schweiz unter dem DBAD als nicht in der Schweiz ansässig gilt. Entsprechend kann eine solche Person das DBAD nicht in Anspruch nehmen. Dies führt unter anderem zu einer Verlängerung der erweitert beschränkten Steuerpflicht in Deutschland von fünf auf zehn Jahre und zur Besteuerung von Kapitalgewinnen auf maßgeblichen Beteiligungen (wohl höher als 1 %) in Deutschland auch nach Ablauf der fünfjährigen Frist gemäß Art. 13 Abs. 4 DBAD.

VII. Modifizierte Aufwandbesteuerung

1. Einführung

Die Doppelbesteuerungsabkommen mit Belgien, Deutschland, Italien, Kanada, Norwegen, Österreich und den USA gewähren einer natürlichen Person mit Wohnsitz in der Schweiz nur dann die Abkommensvorteile, wenn sämtliche nach schweizerischem Recht in der Schweiz steuerbaren Einkünfte, die aus dem entsprechenden Vertragsstaat stammen, so behandelt werden, wie wenn sie in der Schweiz der ordentlichen Besteuerung zu den allgemein gültigen Einkommensteuersätzen des Bundes, der Kantone und der Gemeinden unterständen. Sofern die Einkünfte aus den entsprechenden Staaten nicht der genannten Besteuerung in der Schweiz unterliegen, finden die entsprechenden Doppelbesteuerungsabkommen keine Anwendung. Diese Regelungen, welche bezüglich Deutschland bereits oben erörtert wurden, führen dazu, dass im Falle einer normalen Aufwandbesteuerung die Doppelbesteuerungsabkommen mit den oben genannten Staaten nicht in Anspruch genommen werden können.

Insbesondere in den Fällen großer Vermögen kann das fehlende Recht, maßgebliche Doppelbesteuerungsabkommen in Anspruch nehmen zu können, zu erheblichen steuerlichen Nachteilen führen. Um für natürliche Personen, welche sich in dieser Situation befinden, eine Lösung zu finden, wurde in der Schweiz neben der normalen Aufwandbesteuerung die so genannte modifizierte Aufwandbesteuerung eingeführt. Unter dem System der modifizierten Aufwandbesteuerung, welche für jeden einzelnen Staat gewählt oder nicht gewählt werden kann, werden die Einkünfte aus Quellen der entsprechenden Staaten in der Schweiz so behandelt, wie wenn sie ordentlich besteuert würden.

2. Methode der modifizierten Aufwandbesteuerung

Vorerst ist aufgrund der Vermögensstruktur des Steuerpflichtigen festzustellen, welche Doppelbesteuerungsabkommen für die Optimierung der Steuersituation beansprucht werden müssen. Im Vordergrund steht dabei jeweils für deutsche Auswanderer das DBAD.

Die Berücksichtigung der Einkünfte aus den Staaten, für welche die modifizierte Aufwandbesteuerung gewählt wurde, erfolgt im Rahmen der Kontrollrechnung, welche bei der normalen Aufwandbesteuerung nur die Einkünfte aus schweizerischen Quellen, DBA-begünstigte Einkünfte und schweizerische Vermögenswerte umfasst. Im Falle der modifizierten Aufwandbesteuerung bezüglich Deutschland wären in der Kontrollrechnung zusätzlich sämtliche Einkünfte aus Deutschland zu berücksichtigen, welche in der Schweiz bei ordentlicher Besteuerung steuerbar wären.

Dies bedeutet, dass beispielsweise Dividenden und Zinsen aus Deutschland unabhängig davon in die Kontrollrechnung aufzunehmen wären, ob im Zusammenhang mit diesen Einkommensarten das entsprechende Doppelbesteuerungsabkommen beansprucht wird. Anderseits wären private Kapitalgewinne aus beweglichem Vermögen (Wertpapiere), Einkünfte aus Betriebsstätten oder unbeweglichem Vermögen im Ausland sowie allenfalls weitere von den schweizerischen Steuern unilateral befreite Einkünfte aus deutschen Quellen nicht in die Kontrollrechnung aufzunehmen.

Im Ergebnis führt die modifizierte Aufwandbesteuerung dazu, dass die ordentlichen schweizerischen Steuern zumindest auf sämtliche Einkünfte aus der Schweiz und Deutschland entrichtet werden müssten. Sofern die vereinbarte Steuer auf den Lebensaufwand höher als die Steuer auf die genannten Einkünfte und die schweizerischen Vermögenswerte liegt, hat die modifizierte Aufwandbesteuerung keinen Einfluss auf die Höhe der Steuer. Andernfalls ist davon auszugehen, dass im Rahmen der modifizierten Aufwandbesteuerung die schweizerischen und deutschen Einkünfte sowie die schweizerischen Vermögenswerte in der Schweiz ordentlich besteuert werden. Die Steuerbefreiung und damit der Steuervorteil der Aufwandbesteuerung bezieht sich in diesem Fall auf die Vermögenswerte und daraus resultierende Einkünfte aus sämtlichen anderen ausländischen Staaten, welche in der Schweiz unter dem System der Aufwandbesteuerung nicht besteuert werden.

VIII. Schweizerische Sozialversicherungsbeiträge

1. Erwerbstätige Personen

Personen, die in der Schweiz erwerbstätig sind, müssen von ihrem Lohn Beiträge an die Alters- und Hinterlassenenversicherung, Invalidenversicherung, Erwerbsersatzordnung und Arbeitslosenversicherung entrichten. Für Unselbstständigerwerbende beträgt der Sozialversicherungsbeitrag (exkl. Arbeitslosenversicherung) 10,1 % des maßgeblichen Lohns. Dabei wird die Hälfte vom Arbeitgeber und die Hälfte vom Arbeitnehmer getragen. Während diese Sätze im internationalen Verhältnis tief erscheinen, ist darauf hinzuweisen, dass kein so genannter Cap vorgesehen ist. Selbst wenn ein Arbeitnehmer ein Einkommen aus unselbstständiger Erwerbstätigkeit von CHF 10 Mio. hätte, würde er auf sein vollständiges Einkommen Sozialversicherungsbeiträge entrichten.

Im Unterschied dazu gibt es einen Cap für die Arbeitslosenversicherung von CHF 126'000.--. Maximal von diesem Betrag ist die Arbeitslosenversicherung zum Satz von 2 % zu entrichten, welche ebenfalls zur Hälfte vom Arbeitgeber und Arbeitnehmer zu tragen ist. In den letzten Jahren wurden die Beiträge an die Arbeitslosenversicherung je nach Bedürfnissen erhöht oder wieder reduziert.

Für Selbstständigerwerbende beträgt der Sozialversicherungsbeitrag 9,5 % des Erwerbseinkommens, wobei keine Beiträge an die Arbeitslosenversicherung erhoben werden.

2. Personen ohne Erwerbstätigkeit in der Schweiz

Auch Personen mit Wohnsitz in der Schweiz, welche in der Schweiz keine Erwerbstätigkeit ausüben, unterstehen der schweizerischen Sozialversicherung und müssen Beiträge an diese entrichten. Die Beiträge werden aufgrund des Vermögens, des Renteneinkommens und anderen wiederkehrender Leistungen erhoben. Dabei wird der jährliche Höchstbetrag von zurzeit CHF 10'100.-- (zuzüglich gewisser Verwaltungskostenbeiträge) unabhängig von den genannten Einkünften erreicht, sofern das Vermögen CHF 3'950'000.-- übersteigt.

Abgrenzungsprobleme ergeben sich, wenn jemand in der Schweiz keine Erwerbstätigkeit ausübt, jedoch in EU-Ländern erwerbstätig ist. Erwerbstätigkeit bedeutet dabei eine Tätigkeit, für welche eine Vergütung bezogen wird. In solchen Fällen wäre aufgrund der detaillierten Fakten eine Abklärung vorzunehmen, in welchem Staat eine Sozialversicherungspflicht besteht.

IX. Schweizerische Erbschafts- und Schenkungssteuern

1. Einführung

Erbschaft- und Schenkungsteuern werden in der Schweiz nicht vom Bund, sondern ausschließlich von den Kantonen und teilweise Gemeinden nach eigenen Gesetzen erhoben. Die Erbschaft- und Schenkungsteuern der Kantone sind im Gegensatz zu den Einkommen- und Vermögensteuern auch nicht harmonisiert.

Als einziger Kanton erhebt der Kanton Schwyz weder eine Erbschaft- noch eine Schenkungsteuer. Im Kanton Luzern wird grundsätzlich keine Schenkungsteuer erhoben. Sofern der Schenkgeber jedoch innerhalb von fünf Jahren seit der Schenkung verstirbt, unterliegt die entsprechende Schenkung der Erbschaftsteuer. Alle anderen Kantone besteuern sowohl die Erbschaften als auch die Schenkungen.

Zur Erhebung der Erbschaftsteuer auf bewegliches Vermögen ist grundsätzlich derjenige Kanton berechtigt, in welchem der Erblasser seinen letzten Wohnsitz hatte. Sofern sich Grundstücke in einem anderen Kanton als dem Wohnsitzkanton befinden, so ist derjenige Kanton zur Besteuerung berechtigt, in welchem die Grundstücke liegen. Dieselbe Regelung gilt für die Schenkungsteuer.

Maßgeblich für die unbeschränkte Erbschaftsteuerpflicht in der Schweiz ist ausschließlich der Wohnsitz des Erblassers, während der Wohnsitz des Erben sich nicht auf die schweizerische Erbschaftsteuerpflicht auswirkt. Wohnt der Erblasser beispielsweise in Monaco und hinterlässt seinem Erben mit Wohnsitz in der Schweiz ein großes Vermögen, so ist die Schweiz nicht berechtigt, auf den Erbanfall eine Erbschaftsteuer zu erheben. Wohnt hingegen der Erblasser in der Schweiz und hinterlässt seinem Erben in Monaco ein großes Vermögen, so unterliegt der Erbe in Monaco der schweizerischen Erbschaftssteuer.

Ganz generell kann festgehalten werden, dass die Steuersätze bei der Erbschaftsteuer mit Abnahme des Verwandtschaftsgrades zunehmen. So sind heute in den meisten Kantonen die Nachkommen und Ehegatten vollständig von den Erbschafts- und Schenkungsteuern befreit, während Zuwendungen an Drittpersonen je nach Kanton Erbschaftsteuern von bis zu über 50 % unterliegen können.

2. Zuwendungen an Stiftungen oder Trusts

Es bleibt darauf hinzuweisen, dass Zuwendungen an Trusts oder Stiftungen in der Schweiz normalerweise als Schenkungen qualifiziert werden und damit der Schenkungsteuer unterliegen. Dies gilt auch für ausländische gemeinnützige Stiftungen, sofern zwischen dem Wohnsitzkanton und dem entsprechenden Staat nicht ein besonderes Steuerabkommen abgeschlossen wurde.

Zuwendungen an Stiftungen und Trusts werden in vielen Kantonen als Zuwendungen an "übrige Destinatäre" qualifiziert und unterliegen damit dem höchsten Steuersatz. Sofern substanzielle Vergabungen an ausländische gemeinnützige Stiftungen geplant sind, empfiehlt es sich, eine schweizerische Stiftung zu errichten, deren Hauptbegünstigte die entsprechende ausländische gemeinnützige Institution ist. Im Rahmen von Verhandlungen mit den Steuerbehörden lassen sich auf diese Weise oft vernünftige Ergebnisse erzielen.

Im Rahmen der Nachfolgeplanung wird oft gewünscht, substanzielle Mittel in Stiftungen oder Trusts einzubringen, damit im Falle eines frühen Todes des Erblassers zu einem Zeitpunkt, da dessen Kinder noch nicht über erhebliche Vermögenswerte verfügen sollten, eine professionelle Verwaltung des Vermögens erzielt werden kann. In den meisten Kantonen ist es möglich, in solchen Situationen zu verhandeln, dass für die Bemessung der Schenkungsteuer nicht das Verhältnis zwischen Schenkgeber und Stiftung/Trust, sondern das Verhältnis zwischen Schenkgeber und dem Begünstigten der Stiftung/des Trusts der Besteuerung zugrunde gelegt wird. Dies bedeutet, dass die steuerfreie Erstellung einer solchen Struktur aufgrund von Verhandlungen mit den Steuerbehörden in aller Regel möglich ist, sofern einzig Nachkommen begünstigt sind.

In Deutschland wird dasselbe Ergebnis oft durch eine lange dauernde Testamentsvollstreckung erreicht. In der Schweiz ist es fraglich, ob eine solche Testamentsvollstreckung akzeptiert wird oder gar dem schweizerischen ordre public widerspricht. Dies würde zumindest für den Pflichtteil gelten.

X. Doppelbesteuerungsabkommen zwischen Deutschland und der Schweiz auf dem Gebiete der Nachlass- und Erbschaftsteuern ("EDBAD")

1. Geltungsbereich

Es erscheint wesentlich festzuhalten, dass das EDBAD lediglich für Erbschaften und nicht für Schenkungen gilt. Als Ausnahme von dieser Regel wird das Doppelbesteuerungsabkommen auch für die schenkungsweise Übertragung von Betriebsvermögen in Deutschland angewendet. Eine schenkungsweise Übertragung von deutschem Betriebsvermögen wird entsprechend nur in Deutschland besteuert und von den schweizerischen Steuern freigestellt.

Das Abkommen gilt gemäß Art. 1 EDBAD für Nachlässe von Erblassern, die im Zeitpunkt ihres Todes einen Wohnsitz in Deutschland und/oder der Schweiz hatten.

Einen Wohnsitz in Deutschland hatte eine Person gemäß Art. 4 Abs. 1 lit. a EDBAD, wenn er Inländer im Sinne des Erbschaftsteuerrechts der Bundesrepublik war. Ein Wohnsitz in der Schweiz liegt gemäß Art. 4 Abs. 1 lit. b EDBAD vor, wenn eine Person im Sinne des schweizerischen Erbschaftsteuerrechts Wohnsitz oder ständigen Aufenthalt in der Schweiz hatte oder wenn in der Schweiz der Erbgang zu eröffnen ist.

2. Ständige Wohnstätte des Erblassers in Deutschland im Zeitpunkt des Todes

Sofern ein Erblasser seinen Wohnsitz in der Schweiz hatte, im Zeitpunkt seines Todes aber seit mindestens fünf Jahren in Deutschland über eine ständige Wohnstätte verfügte, unterliegt das Nachlassvermögen gemäß Art. 4 Abs. 3 EDBAD auch der deutschen Erbschaftsteuer im Rahmen der unbeschränkten Steuerpflicht. Die schweizerischen Erbschaftsteuern, welche bei dieser Sachlage ebenfalls erhoben werden können, werden auf die deutschen Erbschaftsteuern angerechnet.

3. Frühere Wohnstätte des Erblassers in Deutschland

Gemäß Art. 4 Abs. 4 EDBAD unterliegt das Nachlassvermögen der unbeschränkten deutschen Erbschaftsteuerpflicht, wenn ein Erblasser im Zeitpunkt seines Todes seinen Wohnsitz in der Schweiz hatte und in den letzten zehn Jahren vor der Aufgabe seiner letzten Wohnstätte in Deutschland mindestens fünf Jahre über eine solche Wohnstätte verfügt hatte und sein Tod im Jahr, in dem er zuletzt über eine solche Wohnstätte verfügt hatte, oder in den folgenden fünf Jahren eingetreten ist.

Der Vollständigkeit halber sei erwähnt, dass Art. 4 Abs. 4 EDBAD nicht anwendbar ist, sofern in der Schweiz ein Wohnsitz wegen Aufnahme einer echten unselbstständigen Tätigkeit in der Schweiz oder wegen Eheschließung mit einem schweizerischen Staatsangehörigen begründet wurde.

4. Wohnstätte der Erben in Deutschland

Art. 8 Abs. 2 EDBAD sieht vor, dass das Nachlassvermögen eines Erblassers mit Wohnsitz in der Schweiz der deutschen Erbschaftsteuer unterworfen wird, wenn der Erbe im Zeitpunkt des Todes des Erblassers in Deutschland über eine ständige Wohnstätte verfügte oder dort seinen gewöhnlichen Aufenthalt hatte. Nachdem der Schweiz in diesem Fall aufgrund des Wohnsitzes des Erblassers in der Schweiz ein konkurrierendes Besteuerungsrecht zusteht, wird die Doppelbesteuerung in diesen Fällen vermieden, indem die schweizerische Erbschaftssteuer auf die deutsche Erbschaftsteuer angerechnet wird.

Der Vollständigkeit halber sei erwähnt, dass diese Bestimmung nicht gilt, wenn im Zeitpunkt des Todes des Erblassers dieser und der Erbe schweizerische Staatsangehörige sind.

XI. Anwendung auf den vorliegenden Fall

1. Bestimmung des anwendbaren materiellen Erbrechts (Kollisionsrecht)

a) Deutsches Erbrecht

Nach Art. 25 Abs. 1 EGBGB gilt, dass für die Rechtsnachfolge von Todes wegen das Recht des Staates, dem der Erblasser zum Zeitpunkt seines Todes angehört, maßgeblich ist.

Dabei gilt der Grundsatz der Nachlasseinheit: Das deutsche Erbrecht gilt für den gesamten, wo auch immer gelegenen Nachlass des Erblassers.

b) Schweizerisches Erbrecht

Nach Art. 90 Abs. 1 des Bundesgesetzes über das internationale Privatrecht (IPRG) wird der Nachlass einer Person mit letztem Wohnsitz in der Schweiz (vorbehaltlich einer anderen Rechtswahl) schweizerischem Recht unterstellt. Dieses Erbstatut gilt auch nach schweizerischem Recht allumfassend, d.h. es gilt der Grundsatz der Nachlasseinheit. Daher kommt es hier zivilrechtlich zum Nachlasskonflikt. Diese Problematik kann durch Wahl des deutschen Erbrechts in der letztwilligen Verfügung vermieden werden (vgl. *Ferid/Firsching/Lichtenberger*, Internationales Erbrecht, Rd. V, Schweiz, C III, Rn. 13).

2. Erbschaftsteuer

Der D ist in der BRD unbeschränkt erbschaftsteuerpflichtig, § 2 Abs. 1 Nr. 1b ErbStG, da er sich als deutscher Staatsangehöriger im Zeitpunkt seines Todes nicht länger als fünf Jahre dauernd im Ausland aufgehalten hat, ohne im Inland einen Wohnsitz zu haben.

Er ist erst im Jahre 2005 zu seiner Tochter nach Luzern in die Schweiz gezogen. Von daher greift die deutsche Erbschaftsteuer auf sein Weltvermögen zu.

Nach Art. 4 Abs. 1 EDBAD hat der D einen Wohnsitz im Sinne des DBA sowohl in der BRD, da er als Inländer i.S.d deutschen Erbschaftsteuerrechtes aufgrund des § 2 Abs. 1 Nr. 1 b ErbStG gilt und auch in der Schweiz, da er dort im Sinne des schweizerischen Erbschaftsteuerrechts seinen Wohnsitz hatte. Dabei besteht nach Art. 4 Abs. 4 des EDBAD ein Recht der Bundesrepublik Deutschland zur „überdachenden Besteuerung" des abgewanderten Erblassers. Voraussetzungen nach Art. 4 Abs. 4 ErbSt- EDBAD sind:

► Wohnsitz des Erblassers allein in der Schweiz,

► vorher ständige Wohnstätte i. S. d. Art. 4 Abs. 5 EDBAD in der BRD,

► Verfügung über eine solche Wohnstätte in den letzten zehn Jahren vor der Aufgabe seiner letzten Wohnstätte in der BRD für mindestens fünf Jahre,

► Versterbensfall bis Ende des auf die Aufgabe der Wohnstätte folgenden fünften Jahres,

► keine Wohnsitzbegründung in der Schweiz wegen Aufnahme einer echten unselbstständigen Tätigkeit bzw. Eheschließung mit einem schweizerischen Staatsangehörigen bzw. Inhaberschaft der schweizerischen Staatsangehörigkeit bereits in dem Zeitpunkt, in dem zuletzt über eine ständige Wohnstätte in der BRD verfügt wurde.

In diesem Fall kann die BRD das Nachlassvermögen ohne die Beschränkungen auf die Fälle, nach denen sie als Belegenheitsstaat den Besteuerungszugriff nach Art. 5 bis 8 Abs. 1 EDBAD hat, besteuern.

Demnach ist im vorliegenden Fall nach dem EDBAD das deutsche Besteuerungsrecht im Rahmen der unbeschränkten Erbschaftsteuerpflicht nicht begrenzt. Allerdings ist in entsprechender Anwendung von Art. 10 Abs. 1 EDBAD die in der Schweiz erhobene Erbschaftsteuer anzurechnen.

Stichwortverzeichnis